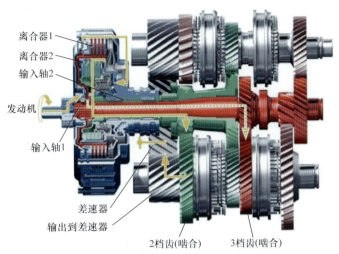

图 5-18 双离合变速器的结构原理

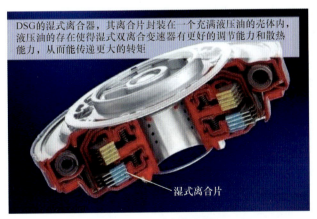

图 5-21 湿式离合器

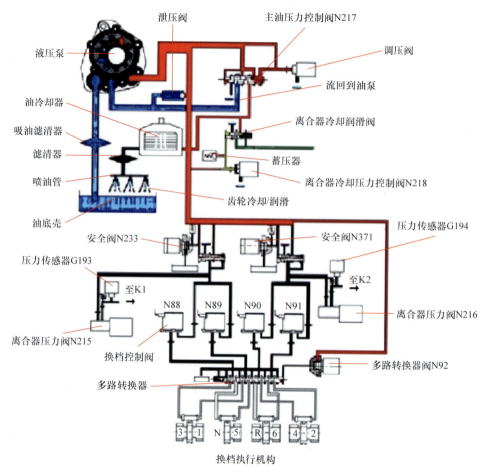

图 5-27　6 速 DSG 变速器液压系统结构

图 5-40　宝马 xDrive 系统的组成

图 5-43 四轮转向汽车示意图

图 5-53　工程车四轮转向状态

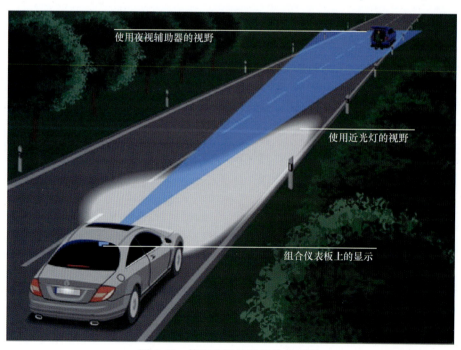

图 5-65　使用夜视辅助系统的视野

应用型本科汽车类专业系列教材

汽车文化与新技术

第 2 版

李艳菲 李 颖 编著

机械工业出版社

本书将人文教育与科学教育、文化素质教育与专业素质教育实现有机结合，系统地介绍了汽车的起源，世界汽车工业的形成与快速发展过程。内容全面、丰富，详细阐述了日本车系、美国车系、欧洲车系等各大车系，并介绍了现代汽车的新技术、汽车的造型与色彩以及汽车运动等方面的知识，对汽车基本知识的介绍深入浅出、通俗易懂，全书图文并茂，集历史性、知识性和趣味性为一体。

本书适合作为大学本科各专业公共课教材，也可作为广大汽车爱好者了解汽车文化的读物。

图书在版编目（CIP）数据

汽车文化与新技术/李艳菲，李颖编著．—2 版．—北京：机械工业出版社，2021.11（2024.8 重印）

应用型本科汽车类专业系列教材

ISBN 978-7-111-69704-6

Ⅰ.①汽… Ⅱ.①李 ②李… Ⅲ.①汽车－文化－高等学校－教材②汽车－新技术－高等学校－教材 Ⅳ.①U46

中国版本图书馆 CIP 数据核字（2021）第 244780 号

机械工业出版社（北京市百万庄大街22号　邮政编码100037）
策划编辑：何士娟　　　　　责任编辑：何士娟
责任校对：肖　琳　王　延　责任印制：常天培
固安县铭成印刷有限公司印刷
2024 年 8 月第 2 版第 3 次印刷
184mm×260mm・14.25 印张・2 插页・348 千字
标准书号：ISBN 978-7-111-69704-6
定价：59.90 元

电话服务　　　　　　　　　网络服务
客服电话：010-88361066　　机　工　官　网：www.cmpbook.com
　　　　　010-88379833　　机　工　官　博：weibo.com/cmp1952
　　　　　010-68326294　　金　书　网：www.golden-book.com
封底无防伪标均为盗版　机工教育服务网：www.cmpedu.com

前　　言

汽车历史是一面文明之镜，历经百年的汽车形成了丰富的文化内涵，它反映了人类社会的兴衰变迁、人们对生存环境的追求和改造环境的能力和智慧。刚刚诞生时期的汽车，仅仅是权力、地位和富有的象征，到了大规模流水线生产时代，才成为普通大众的消费品，人们的思想意识和生活方式也深深融入汽车之中。

汽车技术是构建和发展汽车文化的物质基础，现代汽车技术的发展体现了人们对生活品质的要求，越来越多的生产厂家已经加入节能、环保、智能化新能源汽车制造者的行列。

本书是应用型本科汽车类专业系列教材，为满足应用型本科院校的相关专业公共课的教学需要，作者结合多年的教学、科研和实践经验编写了本教材，目的是让各专业、各学科的学生能够了解汽车知识，学懂现代汽车新技术，为未来进入各个领域奠定一个坚实的基础，具备良好的素质。

本书共分6章，系统地介绍了汽车的起源、世界汽车工业的形成与快速发展过程。从基本的汽车构造知识，到汽车运动，从现代燃油汽车的新技术，到如今得到重大发展的新能源、智能网联汽车和自动驾驶技术等，内容丰富新颖，图文并茂，深入浅出，通俗易懂。

全书集历史性、知识性和趣味性为一体，可以培养广大学生、读者对汽车的兴趣和爱好，提高对汽车的鉴赏能力，学会享受汽车带给人类的物质文明和精神文明。本书不仅可以作为大专院校公共课的教材，也可作为广大汽车爱好者了解汽车文化和新技术的读物。

编　者

目 录

前言
第一章 汽车史话 ... 1
第一节 汽车溯源 ... 1
一、早期的探索 ... 1
二、最初的发明 ... 6
三、汽车的诞生 ... 9
第二节 世界汽车工业的形成与发展 ... 16
一、汽车工业的形成 ... 16
二、汽车工业的发展 ... 17
三、法国汽车工业的发展 ... 18
四、德国汽车工业的发展 ... 18
五、美国汽车工业的发展 ... 19
六、日本汽车工业的发展 ... 21
七、世界新能源汽车产业的兴起与发展 ... 24
第三节 中国汽车工业之路 ... 29
一、1953—1984 年——起步阶段 ... 30
二、1984—1994 年——合资阶段 ... 32
三、1994—2000 年——放开阶段 ... 32
四、2001 年至今——快速发展阶段 ... 33
五、我国汽车工业现状 ... 34
六、我国新能源汽车的发展 ... 35
本章小结 ... 39
【思考与习题】 ... 40

第二章 汽车制造商与品牌文化 ... 41
第一节 日本汽车 ... 41
一、日本汽车概况 ... 41
二、日本汽车公司及其品牌车标 ... 42
第二节 美国汽车 ... 52
一、美国汽车概况 ... 52
二、美国汽车公司及其品牌车标 ... 52
第三节 欧洲汽车 ... 63
一、欧洲汽车发展概况 ... 63
二、欧洲汽车公司及其品牌车标 ... 63
第四节 中国汽车 ... 81
一、中国汽车发展概况 ... 81
二、中国汽车公司及其品牌 ... 81
第五节 韩国汽车 ... 87

本章小结 ... 88
【思考与习题】 ... 88

第三章 汽车结构原理 ... 89
第一节 汽车的总体构造 ... 89
第二节 发动机的构造 ... 90
一、汽车发动机的类型 ... 90
二、发动机的工作原理 ... 93
三、发动机的总体构造 ... 95
第三节 汽车传动系统 ... 108
一、离合器 ... 109
二、变速器 ... 110
三、万向传动装置 ... 112
四、驱动桥 ... 113
第四节 汽车行驶系统 ... 115
一、车架 ... 115
二、车桥 ... 115
三、车轮 ... 115
四、悬架 ... 116
第五节 汽车转向系统 ... 119
一、转向系统的基本组成 ... 119
二、转向系统的类型及工作原理 ... 119
第六节 汽车制动系统 ... 120
一、制动系统的类型 ... 120
二、制动系统的组成和一般工作原理 ... 121
三、防抱死制动系统 ... 121
本章小结 ... 122
【思考与习题】 ... 122

第四章 汽车运动与时尚 ... 123
第一节 赛车运动与汽车发展 ... 123
一、赛车组织机构 ... 124
二、各类赛车运动 ... 124
三、百年前的汽车赛 ... 129
四、现代汽车越野拉力赛 ... 129
第二节 著名汽车展览 ... 131
一、北美车展 ... 131
二、巴黎车展 ... 131
三、日内瓦车展 ... 132

四、法兰克福车展 ………………………… 132
　　五、东京车展 …………………………… 132
　本章小结 ………………………………… 132
　【思考与习题】 …………………………… 133
第五章　现代汽车科技与未来汽车 …… 134
　第一节　汽车发动机新技术 ……………… 134
　　一、缸内汽油直喷技术与分层燃烧 …… 134
　　二、发动机稀薄燃烧技术 ……………… 137
　　三、缸内直接喷射技术的优势与主要
　　　　问题 …………………………………… 139
　　四、汽油机复合喷射技术 ……………… 140
　　五、可变压缩比技术 …………………… 141
　　六、发动机可变气缸技术 ……………… 143
　　七、发动机自动起停技术 ……………… 144
　第二节　汽车底盘新技术 ………………… 145
　　一、变速器新技术 ……………………… 145
　　二、汽车行驶稳定控制系统 …………… 153
　　三、汽车智能全轮驱动控制系统 ……… 159
　　四、汽车四轮转向技术 ………………… 163
　　五、电动式电控动力转向系统 ………… 166
　　六、汽车主动制动系统 ………………… 169
　第三节　汽车智能化新技术 ……………… 170

　　一、汽车安全和舒适智能新技术 ……… 171
　　二、汽车环保新技术 …………………… 183
　第四节　未来汽车 ………………………… 188
　　一、自动驾驶的开端 …………………… 188
　　二、未来汽车的新材料 ………………… 192
　　三、未来汽车的智能网联化 …………… 193
　　四、未来汽车的新能源 ………………… 196
　　五、智能汽车新发展与无人驾驶技术 … 198
　本章小结 ………………………………… 211
　【思考与习题】 …………………………… 211
第六章　汽车造型色彩与时尚 ………… 212
　第一节　汽车的造型 ……………………… 212
　　一、汽车外形的发展 …………………… 212
　　二、汽车造型的发展趋势 ……………… 213
　第二节　汽车色彩 ………………………… 214
　　一、缤纷的色彩、魅力的个性 ………… 214
　　二、汽车色彩的设计 …………………… 215
　　三、中国汽车色彩发展 ………………… 218
　本章小结 ………………………………… 218
　【思考与习题】 …………………………… 219
参考文献 …………………………………… 220

第一章

汽车史话

【学习目标】
1. 了解汽车的起源。
2. 了解世界汽车工业发展概况。
3. 了解中国汽车工业发展历程。

第一节 汽车溯源

汽车的诞生、发展和完善,经历了一个漫长的过程。真正意义上的汽车,自19世纪末诞生以来,已经走过了风风雨雨的100多年。这个由上万个零件组合的机电产品,是人类智慧的结晶。从卡尔·本茨造出的第一辆三轮汽车以18千米/时的速度跑到现在,竟然诞生了0—100千米/时加速时间只需要3秒多的超级跑车。这100多年来,汽车技术的发展是如此惊人,今天它已经和谐地将现代科学技术与艺术相统一。回顾汽车从设计、生产和使用的不断改进,从外表到内饰、从风格到品质的每一步变迁,都深深打下时代文化的烙印。现在,让我们遵循历史的足迹,走进汽车的世界。

一、早期的探索

(一)人类伟大发明——车轮的出现

在人类文明发展史上,有什么可以与火的使用相提并论?答案就是轮子的发明。

远古时代,以狩猎为生的人类没有交通工具,无论是耕种还是搬运东西,只能靠手提肩扛、众人搬抬。为了生存,人们要垒房子、堵洞穴,不但要将猎物搬回驻地,还必须从远处运回大量石块和木头等,这真是一件难事。于是人们思考:有没有一种既省力又能多运东西的办法呢?终于有一天,一件偶然的事触发了人们的灵感:当时,一个搬运石块的人看见另一个人正拖着一头鹿往回走,就从中受到启发,于是他找来一块带尾巴的兽皮,把石块放在上面拖着尾巴走起来……这办法真灵,省了他不少力!

就这样,兽皮变成了人类最原始的交通工具。不过,用了一段时间后,兽皮的缺陷就暴露出来了:在高低不平的路上拖运东西,不久兽皮就被磨穿了,而且用兽皮搬运东西的数量也很有限。后来,人们采用绳拽法,将绳子系在物品上用人力拉拽。这种运输方法,物体着地面积大。为了减少摩擦,人们利用树枝为架,两叉之间绑以横木,横木不触底,其上载物,即所谓橇载法(图1-1)。公元前2000多年,埃及人就学会用滑橇来搬运重型物体了。

但是,这种木橇在平滑的地面上行进还比较省力,如遇颠簸不平的路面时仍很费力。后来,人们终于发现把一块木板放在两根滚动的圆木上,这样运送东西不仅运得多、运得快,而且特别稳当,进而发明了把圆木垫在木橇之下,借其滚动而移动木橇(图1-2)。这种圆

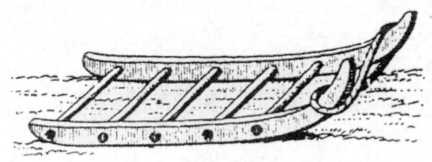

图 1-1　木橇

木与木橇的结合，可以说是车的雏形，装在木橇下的圆木可以视为一对装在车轴上的最原始的特殊形式的"车轮"，其车轴的直径恰好等于车轮的直径，而且两者是一个整体。这种"车轮"的出现，是人类在最初阶段对轮子的利用。

图 1-2　最原始的"车轮"

古埃及人就是用这种方法，把巨大的石料堆成金字塔的。虽然，古埃及人更应该受滚杠的启发而发明车轮，但最早使用车轮的却不是古埃及人。

任何简单而意义深远的发明，都不是凭空出现在人们脑海中的，必然有什么现象触发了灵感。正如古人见到水里漂着的木头而想到独木舟一样，车轮的发明也可能是受到了一些自然物的启发。《淮南子》中说我们的祖先"见飞蓬转而知为车"。"飞蓬"是一种草，其茎高尺许，叶片大，根系入土浅，一有大风，很容易被连根拔起，随风旋转。古人可能就是受到这个现象的启发，发明了车轮和车轴。与鲁班受锯齿草的启发而发明锯子的传说一样，这种说法很可能也是一个传说而已，因为轮子在自然界是有原型的。

原始民族曾经普遍崇拜过天空中的日月。古人一定认为它们拥有最完美的外形——直到古希腊时代，哲学家柏拉图也还认为球体是最完美的形式。也许，新石器时代的先民在制作器具时，很自然地会模仿太阳和月亮的形状。当他们偶然发现制成的圆盘状物体可以在转动中保持形状不变时，他们就有兴趣进一步发掘它的用途。

但在当时，在几乎没有道路的荒原山野上，拽这种橇仍然是很困难的。有一天，有人发现在风的吹动下，圆滑的石头或短圆木滚动得比别的东西快。在这个自然现象的启示下，人们用石斧把圆木截短，并把砍下的两端圆木从中间凿一个圆洞，再在洞里穿上一根细一点的木棍把它们连接起来。这样，一种滚子橇就被制造成功了，用它拖东西比过去那种橇又轻快多了（图1-3）。

轮子的发明，改变了人类陆地移动方式，实现了移动由滑动到滚动的飞跃。

然而，当用这种滚轮装运太重的物品时，滚轮就会被压裂。因此，后来人们又想到在这种轮子套上铜箍或铁箍。最初，车轮是一对用圆木砍制成的没有辐条的圆盘，后来为了不受圆木直径的限制，改用木板拼接，把两个圆形车轮用横木固定在木板车的两端，就可以轻便地运货了。这种圆盘式车轮在古代叫做"辁"。有了车轮，车的创制就成为可能的事情了。

图1-3 滚子橇

根据美国历史学家斯塔夫里阿诺斯著《全球通史》，这种车轮出现在美索不达米亚。最早，美索不达米亚的轮子只是一些圆形的板，和轴牢牢地钉在一起。车与车辕之间有一个滑动槽，轴在滑槽中转动，车轮就随着车轴滚动。到公元前3000年时，已将轴装到手推车上，轮子不直接和车身相连。

利用车轮滚动而行，减少了车与地面的摩擦，既省人力，又可多载重物，还可以长途运输。车轮的问世，标志着古代交通工具的发展进入了一个新的里程。

再后来，又出现了带辐条的车轮（图1-4），这便是今天自行车车轮和摩托车车轮的祖先。

图1-4 带辐条的车轮

通常，轮子被视做人类最古老最重要的发明，以至我们经常把它和火的使用相提并论。

类似的，关于车的第一个概念出现之后，轮就开始单独制造，并把它固定在一个活动的轴上，装上了轮箍。后来，有了轻便的车轮和光滑的轮座，于是车轮就在不动的轴上转动了。当然，所有这些，无非是一种想象。但是，无论如何，它使我们的头脑完全清楚了车的本质。

（二）车的发明

相传，4600年前，黄帝创造了车。出于纪念黄帝的功绩，后人称他为"轩辕黄帝"。

轩，古人对直木之称；辕，对横木之谓；直木、横木架在轮子上，就成了一辆雏形车。传说，黄帝与另一个部落九黎族的首领蚩尤在"逐鹿之战"中就用到了牲畜拉的"车"（图1-5）。虽然，蚩尤以金作兵器，并能"呼风唤雨"，但在拥有"车"的黄帝面前，还是被杀得大败，丢了性命，从此黄帝统一了华夏各族，成就了中华民族的前身。黄帝战蚩尤因此也成了影响中国历史的第一件大事。如此说来，中国有车始于距今5000年前。年代虽已久远，传说亦无从考证，但这依然在一定程度上反映出我们的祖先对车最早的认识——因为神话本身就是一个民族对一些基本问题的回答。

图1-5　传说中黄帝乘坐的车

人类历史上的第一辆车就是中华民族的祖先发明的。据英国科学家李约瑟考证得出的结论，在4500年到3500年前，中国出现了第一辆车子。而《左传》中提到，车是夏代初年的奚仲发明的。在公元前2000多年的夏初大禹时代，有一位管车的大夫奚仲，是中国车子的创造者，也是世界上第一辆车子的发明者。他发明的车，由两个车轮架起车轴，车轴固定在带辕的车架上，车架附有车厢，用来盛放货物，这就是世界上的第一辆车（图1-6）。

图1-6　奚仲发明的两轮车

最初的车辆，都是由人力来推动的，称为人力车。后来，人们开始用牛、马拉车，称为畜力车。据传说，畜力车是商汤的先祖相土和王亥共同发明的。

另据史料记载：公元前1600年的商代，我国的车工技术已达到了相当高的水平，能制造出相当高级的两轮车，采用辐条做车轮，外形结构精致华美，做工也十分复杂。到西周时期（公元前771年），马车已经很盛行了。春秋战国时期（公元前770年—公元前221年），各诸侯国之间由于频繁的战争，马车便纳入了战争的行列，对于当时来说，这是代表一个国家强盛的极明显标志。陕西临潼秦始皇帝陵出土的战车式样，代表了2000多年前车辆的制造水平。

最早车的实物是在河南安阳殷墟发现的。殷墟先后发现了18辆车，由于深埋地下，年深岁久，出土时木质结构已经全部腐朽。根据黄土中保留下来的朽木痕迹对它们进行剥剔和清理，经过复原，车的大致结构是独辕，约有18根辐条，长方形车厢，一般可坐两三人，大多数车由两匹马驾辕。

记里鼓车（图1-7）发明于西汉初年，是中国古代用于计算道路里程的车辆，又称"司里车"或"大章车"。可惜的是，最初结构已失传，到宋代才重新制造成功。700多年前的宋代，有位进士名叫燕肃，是一位机械工匠，宋仁宗天圣五年（公元1027年），燕肃启奏皇帝，详细说明了制造指南车和记里鼓车的方法。经允许，他重新制造了代表中国古代文明的指南车和记里鼓车。

图1-7　记里鼓车

记里鼓车上有两个木人，车行一里（也就是如今的500米）就击一次鼓（图1-8）。记里鼓车和指南车都是皇帝出行时的仪仗车，经常被排列在相同的位置。记里鼓车的秘密藏在一组与轮轴相连的减速齿轮上，两个木人被各自的中平轮控制，转一周动一次，很像汽车上的里程表。实际上，它们的机械原理是相似的。记里鼓车是近代里程表、减速器的先驱，是科学技术史上的一项重大成就。

指南车（图1-9）是三国时期马

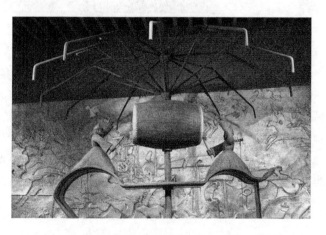

图1-8　记里鼓车上的木人车行一里击一次鼓

钧所造。这种车是一种由车子和一个小木人构成的指示方向的机械，车中装有可自动离合的齿轮传动装置，并与木人相连，木人有一只手指向前方，不管车辆朝什么方向行走，在自动离合齿轮装置的作用下，木人的手都指向南方。有人戏称这是现代卫星导航系统的先驱。聪明智慧的中华民族，在黄帝造车后的2000年，不仅将车的作用发扬光大，而且在车的某些细节上已经开始有了一个更高层次的升华，使后人须仰视才见。

图1-9　马钧发明的指南车

指南车和记里鼓车都是利用齿轮传动原理来工作的，它们的出现体现了1700多年前中国车辆制造工程技术已达到的水平，是中国古代技术的卓越成就。

也许你想不到，世界上设想汽车的第一人，应是我国唐朝天文学家僧一行（原名张遂，683—727），他发明"激铜轮自转之法，加以火蒸汽运，名曰汽车"（图1-10），这比西方人所推崇的达·芬奇设想发明汽车的说法早了800年！

图1-10　张遂发明的"汽车"

现代汉字中有个字叫"轩"，相信没有人会对它陌生。"轩"的本义是一种有帷幕的车子，供人乘坐（图1-11），后来则演化为一种有窗槛的长廊或小屋，成为一个建筑的名字。每个字的出现和演化都有它的原因和道理，那这个"轩"字是不是昭示着车与建筑在某种程度上有着一定的依存呢？是不是那时的中国人对于车的要求已不再是单纯的代步工具，而是对房车最早的理解呢——把建筑用移动的车来承载——这是一种多么充满智慧的浪漫想象！

二、最初的发明

在几千年的发展史中，车辆始终没离开人推马拉，既装得少，又走得慢，主要原因是没

图1-11 中国古代的轩

有解决动力问题。

带着这个问题，人类开始了不断的探索与研究。1420年，有人制造出一种滑轮车（图1-12）。人坐在车内，借用人力使绳子不停地转动滑轮。车虽然走了起来，但由于人力有限，这辆车的速度不能充分得以发挥，甚至比步行还要慢。

后来，大画家达·芬奇设想了一种车，利用发条机构使一个带齿的圆盘进行水平旋转，旋转的力通过带有齿轮的车轴和车轮连接起来，车就可以前进了。但是，他仅仅提出了设想，并没有进行实际的研究。

图1-12 滑轮车

1649年，德国一个钟表匠——汉斯·郝丘，制造了一辆发条式的汽车（图1-13）。但是，这辆发条车的速度不到1.6千米/时，而且每前进230米，就必须把钢制发条卷紧一次，这个工作的强度太大了，所以发条车也没有能够得到发展。

（一）第一辆蒸汽汽车

真正意义上的第一辆汽车，是在1769年，由法国的一名军事工程师——尼古拉斯·古诺大尉建造的三轮蒸汽机车（图1-14）。该车长

图1-13 发条车

7.32米，车宽2.2米，前轮直径1.28米，后轮直径1.5米。车架上放置一个大锅，前进时靠前轮控制方向，每前进12~15分钟就要停下来15分钟，运行速度为3.5~3.9千米/时。由于操纵困难，在试车途中下坡时撞到了兵工厂的石头墙上，值得纪念的世界上第一辆蒸汽机车就这样成了一堆废铜烂铁，面目全非。由于这并非是现代意义上的汽车，所以我们称之为蒸汽机车，这是汽车发展史上的第一个里程碑。

又经过反复改进，这辆蒸汽车上已经可以乘坐4个人，车速也提高到9千米/时了。陆军部下令古诺制造更大的蒸汽车，要求载重4580千克。1771年，一辆更大型的蒸汽车经过改进，已经可以达到牵引4000~5000千克重物的水平。

在古诺之后，欧洲大陆上掀起了研制蒸汽汽车的热潮。蒸汽汽车的技术水平迅速提高，

图 1-14　试车时就撞到墙上的蒸汽机车

到 19 世纪初已经达到一定水平。在英国、法国和德国等国家，都开始用蒸汽汽车进行运输，并逐渐繁荣起来。到 19 世纪中期，出现了蒸汽汽车与马车并驾齐驱的局面。由于蒸汽汽车功率大、运量多，逐渐占了上风。

1801 年，理查德·特雷威蒂克制造了英国最早的蒸汽汽车。两年后，他又研制了形状类似公共马车的蒸汽汽车。这辆公共汽车能乘坐 8 人，创造了在平路上为 9.6 千米/时、坡道上为 6.4 千米/时的世界纪录。

1825 年，英国公爵嘉内制成了第一辆蒸汽公共汽车（图 1-15）。这辆车的发动机装在后部，后轴驱动，前轴转向。它采用巧妙的专业转向轴设计，最前面两个轮并不承重，可由驾驶人利用方向舵柄轻便地转动，然后通过一个车辕，引导前轴转动，使转向可以轻松自如。1831 年，嘉内利用这辆车开始了世界上最早的公共汽车运营业务，所以这辆车也被认为是世界上最早的公共汽车。

图 1-15　第一辆蒸汽公共汽车

1828 年，哈恩格克制成了比嘉内的汽车性能更好的蒸汽公共汽车，之后也开始了公共运输事业的企业化。他的车可以承载 22 名乘客，车速 32 千米/时，营运后很受欢迎，1834 年，发展成立了世界上最早的公共汽车运输公司——苏格兰蒸汽汽车公司。

1805 年，美国人埃文斯首次制造了蒸汽发动机的水陆两用汽车。

1828 年，法国人配夸尔制造了一辆蒸汽牵引车。这辆汽车首次采用将发动机置于车的

前端，而由后轴驱动的布置方案。在发动机和后轴之间，用链传动。后轴系由两根半轴构成，当中由差速齿轮连接，这就是最早发明的差速器。此外，两个小小的前轮是各自与车架弹性相接的，这称作独立悬架。这种独立悬架设计，在当时有划时代的意义。配夸尔的链传动、差速器和独立悬架设计，对汽车的发展贡献极大，至今仍在汽车上广泛应用。

但是，蒸汽汽车有很多缺点，运行时需要大量的水和煤、车身重、易爆炸、不容易控制、车轴易断裂、易熄火、行车受天气影响、舒适性差。蒸汽汽车的迅速发展，引起了马车商人的不满，他们利用各自的势力使政府不支持蒸汽车，并对蒸汽汽车横加指责。在这种情况下，19世纪中叶以后，蒸汽汽车事业日趋衰落。尽管存在上述的不足，而阻碍了蒸汽汽车成为一种理想的运输工具，但蒸汽汽车在汽车发展史上占有重要一页，它是现代汽车的奠基者，在汽车的"家谱"中应是"自动车"的祖先。

（二）电动汽车

就在蒸汽汽车产生的初期，已有许多人投入对电动汽车的研制中。一般认为，1873年英国人戴维森制造的四轮货车是最早的电动汽车。19世纪80年代，在法国已制造了多辆名副其实的电动汽车。在美国，爱迪生和福特都对电动汽车的开发作出了很大贡献。90年代，电动汽车有了较快的发展，于1898年创立的哥伦比亚电气公司当时曾生产了500辆电动汽车。1899年，法国的杰那茨（Camille Jenatzy）驾驶着电动汽车创造了105千米/时的最高车速纪录（图1-16）。在以后的20年间，电动汽车与蒸汽汽车展开了竞争。但无论是电动汽车还是蒸汽汽车，最后都在竞争中让位于后起之秀——装有内燃机的汽车。其主要原因是电动汽车一次充电的续驶里程太短，而且蓄电池的质量和体积很大，为安放蓄电池使车内空间过于狭小。

图1-16　1899年杰那茨驾驶的电动汽车

三、汽车的诞生

（一）近代汽车的诞生

卡尔·本茨（Karl Benz，1844—1929）（图1-17）是现代汽车工业的先驱者之一，人称"汽车之父"。

1879年，卡尔·本茨研制成功火花塞点火内燃机。随后，他又将内燃机改进为汽油发动机安装在三轮车上。车上装有3个实心橡胶轮胎的车轮，装有卧置单缸二冲程汽油发动机，785毫升容积，虽然它的车速只有16千米/时，但在当时，人们的陆上交通工具还是马车，因此这一速度足以令人"窒息"。该车前轮小，后轮大，发动机置于后桥上方，通过链和齿轮驱动后轮前进，行驶方向靠操纵杆控制，为了提高人员乘坐的舒适感，在车架和车轴间装有钢板弹簧悬架。该车已具备了现代汽车的一些基本特点，如电点火、水

图1-17　卡尔·本茨

冷循环、钢管车架、钢板弹簧悬架、后轮驱动、前轮转向和制动手柄等。其齿轮齿条转向器是现代汽车转向器的鼻祖。1886年，卡尔·本茨的妻子贝尔塔进行了公开试车（图1-18）。卡尔1886年1月29日向德国皇家专利局申报专利并获得批准，因此1月29日被认为是世界汽车诞生日，1886年为世界汽车诞生年。这辆汽车被命名为"奔驰1号"，现保存在慕尼黑科学博物馆内（图1-19）。

图1-18　卡尔·本茨的妻子贝尔塔在试车　　图1-19　1886年本茨制造的装有汽油机的三轮汽车

（二）汽车的发展与完善

汽车刚发明时，并没有马上在各种路面车辆中显示出很强的竞争力。20世纪初，销量最大的还是蒸汽汽车，电动汽车也比内燃机汽车发展得充分。在欧洲的城市公共交通中，有轨电车和无轨电车占据着优势地位。汽车经过几年的发展完善，才在路面车辆中占据了主导地位。

德国人发明了汽车，但在促进汽车初期发展方面作出贡献最多的却是法国人。

1889年，法国人标致（Peugeot）研制成功齿轮变速器、差速器；1891年，法国人首次采用前置发动机后轮驱动，开发出摩擦片式离合器；1895年，法国人开发出充气式橡胶轮胎；1898年，法国的雷诺1号车采用了箱式变速器、万向节传动轴和齿轮主减速器；1908年，法国的狄第安采用了流传至今的狄第安后桥半独立悬架。

此外，1893年，德国人发明了化油器；1896年，英国人首次采用石棉制动片和转向盘。

1. 发动机的完善

在这一时期，车用汽油机逐渐完善起来，汽油汽化与点火问题得到了解决。内燃机的冷却最初是用一根长而弯的管子让水循环流动来实现的。1901年，迈巴赫又发明了蜂窝状的散热器，为高效率的冷却打下了基础。

早期的汽车是靠手摇转动曲轴来起动发动机的，这种方式既费力又不方便，需要有两个人配合。最初，消除手摇起动的设想是将压缩空气按点火顺序依次送进各缸以使曲轴转动。压缩空气是靠发动机工作时带动一个气泵而储存的，除了用于起动发动机外，还可给轮胎充气及带动千斤顶工作。但是，这种起动方法并不成功。1917年，美国凯迪拉克公司研制了第一个电起动器，它是用一个小电动机带动与曲轴相连的飞轮转动来起动发动机的。这项发明的关键，在于认识到电动机能在瞬时超负荷运转，所以一个小电动机就可以带动曲轴转动至发动机点火起动。这是由凯特林（Kettering）研究发现的，开始用的电动机是为点钞机设计的。到了 1930 年，虽然摇动手柄仍然是汽车的一个附件，但是摇动曲轴起动发动机的事，除极偶然的情况外，已经不大出现了。

2. 传动系统的完善

汽车靠传动轴传递功率后，在传动轴与发动机之间安置了变速器，使发动机在一定的转速内工作，而汽车可以有不同的行驶速度。变速器由齿轮传动，主动齿轮与发动机连接，从动齿轮与驱动轴连接，行驶中换档时，由于两个齿轮转速不同而啮合困难，强行啮合就有打齿的危险。开始，人们在变速器的前后各装一个离合器，换档时用这两个离合器将变速器中的齿轮轴与发动机和驱动轴都脱开。但是由于惯性，两齿轮转速达到同步还得有一段时间，再加上两个离合器配合操纵很复杂，使行驶换档非常困难。1929 年，凯迪拉克公司首先研制出同步器，它通过同步器中锥面相互摩擦，使两个齿轮转速相同时才允许啮合。这样只要有一个离合器就行了，换档时既轻便又不打齿，换档时间也大大缩短了。

3. 制动系统的完善

汽车制动器开始是照搬马车上的结构，即用手制动器带动一个单支点的摩擦片来抱住后轮。但是，汽车所需的制动力要比马车大得多，而且汽车倒退时这种制动器常常失灵。当时，一些汽车在底部安装一根拖针，当汽车在坡路上下滑时，拖针会扎入地下使车停住。后来，在车上又增加了脚制动器，控制传动轴的转动。1914 年，开始出现轮内鼓式制动器（图 1-20）。1919 年，法国海斯柏诺-索扎公司制成用脚踏板统一控制的四轮鼓式制动器，并由变速器驱动一个机械伺服机构来增加制动力，使制动效果大为改善。1921 年，美国的杜森伯格公司又推出了液压助力器，由一个主液压缸来放大制动力。以后，又出现了气动助力的制动器。制动装置逐渐形成了脚制动控制轮边制动，手制动控制传动轴制动的普遍的结构形式。

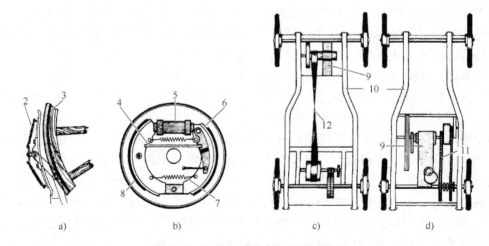

图 1-20　早期的汽车制动与传动装置
a）匙形制动器　b）鼓式制动器　c）带驱动　d）链驱动
1—操作杆　2—弹簧　3—车轮　4—平衡棒　5—车轮轮缸　6—制动蹄片
7—回位弹簧　8—制动鼓　9—发动机　10—底盘　11—链　12—传动带

4. 采用充气轮胎

早期的汽车还有使用实心木轮的，但很快大部分汽车都采用了所谓的辐条式的铁制车

轮，外套实心橡胶轮胎。这种实心轮胎当车速超过16千米/时时，车就会跳起来，使驾驶人和乘客颠簸得无法忍受。邓禄普发明了用于自行车的充气轮胎后不久，1895年，法国的米其林兄弟（Andre和Edouard Michelin）就制造出了用于汽车的充气轮胎。当时，这种轮胎虽然改善了汽车的舒适性，但漏气问题却成了驾驶人最头痛的事。当时，汽车轮子还是不可拆卸的，所以补胎和换胎都要费很多时间。为了解决这个问题，先是出现了辅助轮缘（Stepney），当轮胎漏气后，靠这个轮缘行驶到最近的修车场去更换轮胎。后来，出现了可拆卸的车轮，轮胎也分为内胎和外胎两层，外胎中用金属丝予以加强，从而使轮胎寿命大大增长，更换轮胎也成了一件比较容易的事了。到了20世纪20年代后期，一般妇女都能完成更换车胎的工作。

5. 对道路建设的促进

当汽车发展起来后，公路却还是由碎石和土填成的，汽车行驶时不仅颠簸，而且扬起大量尘土。后来，人们发现沥青既可以消除尘土，又可使路面平坦。1910年，英国成立了"公路署"，专门负责修筑沥青公路。1914年，开始出现水泥公路。1924年，意大利首先建造了高速公路，当然它还达不到现代高速公路的标准。1942年，为了战时的需要，德国修筑了符合现代标准的高速公路。以后，尤其是第二次世界大战之后，欧美各国都相继修筑大量的高速公路，当时美国的高速公路修得最长，达70000千米。高速公路的特点是每个行驶方向都有两条以上的行车道，相反方向的行车道之间有草地或灌木的隔离带，行车道之间没有平面交叉，也没有陡坡、急弯和其他不利于汽车行驶的障碍。在高速公路上行驶的汽车，车速一般都在80千米/时以上，欧洲一些国家车速可超过120千米/时，这就使得汽车的运行效率大为提高。

（三）汽车的大量生产和销售

汽车技术的日益成熟，使生产销售成为可能。1901年，美国人奥兹生产和销售了425辆奥兹莫比尔牌（Oldsmobile）轿车，1905年达6500辆，从此开始了汽车大量生产的新纪元。1913年，福特首先发明了科学设计的汽车流水生产线，并且很快被其他汽车厂商所仿效而广泛采用。福特汽车公司的T型轿车，从1908年到1927年共生产了1500万辆，这一大量生产的世界纪录，到20世纪60年代才被德国大众公司的甲壳虫轿车打破。据记载，到1923年，美国已有2/3的家庭拥有一辆轿车。为了汽车能大量销售，在1927年以前，汽车技术集中解决经济性（包括购置、使用和维修费用在内）、可靠性和耐久性这类基本性问题。例如，1915年以前，前轮因转向而没有装设制动装置。而在这以后，出现了机械式四轮制动方式，大大提高了汽车的安全可靠性。1926年，汽车上开始有了液压制动器。为了提高燃油经济性，这一时期汽油机的压缩比有了提高，一些货车上采用了更省油的柴油发动机。1905年，在美国的圣路易斯发生了最早的汽车被盗事件，于是发明了带钥匙的点火开关。1911年发明了自动起动机，这大大方便了驾驶人，否则驾驶人每次要下车起动汽车。刮水器、制动灯和后视镜等也逐渐在这一时期被开发和使用。1922年，在仪表板上出现了燃油表。1929年，出现了车用收音机。渐渐地，现代汽车的基本要素均已具备。

（四）注重美观和舒适

1885年，德国工程师卡尔·本茨（1844—1929）在曼海姆制造成一辆装有汽油机的三轮车，拉开了汽车现代史的帷幕。随着汽车的不断发展，人们开始追求外形和色彩的多样化以及乘坐的舒适性和操纵的便利性。车身变得越来越长、越来越低，车身的整体性和刚度增强,其振动和噪声不断下降。车型变化越来越快,各种变型车和选用款式纷纷出现。在这里,回顾一下车身的发展是很有意思的。

1. 马车形汽车

从 19 世纪末到 20 世纪初,世界上相继出现了一批汽车制造公司,当时的汽车外形基本上沿用了马车的造型,因此被人们称汽车为无马的"马车"。它的英文名"sedan"就是指欧洲贵族乘用的一种豪华马车,不仅装饰讲究,而且是封闭式的,可以防风、雨、灰尘,并提高了安全度。1908 年,福特推出 T 型车时,车身由原来的敞开式改变为封闭式,其舒适性和安全性都有很大提高。福特将他的"封闭式汽车"(Close Car)称为"sedan"。著名的福特 T 型车(图 1-21),是马车形汽车的佼佼者。

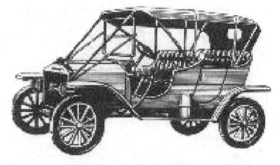

图 1-21　1908 年美国福特开始生产 T 型轿车

2. 箱形汽车

马车形汽车很难抵挡风雨的侵袭,美国福特汽车公司在 1915 年生产出一种新型的福特 T 型车,这种车的车室部分很像一只大箱子,被称为"箱形汽车"。1930 年生产的 J 型轿车也是箱形汽车的代表(图 1-22)。

图 1-22　1930 年 J 型轿车

为提高车速,人们开始降低车的高度以减小空气阻力。但是,由于车顶高度的降低影响前方视野,这种方法最终被放弃,转而通过提高功率的方法。这样一来,发动机由单缸变成 4 缸、6 缸、8 缸,气缸一列排开,发动机舱也随之变长。典型的例子,就是意大利 1931 年生产的阿尔法·罗密欧牌汽车的外形。

作为高速车,箱形汽车并不够理想,因为它的阻力大大妨碍了汽车前进的速度,所以人们又开始研究一种新的车型——流线型。

3. 甲壳虫形汽车

1934 年,美国的克莱斯勒公司生产的气流牌小客车,首先采用了流线型的车身外形。1936 年,福特公司在"气流"的基础上,研制成功林肯和风牌流线型小客车。此车散热器罩很精练,颇具动感,俯视整个车身呈纺锤形,很有特色。流线型车身的大量生产从德国大众开始（图1-23）。

1933年，德国的波尔舍博士，设计了一种类似甲壳虫外形的汽车。波尔舍最大限度地发挥了甲壳虫外形的长处，使其成为同类车中之王，"甲壳虫"也成为该车的代名词。

由于第二次世界大战的原因，甲壳虫形汽车直到1949年才真正大批量生产，并以一种车型累计生产超过2000万辆的纪录畅销世界各地。

图1-23　德国大众公司的甲壳虫形轿车

4. 船形汽车

美国福特公司，经过几年的努力，于1949年推出具有历史意义的新型福特V8型汽车。这种车型改变了以往汽车造型的模式，使前翼子板和发动机舱盖、后翼子板和行李舱罩融于一体，前照灯和散热器罩也形成一个平滑的面，车室位于车的中部，整个造型很像一只小船，所以人们把这类车称为"船形汽车"（图1-24）。

福特V8型汽车的成功，不仅在外形上有所突破，还首先把人体工程学应用在汽车的设计上，强调以人为主体来设计便于操纵和乘坐舒服的汽车。

图1-24　1949年美国福特V8型小轿车率先采用了船形造型

从20世纪50年代至今，船形已成为世界上数量最多的一种车型。

5. 鱼形汽车

船形汽车尾部过分向后伸出，形成阶梯状，在高速时会产生较强的空气涡流。为了克服这一缺陷，人们把船形车的后窗玻璃逐渐倾斜，倾斜的极限即成为斜背式。这类车被称为"鱼形汽车"（图1-25）。

与甲壳虫形汽车相比，鱼形汽车的背部和地面的角度较小，尾部较长，围绕车身的气流也比较平顺，涡流阻力较小。另外，鱼形汽车基本上保留了船形汽车的长处，车室宽大，视野开阔，舒适性也好，并增大了行李舱的容积。

图1-25　1952年生产的别克牌鱼形轿车

最初的鱼形车是美国1952年生产的别克牌小客车。

1964年美国的克莱斯勒顺风牌和1965年的福特野马牌都采用了鱼形造型。自顺风牌以后，世界各国逐渐生产鱼形汽车。

鱼形汽车由于其后窗玻璃倾斜太甚，面积增加2倍，强度下降，产生结构上的缺陷。此外，还有一个潜在的重大缺点，就是对横风的不稳定性。

对于鱼形车的这一缺点，人们想了许多方法加以克服。例如，在鱼形车的尾部安上一只翘翘的"鸭尾"，以克服一部分升力，这便是"鱼形鸭尾"式车型。

6. 楔形汽车

为了从根本上解决鱼形汽车的升力问题，人们设想了多种方案，最终找到了"楔形"。就是将车身整体向前下方倾斜，车身后部像刀切一样平直，这种造型能有效地克服升力。1963年，司蒂倍克·阿本提第一次设计了楔形小客车。

"阿本提"诞生于船形车的盛行时代，与通常的外形形成尖锐的对立，因此未能起到引导车身外形向前发展的作用，直到1966年才被奥兹莫比尔的托罗纳多所继承。

楔形对于目前所考虑到的高速汽车，已接近理想造型。现在，世界各大汽车生产国都已生产出带有楔形效果的小客车，这些汽车的外形清爽利落、简洁大方，极富现代气息。图1-26所示的雪佛兰子弹头多功能轿车（GHEVROLET LUMINA APV）是典型的楔形汽车。

图1-26 雪佛兰子弹头多功能轿车

（五）注重节能、环保和安全

汽车保有量的不断增加，使汽车排放物对人类健康的危害越来越明显，公众越来越注意到环境保护问题，各国竞相制定了环境保护法规，限制汽车排放物。最早立法的是美国加利福尼亚州（加州），规定1961年新车应装有防止曲轴箱窜气的装置。1966年以后，又规定新车需符合一氧化碳、碳氢化合物的排放浓度限值（《七工况法》）。

1968年，美国联邦政府采纳了加州法规，1971年又增加了对二氧化氮排放的限制。环保要求对汽车技术，特别是车用发动机技术的发展起了很大的推动作用。曲轴箱强制通风系统（PCV）、废气再循环系统（EGR）、排气三元催化系统、分层燃烧系统、稀混合气燃烧系统等新措施和新技术不断推出，缓解了汽车排放对人类健康和环境的威胁。节能是汽车技术发展的永恒课题。1973—1974年以及1979—1980年两次大的能源危机，使得汽车节能问题得到了进一步的重视。美国生产的大排量轿车逐步为日本和欧洲生产的小排量和中等排量的汽车所取代，继而美国各大汽车制造厂家也开始减小所生产的轿车的排量和车型尺寸。1980年，美国公布实行的综合平均燃油经济性法规（CAFE）促进了汽车节能技术的快速发展。与此同时，寻求其他能源（代用燃料）在汽车上应用的研究也受到广泛注意，甲醇燃料、液化石油气和压缩天然气燃料已有一定的商业应用。

汽车增多、车速提高以及人类对生存环境的进一步关心，促使公众越来越重视汽车的安全性。为解决安全性问题，汽车碰撞试验和设计中的人体工程学成为热门课题。美国联邦安全委员会制定了一系列的安全法规，包括汽车碰撞时对乘员的保护、撞击时转向柱向后的位移量限制、车顶抗撞强度和侧门强度要求以及燃油系统安全性要求等。为了满足安全法规要求，汽车设计中发展了可吸收能量的转向柱和前、后保险杠，安全风窗玻璃，软化的仪表板、遮阳板、头枕，强化的前门柱和中立柱，抗撞击的车门等，从而显著提高了汽车的安全性。1956年，美国福特公司率先在轿车上普遍采用安全带，随后其他厂商纷纷效仿，以后

则成为法定必装器具。近年来,安全性又得到新的强调:在车身结构中,提高最接近乘员处的车身骨架结构强度;制动系统中普遍采用防抱死系统(ABS),以提高制动效能和制动时的操纵稳定性;撞车时自动膨胀的安全气囊逐步成为轿车的必备装置;各种安全报警装置不断为用户所接受。

(六)电子技术与计算机技术的应用

尽管在20世纪80年代以前,电子技术与计算机技术已开始在汽车上得到应用,但广泛而大量的应用则是80年代以后的事。目前,汽车的设计采用计算机辅助设计(CAD),通过大量设计计算、方案优化,使各部分构件的设计更合理,材料利用率更高,汽车进一步轻量化,性能指标进一步提高。汽车制造采用计算机控制的柔性生产线,各种机器人保证了产品的制造质量与生产节奏,一条生产线可同时生产几种不同的车型。电子技术在汽车上的应用快速增长。美国1980年每辆车平均装用的电子装置价值不到300美元,到了1990年已增加到每车872美元。电子装置的应用,改善了排气污染,降低了燃料消耗,提高了汽车的驾乘舒适性,许多操作和控制均可由电子器件自动完成:在高速公路上恒速行驶可不踩加速踏板;行驶中遇有危险时,自动报警器会给驾驶人以提示;在车内可享受与家里一样的高保真音响;当道路堵塞时,车上的导航系统可指示驾驶人如何避开堵塞路段;修车工作可由车内的故障自动诊断系统和维修站内功能齐全的智能化检测设备完成。

除了在燃料供给系统中采用电控喷射技术之外,电子控制技术还逐步渗透到内燃机的点火正时、排气再循环、可变配气正时系统中,并与自动变速器、主动悬架、全自动空调、自动巡航、防抱死制动系统等实现协同控制,组成整车控制网络,控制系统综合化和网络化特点日益明显。

总之,计算机技术和电子技术的应用,已成为衡量汽车科技含量高低的重要标志。

第二节 世界汽车工业的形成与发展

从第一辆汽车诞生至今,已有100多年的历史。这期间,汽车工业经历了一系列变革,经济危机的打击和第二次世界大战后无节制的疯狂发展及市场的空前繁荣,从一国经济走向多国经济,成为实际上第一个充满全球性竞争的产业。目前,美国、欧洲和日本是世界汽车生产中心。

一、汽车工业的形成

虽然,具有现代汽车雏形的汽车是欧洲人发明的,然而美国在促进汽车工业的形成方面起了巨大的推动作用,从而使美国成为"汽车上的国家"。

汽车发明之初,由于售价高,只是少数绅士贵族的娱乐工具,还不能体现其交通工具的本质。从19世纪末到20世纪初,欧洲和美国相继出现了一批汽车制造公司,如德国的戴姆勒-奔驰(Daimler-Benz)、英国的劳斯莱斯公司(Rolls-Royce)、法国的雪铁龙公司(Citroen)和意大利的菲亚特公司(Fiat)等。但在当时,由于技术发展还不具备生产汽车这种大型复杂机械产品的水平,加之汽车成为贵族们的奢侈品,一味追求豪华和售价昂贵,因此销售额不高,无论是欧洲还是美国,都未形成具有一定规模的汽车工业。

汽车诞生于欧洲,但最早的汽车工业却形成在美国。说到汽车工业的形成,汽车大王——美国人亨利·福特（Henry Ford）功不可没。福特是一位农家子弟，从小就醉心于家中的手表和农用机械。他于1883年在自己简陋的小作坊里试制成一辆汽油机车。几经周折后，他于1903年成立了福特汽车公司，提出了将汽车由奢侈品变为生活必需品的主张，要求汽车要可靠、耐用、操作简便、售价低廉、使用和维护费用低，即生产普及型汽车。此后，福特致力于普及型轿车——T型车的开发。

1908年秋，令人瞩目的福特T型车问世。T型车的设计思路、生产工艺、零售定价和售后服务等许多方面，都采用了与众不同的方法。T型车的各种零件被首次设计成统一规格，实现了总成互换；大型总装车间采用机械传送带运送零件和工具的流水线装配法，极大地提高了工作效率；采用低定价的销售策略，使大多数人都能够买得起；提供充足的零部件和及时的售后服务保障，消除了用户的后顾之忧；大幅度提高工人工资，以求提高工作效率、降低生产成本。由于该车价格低廉、使用方便、维护容易，销售非常火爆，累计1500多万辆的产量更是创造了空前的纪录。T型车使福特获得了巨大的成功，也为福特赢得了"汽车大王"的美誉。同时，T型车成为普通民众的交通工具，改变了人们的生活方式、思维方式和娱乐方式，将人类带入了汽车时代。

福特T型车的生产经验，不仅为美国，甚至为世界汽车工业发展奠定了基础。美国汽车工业的形成和发展，与当时美国在资本、国民收入、石油资源、市场等各方面都优于欧洲的具体条件有关，加之美国政府十分重视国民交通工具的现代化，有意识引导人们购买汽车，巨大的国内市场造成了美国汽车工业的大发展。通用汽车公司（General Motors）和克莱斯勒公司（Chrysler）等汽车公司纷纷成立，全美最多曾有181家汽车公司。到1927年，通过竞争留存了44家，其中三大汽车巨头销量占全国汽车总销售量的90%以上。那时，欧洲由于第一次世界大战的影响，刚刚形成的汽车工业几乎停顿了5年，这使得美国成为第一个以汽车工业为支柱产业的国家。从此，美国在世界汽车生产中的霸主地位确立起来，这种优势直到20世纪70年代才遭到欧洲和日本的挑战。

二、汽车工业的发展

汽车工业是关联产业最广、技术涉及面最大的综合性工业。因此，汽车工业的发展不仅依赖于汽车行业本身的技术进步，而且取决于相关联产业的技术进步、汽车工业应用技术的能力、世界汽车市场的容量、能源和原材料的供应、人们对环境的要求、国家政策和意外变化等。例如，第一次世界大战中显示了汽车运输的机动性，而且还训练了不少军用汽车的驾驶人，其中很多人还学到了一些汽车生产维修技术，于是战后出现了汽车需求的迅速增长，汽车市场买卖兴隆。但是，时隔不久，经济萧条使汽车的需求量一落千丈。

由于欧洲汽车工业发展缓慢，美国汽车大量销往欧洲，美国汽车厂家为了降低运输成本并避免整车运输造成车身外壳损伤，就采用所谓全散件形式作为进口整车车型（Completely Knocked Down，CKD）的方式，将美国生产的零部件运到欧洲就地装配成车出售。最早是福特公司1911年在英国建立了一个装配厂。到了1929年，福特和通用已分别在21个国家和16个国家建立了总装厂。到1930年，欧洲各国为了保护本国的汽车工业，开始对美国汽车增加进口关税，尤其是对汽车零部件进口课以重税，致使美国CKD总装厂改为全部零件就地生产的汽车制造厂。当时，欧洲各国的汽车制造厂虽不能在售价上与美国竞争，但他们凭借技术优势，在品种、车型风格、道路适应性以及某些性能上具有特色，因此也占有了一定的市场份额。有许多新技术，例如发动机前置驱动、后置后驱、承载式车身、节能型微型轿车等，都首先出现在欧洲，从而为欧洲汽车工业的发展奠定了基础。

第二次世界大战期间，各国汽车工业均为军事目的服务，生产坦克和装甲车等军用装备和物资，这也起到了缓和美国与欧洲汽车工业竞争的作用。战后，随着经济复苏与政府支持的加强，欧洲汽车工业开始大发展。特别是原联邦德国在战后仅用了5年时间，就使汽车产量达到了30万辆，超过了其战前的最高水平，到1960年，年产量达到了205.5万辆，超过了英国，成为当时世界上第二大汽车生产国。原联邦德国汽车高速发展的主要动力是将轿车迅速普及到国内劳动阶层，以国内市场为主，同时扩大国际市场，如大众汽车成了全世界的畅销车。欧洲汽车工业的大发展，使世界汽车工业重心逐步由美国转向欧洲。

三、法国汽车工业的发展

在汽车发展史上，法国人有着自己独特的地位。

早在1769年，法国陆军技术军官居尼奥就在政府的支持下试制成功了世界上第一辆具有实用价值的蒸汽汽车，从而引发了世界性的研究和制造汽车的热潮。但是，随后到来的法国大革命却让法国的汽车研究中断了几十年，直到1828年，巴黎技工学校校长配夸尔制造了一辆蒸汽牵引汽车，其独创的差速器及独立悬架技术至今仍在汽车上广泛应用。

法国出现第一辆汽油汽车是在1890年，由阿尔芒·标致创立的标致公司生产。第一次世界大战前，标致的年产量达到1.2万辆，到1939年时年产量达4.8万辆。而1915年创办的雪铁龙汽车公司发展更快，在20世纪20年代初年产量就突破10万辆，1928年日产量达400辆，占全法汽车产量1/3。另一创办于1898年的大型汽车厂雷诺汽车公司发展也很快，1914年便形成了大规模生产，第一次世界大战期间更是因军火生产而筹集了大量资金用于汽车生产。

第二次世界大战期间，雷诺公司为德国政府效劳，为德国军队提供大量坦克、飞机发动机和其他武器。因此，战争结束后，雷诺公司被法国政府接管，路易·雷诺也被逮捕。在政府支持下，雷诺兼并了许多小汽车公司，1975年汽车年产量超过了150万辆，成为法国第一大汽车厂商，而标致汽车公司的产量也在战后20年内猛增十几倍，一跃成为法国第二大汽车公司，20世纪80年代更是超过雷诺而登上榜首。雪铁龙汽车公司则因经营不善，被标致汽车公司于1976年收购。

进入20世纪80年代，世界性的经济危机使法国汽车工业受到了一定的挫折，雷诺公司更是连年亏损，1984年产量急剧下降到30万辆。但是，几年后雷诺公司便恢复了元气，1999年3月还收购了日产汽车公司36.8%的股份。

法国汽车的总体特点就是车体较小而设计新颖，符合大众化的方向，因此在西欧成为家庭轿车的热门，雷诺的丽人行微型车在欧洲曾多次获销量第一的殊荣。但是，在豪华车和跑车领域，法国汽车公司就不如美、德、日等国汽车公司出色，这成为法国汽车业的遗憾。

四、德国汽车工业的发展

1885年10月，卡尔·本茨设计制造了世界上第一辆三轮汽油汽车，他的妻子贝尔塔驾驶它时走时停地开了100多千米，成为世界上第一位女性驾驶人。1886年1月26日，本茨取得了专利权，德国人便把1886年称为汽车诞生年。同年，戈特利布·戴姆勒也发明了一辆四轮汽油汽车。他们两个人各自成立了自己的汽车公司，1926年两家合并为戴姆勒-奔驰汽车公司。

汽车的诱人前景使德国的汽车厂纷纷出现，一些其他行业的厂家也转向汽车生产。1901年，德国共有12家汽车厂，职工1773人，年产884辆，而到1908年，汽车厂达到53家，职工12400多人，年产5547辆。1914年第一次世界大战前，德国汽车工业已基本形成一个独立的工业部门，年产量达2万辆。汽车工业的发展从某种程度上也激发了第一次世界大战的爆发。

1934年1月，著名汽车设计大师波尔舍联合34万人合股成立了大众汽车公司，得到德国政府的支持，而随后开发的甲壳虫汽车令大众汽车公司迅速成为国际性的汽车厂商。

第二次世界大战德国的战败给德国的汽车工业造成了一定的损失。但是，从1950年开始，德国汽车工业得到了较快的发展，超过英国而成为世界第二大汽车生产国。然而，1967年日本的产量超过了德国，以后德国便始终处在第三的位置，增长速度很慢。

从总体上看，德国汽车以质量好、安全可靠而著称，奔驰、宝马等豪华轿车和保时捷跑车在世界车坛享有盛誉，经久不衰，其品牌含金量极高。因此，1998年春，戴姆勒-奔驰公司与克莱斯勒合并时，戴姆勒-奔驰的年产量仅百万辆有余，而克莱斯勒年产量近400万辆，但戴姆勒-奔驰取得了新公司的支配权。当然，德国汽车一味追求高档和豪华也给其市场开拓带来了一定的难度，除了大众汽车公司能以真正大众特色的产品雄居世界十大汽车厂商前列外，其他公司的产量都不高，这也是日本后来居上超越德国的原因。

五、美国汽车工业的发展

美国历史上第一次汽车展览始于1900年11月，在纽约市当时的麦迪逊花园广场举行。从历次汽车展览可以看出美国汽车工业的发展历史，也可以看出美国汽车工业汽车造型及功能的发展。

19世纪末，美国的经济已经达到了比较高的水平，工业生产开始处于世界前列，它的钢铁和石油化工等工业的发展为汽车工业创造了条件。1908年，福特汽车推出了著名的T型车，这种售价不足500美元（后降到300美元）的汽车，只有当时同类汽车价格的1/4甚至1/10，美国一个普通工人用一年工资就可以购买到。福特的T型车战略使汽车成为真正意义上的大众交通工具。1913年，福特公司首先在生产中使用流水线装配汽车，这给汽车工业带来革命性变化，美国随即出现了普及汽车的高潮。

第一阶段：1900—1915年。1893年福特造出第一台汽油机后7年，汽车开始大量生产，人们进入汽车时代。奥兹莫比尔汽车公司成立于1887年，是美国历史最悠久的汽车制造厂商。该公司于1903年生产的Doctor Coupe是单气缸发动机汽车，也是该公司第一批大量生产的汽车，1903年共生产了约4000辆。1909年福特汽车公司生产的福特T型汽车为汽车制造开创了新纪元，可以说是20世纪美国，甚至是全世界让汽车成为大众交通工具的先驱，因为它是世界第一条生产线上装配而成的汽车。

第二阶段：1916—1929年。汽车制造在这个时期日趋成熟。越来越多的中等阶层拥有汽车，而汽车的造型已经成为汽车制造过程中的一个重要步骤。通用汽车公司更是率先成立艺术与色彩生产部门。在这个时期，富有人家流行汽车车身定制，即先购买某种汽车的机械部件，然后再另外设计定制车身。虽然，许多被视为经典的汽车外观都是这个时期的产物，但车身定制其实是费钱而不实际的。成立于1902年的凯迪拉克汽车公司一向以机械部件优良著称，公司曾经有过把3辆汽车拆开，将机械零部件整个打散，再重新混合组合成3辆汽车的记录。这项创举，旨在强调凯迪拉克零部件的标准化及一致性。另外，当时声望极高的高级汽车制造厂商Pierce Arrow汽车公司，从1901年至1938年在纽约州水牛城生产汽车，公司早期即采用铝合金车身并配备有制动助力。这个时期，美国汽车工业为适应消费者需求已经能够生产8缸发动机跑车，车速可达到185千米/时。

第三阶段：1930—1942年。利用空气动力学原理，汽车的发动机设计在这个时期出现长足的进步。然而，第二次世界大战让汽车制造厂商投入军事车辆及机械的制造，汽车外观并无明显演变，几乎无造型可言的吉普车的出现完全是基于实际的需要。Packard汽车公司共制造出7种车速可达160千米/时的高性能Packard Speedster汽车，被视为当时豪华汽车的代表。当时，全球市场上有15家厂商制造豪华汽车，Packrad就占了50%的市场。Franklin Sport Runabout汽车公司自1902年至1934年在纽约州的雪城生产汽车，发动机开始使用空气冷却系统。

第四阶段：1946—1959年。随着喷气飞机时代的来临，汽车造型也趋向更低、更长、更宽，并在车后加上大大的尾翼。这个时期的汽车造型有两大特色，一是车身的防撞设计，二是尾翼的流行。20世纪50年代，美国最具特色的汽车是家庭式旅行车（Station Wagon），象征着郊区家庭的美好生活。这个时期，福特雷鸟汽车曾是该公司跑车的代言者。1955年公司生产的雷鸟8缸双座敞篷跑车，活动车顶为玻璃纤维材质，其华丽造型获得了高度评价，后因其控制轻巧，又被喻为私人轿车的象征。1958年，美国汽车厂商专为纽约国际汽车展览设计了一款只有1辆的Dual Ghia 100原型汽车，它的功率为294千瓦，最高车速为224千米/时，并配有当时车迷所梦想的盒式磁带汽车音响。

第五阶段：1960—1979年。消费者抛弃以往强调越大越美的汽车造型，传统而保守的造型蔚然成风，以甲壳虫为代表的小型汽车大为流行。一些价格合理的小跑车，如野马和Corvette等普遍受到欢迎，小型汽车市场开始增长。美国三大汽车公司都有此类产品推出，1964年福特野马跑车率先掀起小型车的革命。捷豹E型汽车以玲珑的流线型外形赢得消费者青睐。当捷豹XKE汽车第一次在1961年的纽约国际汽车展览出现时，立刻造成轰动。这款双座双门敞篷车车速高达240千米/时，而它创新的独立后悬架系统使其在当年的车展上备受宠爱。

第六阶段：1980—2000年。从20世纪80年代起，美国汽车工业几乎难以招架日本汽车业的凌厉攻势，日本的本田、日产、三菱和富士公司相继在美国设厂。美国汽车工业为与日本汽车进行竞争，又不断推出新造型汽车，被称为小型厢式车（Minivan）的客货两用轻型汽车一举成为最受家庭喜爱的车种。这种汽车的外形更接近于普通小汽车，只是车厢后部增加了可以放置物品的空间，约占车厢的1/3，驾驶时的感觉也与普通小汽车类似。而家庭轿车、双门轿车、跑车也都讲究流线型设计，一改近20年来的直线设计。90年代以后，多功能车（SUV）又独领风骚，因为很多美国人喜欢有载货和越野功能而又可以作为代步工具驾驶它上下班的汽车。

六、日本汽车工业的发展

回顾全球汽车工业 100 多年以来的发展历程,全球汽车工业的变化趋势和历史上的三次石油危机息息相关,但所谓"祸兮福所倚,福兮祸所伏"。日本汽车工业在近 50 年的发展中正是很好地利用了全球三次危机中潜在的机遇,一步步从第二次世界大战后的废墟中走出,逐渐成长为全球汽车工业的翘楚。2008 年,全球金融危机对日本的汽车工业影响也是最小的。回顾日本汽车工业几十年的发展历程,我们发现在每次危机中,日本汽车企业总能巧妙地躲过危险,发现机遇,最终在行业整体复苏后实现领先于竞争对手的增长。

(一)日本汽车工业的生产摸索时期(1930—1950 年)

日本汽车制造业的开山者应是吉田真太郎,他于 1904 年成立了东京汽车制造厂,3 年后制造出第一辆国产汽油轿车——"太古里 1 号"。随后,日本国内出现了众多汽车制造厂,情形不亚于 20 世纪 80 年代的中国。出于军事的需要,政府颁布了《军用汽车补助法》,对汽车厂商进行扶持,这成为早年日本汽车业发展的原动力。

第二次世界大战失败后,盟军司令部曾下令全面禁止汽车生产,但没有得到执行,丰田、东洋工业、富士重工都推出了自己的新车型。但在 20 世纪 50 年代前期,美国和欧洲生产的汽车充斥日本汽车市场,大有泛滥之势。特别是欧洲生产的小型廉价汽车,对处在半毁灭状态的日本汽车工业构成了致命的威胁。当时的日本政府为了保护本国汽车产业,对进口汽车征收高达 40% 的关税(本项关税于 1978 年废止,其后直到今天日本对进口汽车全免关税),同时严格禁止外国资本渗透国产汽车工业。而一些小的汽车厂家为了生存,纷纷采取与国外厂家联手搞"事业合作"或"技术合作",唯有丰田依然靠自身力量开发生产国产轿车。1936 年,丰田开发出 AA 型的标准型汽车,该车型以完美的前轮承重和舒适的乘坐感觉而领先于本国及海外的其他厂家,成为今天丰田汽车的起点。

1955 年,日本通产省公布了发展国民车的大胆构想,他们提出鼓励企业发展一种供日本老百姓使用的微型汽车的计划。当时通产省的设想是,要求企业设计生产出一种车重 400 千克以下,车速 100 千米/时以上,乘坐 4 人或 2 人并可以同时携带 100 千克货物,发动机排量 350~500 毫升,行驶 10 万千米无大修的汽车。而且这种汽车生产成本限制在 15 万日元以下,售价 25 万日元以下。通产省要求各汽车厂家都来投标,然后评选出优秀车型,政府给予帮助。国民车构想发布后,在日本国内引起极大反响,各大汽车公司竭力想在这场竞争中分得一杯羹。当时,日本人均生产总值尚不足 300 美元。

(二)日本汽车工业的发展时期(1950 年以后)

日本汽车工业在 20 世纪 50 年代形成完整体系,60 年代是其突飞猛进的时期。1961 年,日本汽车产量超过意大利跃居世界第五位;1965 年,超过法国居第四位;1966 年,超过英国升为第三位;1968 年,追上原联邦德国居世界第二位;1980 年,日本汽车产量首次突破 1000 万辆大关,达 1104 万辆,一举击败美国成为世界第一。

从 20 世纪 60 年代到第一次石油危机(1973 年)之前,日本处于经济高速发展时期,汽车工业与钢铁、造船并称为日本"三大经济支柱"。到 70 年代末,在日本与汽车工业相关的就业人数达 493 万人,占全国总就业人口的 10%。产值达 183073 亿日元,也占整个制造业的 10% 左右。

20 世纪 70 年代,两次石油危机使日本认识到包括能源在内的资源短缺是日本的致命弱点,于是日本政府不断强化汽车法规,1978年修改的排放及噪声法规都达到世界最严格的标准,迫使日本汽车工业放弃了大功率、高车速、豪华、大尺寸的汽车技术,从而保护了日本的民族汽车工业。

日本丰田汽车公司开展全面质量管理活动,从而创造出了符合日本国情的丰田生产方式。此后,日产汽车公司出现了"看板生产方式",五十铃公司采取了"流通生产法"等。这些生产方式都是为了减少生产过程中的浪费,最大限度地降低成本,加快资金周转,使产品更具竞争力。日本的这种先进生产方式目前已为各国所效仿,美国人也不得不放下架子来参观和学习曾经是自己学生的日本人。

如果说美国人对汽车工业的最大贡献是发明了流水线作业的话,那么日本人对世界汽车工业的最大贡献就是开创了"精益生产方式"。这种精益生产方式就是用精益求精的态度和科学的方法来控制和管理汽车的设计开发、工程技术、采购、制造、储运、销售和售后服务的每一个环节,从而达到以最小的投入创造出最大的价值的目的。这其中的每一个环节以及各环节之间的衔接都是经过精心筹划和计算的。日本人的这一创举是具有划时代意义的。目前,包括美国和西欧在内的许多国家的汽车行业及其他行业,都在学习和采用这种精益生产方式,并取得了显著的效果。

第一次石油危机后,日本的紧凑型小客车以其省油、重量轻、质量好、设施完善、价格便宜、售后服务周到等优势一举打入国际市场。1970年日本汽车出口量为109万辆,1974年汽车出口量超过原联邦德国,居世界第一位,1980年汽车出口量增到597万辆,1981年出口量为605万辆,占日本总产量的54%,其中轿车为394.7万辆。美国是日本车最大的海外市场,1980年日本向美国出口轿车190万辆,1981年为186万辆,1988年为210万辆,1990年达340万辆,在美国市场的占有率已达34%。如将在美合资建厂生产的轿车计算在内,其市场占有率达39%。由此可见,日本汽车在国际市场上的竞争能力是其他国家无法比拟的。

下一步,日本汽车的出口方向将针对进口限制较严的欧盟国家。自1983年后,日本为避免同欧美国家在汽车产品上的贸易摩擦,在海外设厂(主要是美国)直接生产或组装汽车,同时还与欧美公司合作共同开发、生产和销售小客车。这就是日本近年来虽整车出口量受到限制,但实际其出口趋势有增无减的原因所在。

日本汽车工业在20世纪70年代引进电子技术,并广泛用于汽车设计、试制、试验、制造及产品等各个领域。目前,日本汽车产品的开发周期普遍比欧美国家缩短30%(需3年左右,而欧美国家则需5年),日本民用轿车的电子化程度和各种自动设施也远远高于欧美国家。日本汽车生产广泛采用机器人,1981年世界汽车行业中70%的机器人为日本所拥有。

日本在进口汽车方面限制极为严格,日本人使用的汽车基本都是国产货。尽管如此,欧美国家的高级轿车,如奔驰、宝马和奥迪等正不断挤入日本市场,从而垄断了高级轿车市场。为此,日本各大汽车公司纷纷开发和研制自己的高级轿车和跑车,跻身于利润丰厚的高级轿车市场,以改变日本汽车公司只能生产廉价货的不良形象。因为高档轿车所代表的是先进的技术和精湛的工艺,可以衡量一个国家汽车工业的水准。

1989年,日本汽车业的"老大"——丰田汽车公司终于推出了令世人瞩目的雷克萨斯LS400高级轿车。该车型是丰田公司投资20亿美元,历时5年投入的结晶,并首次采用了4000毫升8缸发动机。在此之前,日本最高级的轿车也只是采用3000毫升的6缸发动机。

雷克萨斯LS400从头到脚都是全新设计，该车无论是设计水平、综合性能还是制造质量都达到了日本汽车工业有史以来的最高水准，尤其是在安静低噪声方面更是举世无双。一辆雷克萨斯LS400在发动机怠速运转时（即发动机稳定运转的最低转速状态），3米之外听不到声音，仿佛没有起动。

另外值得称道的是，雷克萨斯LS400轿车当时的售价是4.2万美元，而同档次的奔驰420SEL轿车的售价却高达7万美元以上。由此看来，"好车并不一定就昂贵"，这是丰田公司给世界汽车界树立起来的新观念，即一辆真正好的汽车应该是物超所值，而并不仅仅是昂贵。

雷克萨斯LS400一经推出，就在世界汽车行业引起很大的反响，并被喻为日本汽车工业的里程碑。此话虽有些言过其实，但至少也说明了雷克萨斯LS400轿车是众望所归。

同时，日本其他车商也不甘落后，日产汽车公司也推出了装有4500毫升8缸发动机、售价为4.7万美元的英菲尼迪Q45；本田公司推出了价值3万美元的传奇（Legend）高级轿车。同年，本田公司还首次推出了当时售价高达6万美元的NSX高性能跑车。NSX是世界上首部采用全铝车身的批量生产轿车，并号称融合了当时世界汽车工业的六项最新科技，从而成为高科技汽车的典范。日本的汽车工业，也并不是被个别企业所垄断，除著名的丰田、日产和本田之外，还有三菱、马自达、铃木、富士和五十铃等。

自1990年起，日本高级轿车大举进军世界汽车市场，并从奔驰和宝马等欧洲名牌轿车手中抢了一部分市场。雷克萨斯LS400和英菲尼迪F45还几乎垄断了自1990年以来世界高级轿车质量评比的第一和第二名。

当前，尽管世界汽车市场日趋饱和，但日本汽车仍以其优越的性能、合理的价格、可靠的质量、完善的电子设施、低排放、低油耗和多样化的品种，不断扩大世界汽车市场的占有率。

虽然，日本汽车工业在近几年受国内经济形势和日元汇率上升等因素的影响而出现了低迷不振，但日本汽车工业的技术、管理、效率和产品质量仍然是世界首屈一指的。

（三）海外扩张时期（1970年以来）

日本汽车的海外扩张起始于20世纪70年代末，并于80年代中后期达到高潮。1986年，本田在北美市场推出ACURA（讴歌）品牌；1989年，丰田和日产相继推出LEXUS（雷克萨斯）和INFINITI（英菲尼迪）品牌；至1990年，日本海外汽车产量首次突破300万辆，其中在北美地区的产量达到157万辆。在美国方面的报复性贸易保护措施惩罚下，1996年的日本汽车出口量相对于1985年最高峰的673万辆下降了45%，至371万辆，但当年的海外汽车产量则进一步增长到578万辆，其中在北美地区的产量达到264万辆。1990年，日本国内经济的泡沫化达到最顶峰，当年日本国内汽车销量达到了至今尚难超越的777.7万辆。在"失去的十年"中，日本国内汽车需求年均下滑2.2%，至2007年，日本国内销量下滑到535.4万辆，比1990年的最高峰下降了31.2%。面对"失去的十年"，日本汽车企业加快了调整步伐，海外扩张和汽车出口同步加速。1990年之后，日本海外汽车产量年均增幅7.9%，至2007年，日本海外汽车产量达1186万辆，首次超过国内产量。同时，海外扩张从北美地区逐步转向亚洲和欧洲地区。

日本汽车不仅将市场扩张到海外，同时还在海外建立了工厂，在北美、南美、欧洲和亚洲都有日本汽车企业的工厂。在亚洲，日本三大汽车巨头之一——本田率先在广州花都区建厂，继本田之后丰田和日产也都来到花都区建厂，广州成了日系汽车海外扩张的大本营。日本三大汽车制造商"集群"广州的态势，与当初通用、福特和克莱斯勒"集群"底特律颇为相像，因此业界人士期待广州能够演绎一段底特律式的传奇。

当然，日本汽车也不是尽善尽美、无可挑剔的。日本汽车总的来说比较综合全面，各项指标较平均，但款式普通，缺少个性和创造性，这恐怕和东方人的中庸哲学有关。

日本人往往可以将别人的发明创造加以完善和发展，甚至做得更好，但却缺乏自己创新的能力。这就使他们处在世界最前列时往往不知如何是好，只能等待再次出现领先者时，拼命赶上去，而自己却永远不能脱颖而出。如果以田径运动为例的话，日本汽车可能取得全能冠军，但却不能取得单项冠军。尽管如此，今天的日本汽车工业仍凭着这种企业精神，在世界汽车业内担当重要的角色。

七、世界新能源汽车产业的兴起与发展

20世纪90年代开始，世界各大汽车厂商陆续投入新能源汽车的研究开发。经过多年技术发展和市场考验，混合动力汽车在产业化、商业化进程上的发展已经较为成熟；纯电动汽车基本具备了产业化的技术条件，但市场接受度有限；燃料电池汽车还处于技术发展阶段，不过已有少量车型批量投入市场。世界新能源汽车产业的发展方向是，近期提高传统内燃机节能技术和采用替代燃料，如压缩天然气、液化石油气或生物燃料乙醇等，中长期是发展混合动力汽车，远期是发展纯电动汽车和燃料电池汽车。

（一）美国新能源汽车发展与行动

美国政府十分重视污染气体的排放，这是因为20世纪70年代相继爆发的两次石油危机刺激了美国维护能源安全以及降低石油依赖的战略需求。近几届美国政府在新能源推广问题上可谓不遗余力，已经成为当今全球最大的新能源汽车产销国之一。

新能源汽车在美国被称为可替代燃料汽车，具体包括生物柴油、压缩天然气（CNG）、动力电池、乙醇（E85）、混合动力、氢燃料和液化石油气（LPG）等。美国新能源汽车自推出市场以来，一直保持稳步增长，尤其近几年发展迅猛。根据1991—2015年美国新能源车型数量统计，体现出以下特征：

1）纯电动汽车：起步较早，1995年开始推出第一款车型，但2005—2010年这5年发展缓慢，几乎没有新车型推出。直到2012年，纯电动车开始进入快速企稳和发展阶段，2015年共计生产27种纯电动车型。

2）混合动力汽车：起步相对纯电动汽车较晚，2000年才开始进入量产阶段。但自出产以来，一直保持相对稳定的增速，目前车型种类已经超过纯电动车。

3）氢燃料车：美国从2012年开始推出首款氢燃料汽车，目前累计生产7种车型。虽然，燃料电池尚未推广普及，但具有无污染、续驶能力强和便捷性等优势，在新能源汽车领域中属于较前沿技术。

1. 法规先行，引导和规范行业发展

美国在新能源汽车领域已经形成了一套完善的法律体系，主要引导汽车企业节能减排，提高能源利用率。此外，从新能源汽车设计生产到推广使用，各个环节都有相关法律法规，

系统地促进了新能源汽车产业的发展。美国新能源汽车领域相关法律法规梳理见表1-1。

表1-1 美国新能源汽车领域相关法规

年份	法规
1975年	《能源政策和节能法令》
1990年	《空气清洁法案》
1992年	《美国国家能源政策法案》
2005年	《美国国家能源政策法案》修订案
2007年	《能源促进和投资法案》
2007年	《能源独立与安全法案》
2008年	《紧急经济稳定法案》
2010年4月1日	新排放标准（每加仑汽油行驶35.5英里，比原标准提高42%）

注：1加仑（美制）=3.785升，1英里=1.609千米。

2. 运用税收政策鼓励产业发展，引导消费需求

美国政府运用的税收优惠减免政策起到了全方面支持新能源汽车产业发展的作用，涵盖新能源汽车设计与生产、基础设施兴建和消费者购买。

美国较早就通过一系列促产促销政策，激励国人的新能源汽车消费制造，例如对新能源汽车进行补贴，国会在2005年就通过法案，允许对购买混合动力车的消费者提供最高3400美元的税收减免，但每家汽车生产商只能有6万辆混合动力车享受这一税收优惠。比如，同一车型的混合动力车比装配传统发动机的车贵3000多美元。但政府对每辆车实行250～3400美元的税收优惠政策，高出的价格被政府的优惠政策冲抵，这意味着有些混合动力车的售价比普通轿车还便宜。这项政策明显是为了抑制日本丰田和本田等外资品牌，鼓励美国国内自主品牌。

2010年10月，白宫通过并实施了《HR6323法案》，该法案为美国能源部提供可观的补贴，用于混合动力重型商用车的研发、生产和销售。在美国，部分重型商用车在完成短途运输后装卸货物时怠速运转，耗费了大量的燃料，同时一部分燃料未充分燃烧，使其燃油经济性大幅下降。因此，混合动力重型商用车的应用，将大大缩减燃料的消耗，并提高其燃油经济性。

这项法案主要针对短途运输、发动机长时间怠速运转和输出功率过大的重型商用车。该法案于2010年正式启动，美国政府每年拨款1600万美元。美国在新能源汽车领域实行的税收优惠政策梳理见表1-2。

表1-2 美国新能源汽车领域的税收优惠政策

新能源汽车生产	通过《能源独立和安全法案》对制造新能源汽车的企业和相关零部件的企业给予税收减免和向银行贷款的政策支持
	对专门生产可替代燃料的企业实行税收减免政策
基础设施建设	《美国国家能源政策法案》中规定凡是代用传统燃料的基础设施建设，统一实行税收优惠政策
消费者购买	对购买新能源汽车的个人和家庭提供税收减免
	2007年5月，政府规定凡是购买通用、福特及日系符合条件的混合动力车，可获得250～2600美元的税款抵免优惠
	2009年1月，对购买插电式混动汽车的消费者，给予2500～7500美元的税收抵扣额度

3. 投入专项资金，支持研发创新

在新能源汽车战略实施过程中，美国政府十分重视技术研发与创新，并且加大了对研发的资金支持力度。美国政府对新能源领域技术创新的资金支持政策梳理见表1-3。

表1-3　美国政府对新能源领域技术创新的资金支持政策

2008年6月	拨款3000万美元资助通用汽车公司、福特汽车公司、通用电气公司与克莱斯勒汽车公司共同研究插电式混合动力汽车
2009年	联邦政府斥资140亿美元刺激经济、拯救汽车业，其中就有部分资金用于支持动力电池、关键零部件的研发和生产
2009年8月	24亿美元的资助补贴用于重点支持新型电动汽车整车及电池和零部件的研发。其中的15亿美元用于资助电池相关项目，重点是锂电池的制造
2010年6月	联邦政府向电动汽车领域增投了60亿美元的资助

美国政府投入24亿美元，资助美国制造商和相关机构生产下一代插电式电动汽车及其先进电池零部件，该项动议创造了成千上万的美国就业机会，并帮助美国结束对国外石油的过分依赖。购买插电式混合动力汽车的美国人，可以申请最高7500美元的税收优惠。美国能源部为在美国生产高效电池及其部件的制造商提供15亿美元资助；提供4亿美元，用于插电式混合动力汽车及其他电气设施方案的示范运行和评估——比如货车停车场充电站、电气轨道、培训电动汽车装配与维修技师，促进了美国经济复苏、国家能源安全和环境可持续发展，并且各州都制定发展计划。比如，美国加州确定三步走政策：

1）混合动力汽车：大约占据市场的4%，未来10年要增加到40%，然后逐渐降低，至2040年退出销售市场。

2）插电式混合动力汽车：导入市场并迅速增长，并于21世纪30年代中期达到40%的市场。

3）零排放汽车：零排放汽车和燃料电池汽车在未来5年之后导入市场，并迅速增长，至2050年占据整个市场。

4. 兴建基础设施与新能源汽车产业相配套

在对研发技术支持的同时，政府重视公共基础设施如充电设备的兴建与普及，这对于新能源汽车的推广应用是基本保证。美国政府对基础设施的支持主要体现在以下两个方面：对安装充电设施的企业以及个人进行补贴或者税收优惠；部分地方政府推动电动汽车充电网络的布局，如加州政府计划到2030年，要在南加州的商业地段安装30万个充电桩，并实行低谷优惠电价的惠民政策。除了政府大力推动，汽车生产企业也在积极参与兴建充电设施。比如，特斯拉在2012年9月启动了"加州充电站计划"，为购买特斯拉的用户提供充电服务。日产公司已在美国设有160座电动车充电站，并且计划扩充至少500座快速充电站。

经美国政府大力推动的效应是，涌现了一批全球有影响的新能源汽车的制造企业和品牌，如通用的纯电动车型Bolt EV、插电式混合动力汽车雪佛兰Volt等。值得一提的特斯拉，作为全球最大的新能源汽车生产企业之一，在技术创新、产品设计等方面处于全球领先地位，生产Model S、Model X和Model 3等车型。还有K2能源公司（美国凯途能源有限公司英文名称K2 Energy Solutions, Inc.），成为美国一线的锂电池生产企业。因此，美国新能源汽车的发展状况和产业政策等，对我国新能源汽车具有一定的启示意义。而且，2018年特斯拉在中国上海设立首座美国之外的海外工厂，Model 3、Model Y是当时计划在我国内工厂生产的首批车型。新工厂在 2020 年已开始生产，其产品不仅在中国市场销售，也向其他国家和地区进行销售。

关于特斯拉系列产品的性能，我们可通过 Model X 全面了解：这是一款 SUV 车型，但车身重心要比一般的 SUV 更低，类似宝马 X6，是介于 SUV 和轿跑车之间的跨界车。在外观上，最大的特色就是后部配备"鹰翼门"。出于实用性考虑，特斯拉利用机身上的距离传感器，让"鹰翼门"可自动根据两侧距离进行调节开启，可达到最小 30 厘米宽的空间正常开门。

此外，Model X 配备了医疗级别 HEPA 滤网，可有效过滤空气中的花粉、细菌、PM 2.5 等污染物或过敏源。同时，该车空调系统还增加了"生化武器防御模式"，即在车厢内增加气压，从而抵制车外不良空气进入。内部，Model X 采用"2 + 3 + 2"的 7 座布局设计，也可选择 6 座配备。其中，最后一排的 2 个座位可放下以拓展行李舱空间，中控被 20 寸屏幕取代。MODEL X 提供前排座椅 14 向电动调节、座椅加热/记忆功能、无钥匙进入、自动起停、电动尾门（可无钥匙自动开启）、巡航控制系统、前视摄像头、360 度声呐传感器、倒车雷达、盲点警报、自动紧急制动、车道偏离警告、防盗报警系统和 4 个 LATCH 儿童安全座椅接口等。

Model 3 采用了 202 千瓦的电动机，可输出 404 牛·米的峰值转矩，可在 5.6 秒内完成 0—100 千米/时的加速，而且前舱内部可获得放置行李的空间。续驶表现上，标准续驶版本就可获得 468 千米的续驶里程，而高性能全轮驱动版则可实现 605 千米的续驶表现，只需 3.3 秒就能完成 0—100 千米/时的加速，而且电池组保提升至 8 年或者 19.2 万千米（图 1-27）。

图 1-27　2020 款 Model 3 基本车型

Model 3 在 2020 年一共卖出了 13.5 万辆，已经超过了 13.1 万辆的奥迪 A4L，和宝马 3 系、奔驰 C 级的差距也很小。

Model 3 之所以能够威胁到传统燃油型豪华车，主要是价格，2021 款车型目前补贴之后售价为 24.99 万元。这个价格基本上相当于一辆奥迪 A4L 入门车型的价格，比宝马 3 系和奔驰 C 级都实惠，而且还可以省去购置税的花费，并可以悬挂新能源绿牌，诱惑力还是很大的。

（二）欧盟各国新能源汽车的发展与激励

目前，27 个欧盟成员国中，有 17 个已经对乘用车征收二氧化碳相关的税，15 个为电动汽车提供了减税、免税或补贴激励。17 个成员国对乘用车征收的税，完全或部分依据车辆的二氧化碳排放或者燃料经济性而制定。除了意大利和卢森堡，所有西欧国家出台了对电动汽车的减税、免税或者补贴措施。

欧盟法规意味着"推出不同程度的电气化车型将成为强制措施"，这样才能符合排放规定。

德国政府于 2009 年 8 月发布国家电动汽车发展计划，提出 2020 年、2030 年分别普及 100 万辆和 500 万辆纯电动汽车和插电式混合动力汽车，并在 2009—2012 年投入 5 亿欧元用于纯电动汽车、插电式混合动力汽车的研发与产业化。

2018年，菲亚特克莱斯勒（FCA）公司又公布了未来5年发展规划，计划到2022年共投资90亿欧元（约合人民币683亿元）即总支出的20%，来研发电动化汽车，以达到排放标准。FCA的尾气排放战略主要基于轻度混合动力车、插电式混合动力车和纯电动汽车。目前，公司已经有5款电动机，还将在阿尔法·罗密欧、玛莎拉蒂和Jeep全系车型中推出电动化动力系统，公司计划到2021年在欧洲、中东和非洲淘汰所有柴油车，纯电动版菲亚特500和电动版Panda微型车将成为公司在欧洲市场的重点车型。到2020年，经销商销售的大部分车型，包括Jeep、玛莎拉蒂和菲亚特500微型车都将使用电动动力总成。到2022年，FCA集团旗下30款车型将使用一种或多种电动系统。

为实现《巴黎协定》目标，多国先后表态将在不久的将来全面禁售燃油车，并为淘汰燃油车定下明确时间表。图1-28所示是各国禁售传统能源车时间表。

继法国、荷兰和德国等欧洲国家提出停止销售燃油车计划后，我国也将这一计划提上日程，开始加紧研究传统燃油车的退出时间表。

（三）日本新能源汽车发展现状

在日本，混合动力汽车已经优先普及，日本新能源汽车的产业化成果在全球范围内是最好的。在新能源汽车方面，日本主要走混合动力汽车的技术路线。日本在混合动力汽车技术领域领先世界。以丰田普锐斯为代表的日本混合动力汽车，在世界低污染汽车开发销售领域已经占据了领头地位。

目前，在欧美市场上已上市的混合动力汽车，一半以上是由日本汽车公司生产销售的。普锐斯混合动力汽车自1997年12月上市，在全球销量已达900万辆，成为目前最成功的混合动力车型。新款普锐斯C将标配丰田Safety Sense-C安全套件，包括预碰撞紧

图1-28 各国禁售传统能源车时间表

急制动、车道偏离预警和自动远光灯等。与此同时，日本还快速发展燃料电池汽车技术，丰田和本田汽车公司已成为当今世界燃料电池汽车中的重要企业。丰田还将未来的汽车划分为三大类：第一类适用于近距离移动的小型家庭用车，为纯电动汽车；第二类是一般家庭用的乘用车，为混合动力和插电式混合动力汽车，包括用汽油、轻型燃油、生物燃油、天然气和合成燃料等；第三类适用于长途运输的商用车，为燃料电池汽车。在这些动力中，丰田汽车所认为的终极燃料，将是利用电力和水取得的。

除丰田外，其他几家日本汽车企业也在开发新一代的新能源动力汽车，如本田的Insight IMG混合动力汽车、日产Leaf和三菱i-MiEV纯电动汽车等。

2009年6月，日本政府启动了"新一代汽车"计划。所谓"新一代汽车"，实际上是指环保汽车，包括混合动力汽车、纯电动汽车和燃料电池汽车等。该计划力争在2050年使环保汽车占据汽车市场总量的一半左右，为了实现这一计划，日本政府通过援建电动汽车基础设施、减税和发放补贴等促进环保汽车发展。2012年4月12日，日本经济产业省提出了截至2020年混合动力汽车和纯电动汽车等"新一代汽车"占新车销量达到20%~50%的报

告《新一代汽车战略2010》，报告还提出了截至2020年建设普通充电站200万座、快速充电站5000座的目标。

为推广新能源汽车和环保汽车，日本从2009年4月1日起实行"绿色税制"，它的适用对象包括纯电动汽车、混合动力汽车、清洁柴油汽车、天然气汽车以及获得认定的低排放且燃油消耗量低的车辆。前三类车被日本政府定义为"新一代汽车"，购买这类车可享受免除多重税赋优惠。日本实行的"绿色税制"可使混合动力汽车减免消费税2万日元，车辆购置税减免4万日元。同时，另一项"补助金"政策可支付混合动力汽车与汽油原车型车差价的一半。因此，一辆价格在200万日元的混合动力汽车总共可以减免购车费用约26万日元，约占总费用的13%。更重要的是，近几年来，由于实现了规模化生产，混合动力汽车的价格有了很大的下降空间，实际购买时基本上消除了两者之间的差价，反过来又进一步促进了混合动力汽车的销售规模，从而进入了良性循环。同时，节油更使消费者尝到了使用混合动力汽车的甜头。总之，政府的政策启动起到了关键作用，企业拿出质量可靠的产品起到了保证作用。此外，日本实施低排放车认定制度，高、中档轿车和经济型轿车都可以向国土交通省申请接受低排放车认定。消费者可根据所购车辆的排放水平享受不同的减免待遇，购置以天然气为燃料或混合动力汽车等低公害车辆的地方公共团体还可得到政府的补助金。

在日本政府的积极扶持下，日本主要汽车生产厂家也无一例外地提出自己的新能源汽车战略。丰田公司宣布在未来几年里，将混合动力车型增加到10种；日产公司也将批量生产纯电动汽车，投放日本和欧洲市场；三菱汽车和富士重工也在积极推进纯电动汽车的商业化。图1-29所示为丰田普锐斯混合动力汽车。

图1-29 丰田普锐斯混合动力汽车

第三节 中国汽车工业之路

1949年以前，中国使用的汽车完全依靠外国进口，厂牌共达130多种，因而被戏称为"万国汽车展览馆"。在1949年新中国成立之后，毛主席也对中国汽车工业的发展进行了特别的批示，表示要大力发展汽车工业。而当他第一次出访苏联参观莫斯科的斯大林汽车厂的时候，便对随行人员说："我们也要有像斯大林汽车厂这样的大工厂。"而这句话就成为加速一汽建设的催化剂。回顾60多年的历史，中国汽车工业经历了从无到有、从小到大，创建、成长和全面发展三个历史阶段，取得了举世瞩目的成就。

一、1953—1984 年——起步阶段

1952 年 7 月，中央正式决定成立汽车工业工厂，同年末，任命饶斌为厂长，国家批准了一汽年产 3 万辆 4 吨货车的设计书。1953 年 6 月，毛泽东主席亲自签发了《中共中央关于力争三年建设长春汽车厂的指示》，并为一汽奠基题词"第一汽车制造厂奠基纪念"。1953 年 7 月 15 日，一汽在孟家屯举行了隆重的奠基典礼，图 1-30 为一汽奠基石碑。

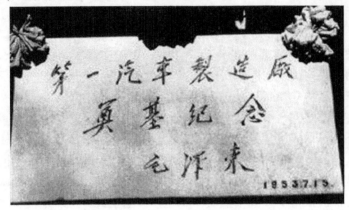

图 1-30　一汽奠基石碑

1956 年 7 月，一汽正式建成投产，而 7 月 13 日也是值得中国人铭记的日子，因为这一天在长春一汽崭新的总装线上，第一辆解放牌汽车试制成功。7 月 14 日，装配出的第一批 12 辆 4 吨解放牌汽车在欢声笑语和雷鸣般的掌声中徐徐驶出装配线。这标志着第一汽车制造厂的三年建厂目标如期达到，从此结束了中国不能批量制造汽车的历史。此后，第一批下线的解放牌货车，还参加了 1956 年的国庆阅兵式，之后一部分汽车在天安门展出，无数群众争相目睹国产汽车。

一汽生产的解放牌汽车的型号是 CA10 型（图 1-31），包括 CA10、CA10B 和 CA10C 等型号。"C"既有"长春"的意思也有"中国"的意思，"A"是"第一"的意思。解放 CA10 型原型车是以莫斯科斯大林汽车厂（后改为李哈乔夫汽车制造厂）出产的吉斯－150 型载货汽车为蓝本设计而来的。

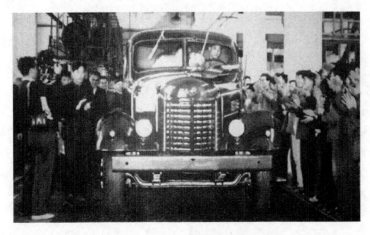

图 1-31　中国第一辆汽车解放 CA10

解放货车属于中型载货汽车，它决定了以后近30年中国货车的发展方向。解放CA10采用后桥驱动，空车重3900千克，搭载直列水冷6缸四冲程汽油发动机，最大功率71千瓦，最高车速为75千米/时，载货量为4吨，可拖带4.5吨重挂车，每100千米耗油29升。以后，又生产改进的CA15型，包括CA15K和CA15J等，外形与CA10相似，载质量为5吨，发动机功率85千瓦，最高车速80千米/时。

1957年5月，一汽开始仿照国外样车自行设计轿车，1958年试制成功CA72型红旗牌高级轿车。在研发出来之后，从1958年8月到1959年5月，一汽的设计师又认真对红旗轿车整车作了5次系统的试验。5次试验后，红旗轿车定型样车被正式编号为CA72，正式给轿车命名为"红旗"。之后，红旗牌高级轿车被列为国家礼宾用车，并用作国家领导人乘坐的庆典检阅车（图1-32）。

图1-32　红旗检阅车

进入20世纪80年代，"红旗"轿车因为耗油量大、成本高和产量低，最终停产。到那时为止，全国在20多年里总共生产了1540辆红旗牌轿车。改革开放给红旗车带来了第二次生命。90年代，一汽通过与国外公司合作，逐步开发了拥有全部知识产权的新型"小红旗"和豪华风格的"大红旗"等多个品种的系列产品。

起步初期的中国汽车步履还是很平稳的。1960年时，全国汽车总产量已从1955年的61辆提高到22574辆。

当时，与日本和韩国等邻国相比，按照苏联模式发展起来的中国汽车的起点并不算低。要知道，在20世纪50年代初，日本本田还只会造两轮的摩托车，而韩国现代尚没有生产汽车的念头呢。

但是，之后的中国汽车很快就在社会的大潮中沉浮不定，直到1971年全国汽车产量才突破10万辆，1980年才突破20万辆。而那时，日本汽车正进入跳跃式发展的急增期。

1965年，出于国家经济安全等各方面的考虑，开始在湖北十堰筹建二汽。4年之后，二汽破土动工，并从一汽抽调人员援建二汽，所产车型是一汽刚刚研发的新型货车。而一汽则

继续生产"老解放"。在此后很长一段时间里,特别是20世纪80年代之后,一汽都因车型不如二汽而在市场上苦苦挣扎。直到1986年,解放货车实现垂直换型、CA141问世才扭转了局面。

同样在1958年,北京汽车制造厂研制的"井冈山"牌小轿车和上海打造的"凤凰"牌轿车,也被作为向共和国献的礼物生产出来。

轿车的第一次浪潮,很快因种种原因而偃旗息鼓。从1958年到1983年,中国轿车用了25年的时间,才将年产量突破5000辆。

原机械工业部部长何光远,在总结中国汽车50年的坎坷历程时说,以1953年到1984年,中国汽车工业基本上是"中国货车工业"。

二、1984—1994年——合资阶段

1984年,在共和国成立35周年、改革开放6年后,汽车企业吸引外资,要与外国人合伙生产汽车的问题被推到了前台。

1984年1月,中国汽车的第一个中外合资企业———北京吉普诞生了。当时的北京吉普可是国内越野车企业的绝对"老大"。此后的19年里,这块中国汽车改革的试验田经历了兴与衰、荣与辱。

有了"问路石"的中国汽车,很快就进入了第一轮合资浪潮。1985年,上海大众汽车公司成立,同年,南京汽车引入了意大利菲亚特的依维柯汽车;广州汽车与法国标致的合资项目也获批准,我国的轿车工业开始大步向前。

在1986年的六届四次人大会议上,"把汽车制造业作为重要支柱产业"被写进了"七五"计划。当年,全国轿车总量就突破了1万辆,是上一年的2.3倍。此后连年大幅上升,到1994年,轿车产量就已超过25万辆,上海大众这样的单一轿车生产企业也逐渐超越了一汽和二汽等大集团,成为中国汽车的"领头羊"。

良好的形势使国务院开始审慎研究轿车的发展。1987年的北戴河会议上,确定了"三大三小"的总体格局。尽管现在来看计划经济的味道过浓,但毕竟确立了轿车产业向规模化的方向发展。

1990年,轿车产业的"三大基地"进一步调整,上海汽车工业总公司宣告成立。同年,投资上百亿、规划15万辆的一汽大众、神龙项目签约。但因种种原因,直到20世纪90年代中后期,捷达和富康才在市场上初露锋芒。

三、1994—2000年——放开阶段

1994年是中国汽车史,特别是轿车史上值得纪念的一年。在这一年,左右中国汽车近10年的《汽车工业产业政策》出台了。虽然用目前的眼光来看,这个产业政策还有许多局限之处,但还是解决了汽车发展中的许多问题,特别是将"汽车"和"家庭"联系到了一起。

汽车是非常惊人的!一些改革开放后先富起来的人购车热情被激发起来,私人汽车在老百姓心中也不再神秘和遥远。从1994年到1995年,全国汽车总产量增加了10万辆,其中轿车就增加了8.5万辆,增长量比1991年的轿车总产量都多。

为了探讨汽车进入家庭的可行性，国家有关部门举行了一次名为"Family Car"的研讨会，并在1994年专门举办了一次家庭汽车展。

"尽管那次家庭车展的展览面积只有1万平方米，却有10万观众涌入了展馆。"当时车展的主办者、中国国际贸促会汽车行业分会副会长艾树嫒至今回忆起当时的情景还是一脸兴奋，"当时是11月份，可是馆里热得只能穿衬衫，奔驰和保时捷还带来了专门为中国开发的家庭概念车。"

"家庭汽车"概念所引发的热情迅速扩散至全国，当时有20多个省、市将汽车作为支柱产业。而全国的主要工科大学也都开设了汽车专业，一批又一批带着汽车设计师梦想的青年人走进了汽车的殿堂。

汽车消费市场也应运而生，亚运村和北方等汽车交易市场初见规模，一群背着"军挎"的年轻人开始了"车虫"的生活，其中很大一部分如今已成为腰缠万贯的富翁，而其他如贴膜、加装汽车防盗器之类的行业也成为当时最暴利的生意之一。

不过，与此同时，一场关于"要不要发展家庭轿车"的大论战也被推向了高潮。参加这次论战的，有经济学家樊纲、社会学家郑也夫、中科院院士何祚庥、新华社高级记者李安定和《经济日报》记者程远等。

在这场历时数年的论战中，"汽车进入家庭"的问题被拓展到社会学、经济学和交通学的高度。一时间，百家争鸣，上至庙堂学府，下到百姓茶余饭后，汽车和交通的辩证关系成为一个津津乐道的话题。

原机械工业部部长何光远在回忆起当时的情景时说，1994年后汽车消费不再受限制，但事实上，在要不要发展汽车工业，特别是是否鼓励轿车进入家庭的问题上，还是有很大争议的。由于当时并没有明确鼓励汽车消费，各种税费和地方保护仍十分严重。

正是在这些因素影响下，鼓励私人购车所引发的热潮很快就平息下去。从1994年到1998年的4年里，中国汽车增长平缓，年增速只有1.5% ~7.3%。

同时，汽车工业本身散、乱、规模小的劣势也愈发明显。比如，在1995年，全国汽车产量只有144万辆，尚不如国外一家汽车企业的产量多，但却分散在122家整车生产企业生产。其中，年产量超过10万辆的只有5家，产量在1万~10万辆的有14家，剩下的企业平均年产只有1700辆左右。

到了1998年，中国汽车的总产量达到了162.8万辆，从而成为世界上第十大汽车制造国。就在这一年，中国轿车的第二轮合资热潮开始了，上海通用和广州本田破土动工，而后别克和雅阁的问世，使国产汽车的词典里又多了个"中高档轿车"的名词。

在此期间，一汽大众、神龙公司也站稳了脚跟，开始向连续多年位居国内汽车企业榜首的上海大众发出挑战。但是，与此同时，国内第一家合资汽车企业———北京吉普则由20世纪90年代中期的高峰期走进了低谷。

四、2001年至今——快速发展阶段

对于进入21世纪的中国汽车，"家庭汽车"已不再是争论的热点，取而代之的是WTO之后的生存与发展。

在2001年的"十五"计划中，汽车进入家庭已经被明确提出，赛欧和夏利2000等一批

旨在重新定义家庭轿车的新车型涌入了市场。一时间，10万元成为了界定家庭轿车的分水岭。

同时，国家计委也将汽车价格放开，汽车终于从高高在上的"生产资料"，还原成了走进平民百姓家庭的"商品"。在企业层面，新的合资项目越来越多，而像吉利这样的民企也得以进军轿车领域。

社会对汽车的热度随之持续上升，老百姓谈论着加入WTO之后的汽车会便宜多少钱，各大媒体开设了专门的汽车版面，汽车产品的广告也充斥了电视、报刊和大街小巷。

2001年下半年，汹涌而来的汽车热浪却因WTO而暂时停滞，由于消费者对WTO期望过高而出现了长时间"持币待购"，市场这只无形的手开始发挥功效，让2001年的中国汽车在"叫好不叫座"的主题中度过了关键的一年。当年，全国汽车总产量为234万辆，仅比2000年多了20多万辆。

可是，转过年后的2002年，却令所有的汽车业内人士大跌眼镜。爆发式的增长行情，让马路上的汽车一夜之间就多了起来，全年销量旋风般地增至325万辆。同时，一汽收购天汽、东风联手日产，一系列的内引外联使中国汽车格局发生了巨大的变化。

在总体发展目标上，我国要在20年左右的时间里成为世界上最大的汽车生产国，同时努力成为汽车技术强国之一。

现在，我国已经有自主汽车品牌，如吉利、奇瑞和比亚迪等，汽车的品质也有了很大的提高。

五、我国汽车工业现状

如果从1958年中国第一辆轿车进中南海算起，中国轿车已经有了60多年的历史，但真正让中国汽车实现跨越式的发展却是改革开放之后汽车合资企业开始兴起的功劳。当然，其间合资企业也完成了车型在中国隔代上市到逐渐与国际同步的变化。

我们的汽车工业经过60多年的建设，特别是"八五""九五"期间的快速发展，现在已经形成了一个比较完整的工业体系。在这些年中，汽车从公用、生产为主到私家车占据了大部分市场，从国产到国产、合资共存，从一个品牌到几十个品牌，中国目前已经成为世界最大的轿车市场，现在已经形成了一个比较完整的工业体系。1999来以来，中国轿车市场一直保持着年均两位数的增幅，2005年增幅为27%，2006年增幅为12%，2007年增幅达17%。但是，受国际金融危机冲击，2008年中国汽车产销结束了连年高速增长的势头，同比增长只有8%，自1999年以来首次低于10%。而2009年我国汽车行业却又实现了巨大飞跃，北京现代、比亚迪等品牌销量增长均接近或超过100%，这一年不仅我国汽车销量超越美国，成为世界第一大汽车消费市场，同时我国汽车自主品牌也得到前所未有的发展。

虽然，我国汽车在技术、总产量和自主品牌等方面取得了骄人的成绩，但是我国汽车工业还存在一些问题。

第一个方面，产品的自主研发能力薄弱。由于长期以来比较重视引进产品，没有在核心技术的消化吸收上下工夫，缺乏产品研发的实践，形不成产品研发的整体力量。具体表现为没有很好地掌握产品开发流程、过程、管理技术、项目管理技术和评价技术，没有很好地掌握系统配备、发动机关键总成和零部件开发技术，缺乏产品开发需要的技术数据，尤其是轿车产品研发数据积累严重不足。合资企业的轿车产品，特别是高端产品几乎都是外国品牌，缺少自主品牌。无论是客车、货车、轿车，尤其是中高档轿车自主品牌比较少。

第二个方面，与先进的汽车国家相比，我国的产品技术水平差距还比较明显。由于缺乏核心技术，除了轿车产品技术水平与国外存在较大的差距以外，商用车产品技术水平与欧、美、日相比同样存在着不小的差距。比如，中型货车在使用寿命、可靠性、故障率、舒适性和环保方面，还存在着很大的差距。

第三个方面，就是汽车零部件技术基础还是比较弱，长期滞后于整车的发展。零部件生产过度分散，我国有多少零部件企业到现在谁也说不清楚，我们平时讲的零部件的产值只是指一些规模以上的，比如说年产值在 500 万元以上的等。现在，所有的零部件企业加在一起，有的人说有 3 万多家，有的人说有 4 万多家。专业化程度也比较低，没有形成经济规模，长期以来严重投资不足。另外，发达国家发展汽车，零部件跟汽车整车的比重大概是 1.7∶1，就是说投在整车上是 1 元钱，投在零部件可能是 1.7 元。我国正好相反，是投在整车上 1 元钱，投在零部件上大概不到 0.5 元。因此，造成产品开发能力薄弱，与正在形成的国际汽车产业零部件全球采购的趋势不相称。

第四个方面，就是汽车产业后市场严重滞后于产业发展。主要表现在营销方式、服务、贸易理念、汽车金融、消费信贷、二手车流通、配件流通、报废、回收和拆解等方面，跟国际上先进的国家比，差距非常大。

第五个方面，就是车用能源、交通、环保与汽车工业快速发展的矛盾比较突出。我国原油资源缺乏，进口依存度不断提高，当前汽车每年消耗掉国产 85% 左右的汽油和 23% 左右的柴油，这个比例随着汽车的快速增长还在不断增长。另外，城市的交通拥堵现象越来越严重，汽车有害气体在城市排放中的比例也越来越高。

这些因素都将制约汽车工业的快速发展，是目前汽车工业发展存在的一些主要问题。

六、我国新能源汽车的发展

我国政府为维护能源安全，改善大气环境，提高汽车工业的竞争力，已将增强新能源汽车领域的技术创新、实现汽车工业跨越式发展列入国家发展战略。在 21 世纪初，科技部就将新能源汽车研发和产业化作为国家高技术研究发展计划（863 计划）的重点项目，至今已经连续执行了三个项目计划周期。

国家严格排放法规和行动计划在 2016 年 12 月 23 日颁布，国家环境保护部和质检总局联合发布红头文件《轻型汽车污染物排放限值及测量方法（中国第六阶段）》，给出了"国六"排放要求与实施时间。该文件中，中国政府将汽车的"国六"排放法规分为 a、b 两个阶段，分别计划在 2020 年和 2023 年全面实施。其中，a 阶段比 b 阶段的要求稍低，相当于是排放标准从"国五"走到"真国六"的过渡期标准。不过，最终要实施的"国六 b"规定，轻型汽油车的一氧化碳排放不高于 0.5 克，氮氢化物排放量不高于 0.035 克，颗粒物排放量不高于 0.003 克（而"欧六"标准，规定家用轿车每千米一氧化碳排放不高于 1 克，氮氧化物不高于 0.06 克，颗粒物不高于 0.005 克）。显然"国六"的每项排放指标，较"欧六"严格了 40%~50%。然而，2018 年 7 月 3 日，国务院颁布《打赢蓝天保卫战三年行动计划》，明确要求"重点区域、珠三角地区、成渝地区提前实施国六排放标准"。因此2018年8月，国家生态环境部印发《京津冀及周边地区2018—2019年秋冬季大气污染综合治理攻坚行动方案》，表明北京、天津、河北、山东、河南提前实施轻型汽车国六排放标准。在国家政策指导下，各地区加快推进国六排放标准，深圳政府更明确2019年1月1日所有轻型车辆都必须符合国六b标准。2018年6月，海南政府发文将国六标准实施时间提前到该年11月1日。北京市委发文，确认2020年直接实施国六b标准，成都和广州两地分别明确将在2019年1月1日、3月1日执行国六a、国六b标准。国六标准正式实施后，排放标准仅符合国五标准的车型将无法注册登记、转迁，新车市场将拒绝国五、国四和国三车辆进入，二手车交易也将遭受重创。在国六标准提前的大背景下，车企必须迅速转入对"国六"车型的生产。

国六排放标准与新能源汽车相关政策前后衔接，对我国新能源汽车产业的发展形成持续的推动力。中国汽车工程学会制定了《节能与新能源汽车技术路线图》，本项技术路线图描绘了我国汽车产业技术未来15年发展蓝图。节能与新能源汽车技术路线图的未来发展总体目标之一是：新能源汽车逐渐成为主流产品，汽车产业初步实现电动化转型。总体技术路线图总体框架为1+7，分别是节能汽车、纯电动和混合动力汽车、燃料电池汽车、智能网联汽车和汽车制造、动力电池、轻量化的技术路线图。中国新能源的主要里程碑是：至2020年，新能源汽车销量占汽车总体销量的比例达到7%以上，驾驶辅助/部分自动驾驶车辆市场占有率达到50%；至2025年，新能源汽车销量占汽车总体销量的比例达到20%以上，高度自动驾驶车辆市场占有率达到约15%；至2030年，新能源汽车销量占汽车总体销量的比例达到40%以上，完全自动驾驶车辆市场占有率接近10%。

技术路线图将时间延展到2030年，对协同创新提供指引，引导企业结合自身确立发展方向和重点，引导市场和社会资源向产业战略重点领域聚集，为相关政府部门支持重点领域和部署创新资源提供重要参考和依据。

（一）我国新能源汽车企业

经过多年的发展建设，我国目前已经建有现代化新能源汽车知名制造企业几十家。

1. 北京新能源汽车有限公司

北京新能源汽车股份有限公司，简称"北汽新能源"，它是目前国内纯电动汽车市场占有率最大、规模最大、产业链最完整的新能源汽车企业之一。目前，北汽新能源已形成辐射全国的产业布局，并与美国Atieva公司、德国西门子和韩国SK等著名企业开展了成功的合作，大大增强了技术实力和研发实力。截至目前，主要推出的车型有E150EV、EV160、EV200、EU260、ES210和EX200等，北汽新能源将实现年产7万辆纯电动乘用车的产能。

2. 比亚迪

比亚迪位列五大电动汽车品牌、最具全球竞争力中国公司50强、中国汽车工业30强。公司发展至今，已建成西安、北京、深圳和上海四大汽车产业基地，在整车制造、模具研发和车型开发等方面都达到了国际领先水平，产业格局日渐完善并已迅速成长为中国最具创新的新锐品牌。但是，比亚迪初期的新能源汽车以混动类型为主，不久前推出的纯电动版还有待市场反响。

3. 长城汽车

长城汽车在新能源汽车项目上，主要靠纯电动系统平台和混合动力系统平台这"两条腿"走路，目前已成功开发出了 7 款新能源的产品：纯电动车长城欧拉、精灵 EV、混合动力哈弗、炫丽智能起停、迪尔电动教练车、腾翼 C20EV 和腾翼 V80 插电式混合动力等。

4. 长安汽车

重庆长安汽车股份公司与重庆市科技风险投资公司共同出资组建了重庆长安新能源汽车公司，业务主要涉及纯电动、混合动力、燃料电池等节能与新能源汽车核心技术研发、系统集成设计、电驱动系统零部件制造及纯蓄电池观光车生产、销售等业务。公司在较早承担了国家 863 计划《节能与新能源汽车》重大专项，"重庆新能源汽车节能与新能源汽车产业联盟"理事长单位。

5. 吉利

吉利并没有去大量铺"新摊子"，而是把基础技术做好，既增强了技术核心竞争力，又降低了成本。随着技术比较成熟，吉利开始逐步推出新的电动车型，吉利的帝豪 GS 是吉利公司的一款跨界 SUV，月销量常年都在 1 万辆以上。2018 年推出纯电动版帝豪 GSe，简单来说，就是帝豪 GS + 帝豪 EV 的合体。当然，在很多细节方面，帝豪 GSe 都一并做了升级，比如车内手机无线充电、智能语音交互、双屏自由切换、全景天窗和极速充电等。这款车的价格在 2018 年 6 月 9 日一经发布，就在市场上掀起了不小的波澜，表 1-4 列出了帝豪 GSe 的优势。

相比于市面上销量较好的宋 EV 和荣威 ERX5，帝豪 GSe 表现出了明显的价格优势，比竞争对手价格低出 7 万元左右，并且帝豪 GSe 价格要低于燃油车的高配版本。不仅如此，帝豪 GSe 的全系车型还可享受四项政策：首任车主电芯终身质保、赠送充电桩、24 期 0 息金融和 4G 流量 5 年免费。

表 1-4 几款国产新能源汽车的优势比较

车型	轴距	续驶里程	价格
吉利帝豪 GSe	2700 毫米	460 千米	11.98 万元（全国统一）
比亚迪宋 EV	2660 毫米	400 千米	26.42 万元（北京地区补贴后为 18.99 万元）
荣威 ERX5	2700 毫米	425 千米	27.18 万元（北京地区补贴后为 19.38 万元）

6. 安凯汽车股份有限公司

安凯汽车股份有限公司是专业生产全系列客车和汽车零部件的上市公司。目前，安凯股份公司共有 4 个客车整车和 1 个汽车零部件生产基地，是国家创新型试点企业、国家火炬计划重点高新技术企业，拥有国家电动客车整车系统集成工程技术研究中心、国家级博士后科研工作站。安凯客车产品覆盖各类公路客车、旅游客车、团体客车、景观车、公交客车和新能源商用车等，大中型客车同步、高中档客车并举。安凯客车采用全承载和半承载两条技术路线，全承载技术主要用于大型客车和新能源客车。全承载客车的车身骨架采用 16M 矩形管，车身强度为一般客车的 3~6 倍，质量比同级别车轻约 8%，整车安全性高、质量轻、燃油经济性好；半承载技术主要用于中轻型客车，半承载客车依托江淮汽车专业底盘的技术优势，经济性和舒适性受到客户广泛称赞。

7. 安徽江淮汽车股份有限公司

2002 年，江淮汽车开始新能源汽车产业化技术路线探索，先后研发铅酸版电动中巴、弱混 BSG 和中混 ISG。历经千百次的研讨和验证，公司于 2009 年明确提出以"纯电动"为主攻方向，从此新能源汽车研发进入快车道，2010—2013 年，连续 4 年创造行业内纯电动轿车示范运行的最大规模，累计推广电动汽车 8000 多辆。

8. 奇瑞新能源

早在 2010 年，奇瑞新能源汽车技术有限公司（简称"奇瑞新能源"）便正式成立，其前身为奇瑞汽车股份有限公司新能源汽车项目组。目前，奇瑞汽车已经有芜湖弋江和山东齐河两大新能源车生产制造基地，最大设计年产能达 6 万辆和 10 万辆。

奇瑞新能源相继推出了奇瑞 QQ3EV 和奇瑞 EQ 纯电动车型。按照奇瑞新能源的规划，2018 年电池能量密度达到 250 瓦时以上，纯电动车型续驶里程超过 350 千米，0—100 千米/时的加速在 5 秒之内。在产品方面，2018 年推出四款车型，分别为小蚂蚁电动车、艾瑞泽 5e、瑞虎 3Xe 和小型电动 SUV。此外，到 2020 年计划实现年产 20 万新能源产能的战略目标。

（二）国家新能源汽车技术创新中心

2018 年，中国国家科技部推动建设成立了国家新能源汽车技术创新中心，也是汽车行业首个国家技术创新中心。国家新能源汽车技术创新中心类似于一个实体企业，强调共建、共赢、共商和共享。首批联合共建方包括北汽、吉利、比亚迪、百度、奇虎、宁德时代、清华大学、北京理工大学、中科院电工所、华北电力大学和中国汽车技术研究中心等 21 家，囊括产、学、研各个领域，涵盖新能源汽车领域上下游产业链优势资源，包括整车制造企业、电池生产企业、互联网企业、科研机构和产业投资类企业。首批受聘科学家包括美国前能源部部长、诺贝尔物理学奖获得者、斯坦福大学物理学教授朱棣文，"欧洲轻量化之父"、德累斯顿工业大学院士 Werner Hufenbach，美国斯坦福大学终身教授、英国皇家化学学会会士、美国材料学会会士崔屹，电气和电子工程师协会高级会员、中国"国家外专千人"首批电驱动领域专家 Macro Venturini，斯坦福大学人工智能实验室执行主任 Steve Eglash，斯坦福大学教授 Jimmy Chen，梅赛德斯-奔驰能源美国公司首席执行官 Boris von Bormann，中国科学院院士、清华大学教授欧阳明高，中国工程院院士、北京理工大学教授孙逢春，中国汽车工程学会常务副理事长兼秘书长张进华，清华大学汽车系教授李克强，百度技术委员会联席主席、自动驾驶首席架构师陈竞凯等国内外知名专家学者。国家新能源汽车技术创新中心通过聚集"高精尖"人才，以打造一个世界级新能源汽车技术创新高地（策源地）为总体目标，力争打造一个"中心"、两个"高地"、三个"平台"，即具有全球影响力的新能源汽车共性、前沿关键技术的集成创新中心；引领全球的新能源汽车研发、制造、服务的技术、标准、模式的输出高地；新能源汽车高端创新人才集聚高地；国际一流的新能源汽车科研成果转化与产业化平台；面向全球的新能源汽车学术交流、专业咨询、高端人才培养与交流平台；立足北京、面向全球的专注于新能源汽车科研转化的金融创投平台。

国创中心聚焦新能源汽车行业共性需求，建立"9+4"技术路线。在"智能网联、燃料电池、动力电池、电驱动、电控、轻量化、插电混、前瞻技术、整车集成"九个领域联合共建国内领先、世界一流的研发能力；为行业内提供"开源整车平台、检测验证平台、产权运营平台、孵化创投平台"的优质技术服务。

国创中心在广东佛山启动了首个国家级氢能燃料电池产业加速计划，通过共建燃料电池实验室、发起新能源汽车技术（燃料电池）创新拉力赛、设立产业创新基金三个层面，实现基础设施加速、核心技术产业化加速、产业资本加速的目标。国创中心聚集技术专家、主流车企、产业资本、优势项目和顶尖人才，梳理产业痛点、提出解决方案、遴选优秀项目，最终加入加速计划，实现产业落地。

（三）高速发展

众所周知，2017年以来我国新能源汽车产业呈现高速发展的状态，同时新能源车出口数量大幅增长。如今，比亚迪新能源解决方案经过多方实践已相继被美国、日本、新加坡、英国等国家和地区所采用。美国洛杉矶大都会交通管理局与比亚迪签订定购协议，前者将从比亚迪位于美国加州兰开斯特市的工厂购买60辆纯电动公交，此次合同价值约3亿元人民币。该订单是美国历史上单笔最大的纯电动大巴订单。早在2014年，江淮汽车就将首批100辆纯电动轿车从中国合肥港装船发运美国，这是美国GTA向江淮汽车首期采购了200辆电动汽车订单的一部分，金额为280万美元。另外，我国新能源客车也已经出口到世界多个国家和地区。2015年，安凯新能源客车新基地建成投产，公司新增年产6000辆新能源客车的生产能力，"国家电动客车整车系统集成工程技术研究中心"也正式投入运行。安凯客车已分别出口美国、英国、俄罗斯、迪拜和澳大利亚等60多个国家和地区，在美国华盛顿和洛杉矶等城市都能看到安凯的身影。

伴随着新能源技术的不断提高和国家对新能源汽车的补贴与扶持，以及相关环保理念不断深入人心，我国新能源乘用车产量已达到世界的40%以上水平，如果包含新能源客车等，世界占比达到50%以上。虽然，中国自主品牌的民营企业如比亚迪和吉利等做了大量积极有益的探索，试图弯道超车，但还是要客观看到中国新能源汽车与美国的特斯拉等品牌的差距。从长远来说，或会利好一些新能源汽车企业，倒逼中国自主品牌的技术创新，如在新能源电池取得重大技术突破，以及降低成本，补短板，量能达产等方面都需要取得实质性突破。2018年6月，特斯拉在中国上海建设美国以外首个工厂。与特斯拉在美国的工厂不同，新的"Dreadnought（无畏战舰）"工厂将同时生产电池和组装车辆。

本 章 小 结

本章首先介绍了汽车从设想到初步实现，再到逐步探索和完善的过程，经历了设想阶段、自走式车辆的幻想与探索、早期车辆探索三个时期。汽车的完善主要包括对汽车结构、汽车动力、汽车制动系统及汽车外形的逐步完善。1879年，卡尔·本茨研制成功火花塞点火内燃机，标志着现代汽车的诞生。

接下来，介绍了法国、德国、美国和日本对汽车工业的发展作出的突出贡献。我国的汽车工业经历了起步、合资、放开和快速发展四个阶段。当前，我国汽车工业虽然发展很快，但也存在着诸如产品的自主研发能力薄弱等问题，例如，缺乏自主品牌，缺乏核心技术，汽车零部件技术基础还比较薄弱，汽车产业后市场严重滞后于产业发展，车用能源、交通、环保和汽车工业快速发展的矛盾比较突出等。

【思考与习题】

1. 简述世界汽车发展历程。
2. 简述我国汽车发展历程。
3. 登录下列网站了解这些公司的发展历程：

http：//www.ford.com

http：//www.toyota.com

http：//www.vw.com

第二章

汽车制造商与品牌文化

【学习目标】
1. 了解日本车系、美国车系、欧洲车系、中国车系和其他车系的发展情况。
2. 掌握日本汽车公司、美国汽车公司、欧洲汽车公司和其他国家汽车公司的著名品牌及其车标的丰富内涵。

汽车成为商品后，汽车公司如雨后春笋般兴起。目前，世界著名的汽车制造公司有100多家，汽车公司的创建、发展和变迁，记录了世界汽车工业的成长历程。车标，顾名思义就是汽车公司或汽车品牌的标志，是艺术性和象征性的高度统一，也是汽车公司生存和发展的缩影，或蕴藏着深厚的历史文化，或体现着创业者的理想与追求，或彰显了产品优秀的品质，或包含传奇而动人的故事……本章按照世界汽车公司所在国的顺序，着重介绍世界各大著名汽车公司的基本情况及其品牌文化的丰富内涵。

第一节 日 本 汽 车

一、日本汽车概况

日本汽车起步晚，落后于欧美。它崛起于20世纪70年代，由于两次世界石油危机，使人们对汽车的要求发生了很大的变化：外形尺寸大、排量大的汽车销量急剧下降，而外形小巧、经济省油的日本小型汽车则广受欢迎。正是凭着小型汽车，日本在1980年超过美国成为世界上最大的汽车生产国和出口国，在世界汽车市场形成日、欧、美三足鼎立的局势。日本轿车善于模仿，在世界上只有日本人能够把模仿的车子卖到被模仿国，而且比前者卖得还好。

日系轿车的优点在于外观细腻优雅、操控性能好、性价比高，另外，日系轿车更新换代快，注重整体设计，各项指标平均，外形符合东方人的审美观点。很多人喜欢把欧系轿车和日系轿车相比较，但由于地域文化的差异，车辆设计的方针不同，很难说谁优谁劣。比如：日本车给人感觉不坚固，但车头钢架结构部分不一定越坚固越好，当车辆被撞击后能迅速变形吸收冲击能量最好。在欧美地区，日本车的返修率和顾客满意度远高于欧美轿车。2003年，丰田公司在美国市场，更是在单一车型销量上超过美国本土的福特汽车公司，位居第二。日本轿车的动力性、舒适性和安全性都非常出众，价格又不昂贵，所以很受欢迎。在欧美市场的日系轿车经济实用，装备齐全，所以物有所值。

日本汽车企业一直都十分重视在目标市场当地建立研究与开发机构，并舍得投资。在设计理念上，他们信奉"一体化设计"思想，以配合贯彻新的全球化竞争战略。为了设计出适合当地市场所需要的汽车，日本汽车生产企业不仅十分注重对当地市场的营销研究，更注重以扎实而合适的技术去衬托营销战略。在设计过程中，不仅要贯彻总公司的一贯思想，还要尽可能地将当地零部件供应商在设计之初就吸纳进来，以更好地满足当地消费者的需要和政府的有关要求。从职能上看，日本汽车企业在海外的研发（R&D）中心职能越来越齐全，包括为当地购买零部件和生产提供技术支持、零部件技术评价、整车技术评价、车型及一般设计、零部件设计、汽车设计以及模具设计与生产。目前，共有 30 多个日本汽车企业的 R&D 机构分布在欧美，吸收人员在 5000 人左右，对双方都有利。日本的汽车公司已经享誉全球。

日本汽车的特点是轻巧美观、造型新颖、油耗低、使用效率高、注重经济性、装饰做工细腻。日本国土狭窄，人口密度大且集中于城市，人们精打细算，讲究效率。日本车灌注了东方人精微细腻的心理特征，在为乘车人着想方面做得无微不至。在细节这方面，特别能体现日本民族做事一丝不苟的特点，无论是车门缝隙的大小、漆面的光滑平整度还是车厢的焊接工艺，与同等价格的美国车甚至欧洲车相比，日本车都要更加出色。

二、日本汽车公司及其品牌车标

（一）丰田汽车公司

1. 概述

丰田汽车公司是世界十大汽车工业公司之一。作为日本最大的汽车公司，丰田创立于 1933 年，现在已发展成为以汽车生产为主，业务涉及机械、电子和金融等行业的庞大工业集团。丰田汽车公司的总部在日本东京，年产汽车近 500 万辆，出口比例接近 50%。

丰田汽车公司的创始人丰田喜一郎（图 2-1），是日本汽车工业的功臣，日本人称他是"日本的大批量汽车生产之父"，他创造了后来风靡全球的"丰田生产方式"。

丰田喜一郎的父亲丰田佐吉是日本有名的纺织大王，也是日本大名鼎鼎的"发明狂"。他为了发展自己的工厂，将丰田喜一郎送到东京帝国大学机械工程学科读书，毕业后送他到自己的自动织布机械厂工作。经过 10 年磨炼，丰田喜一郎晋升为主管技术的常务董事。然而，目光远大的丰田喜一郎并不满足眼前的成就。当他发现汽车能够给人带来极大方便时，预感到这一新兴行业具有广阔的发展前景，决定将其作为自己的毕生事业，他的这一想法得到了父亲的大力支持。

图 2-1　丰田喜一郎

1929 年底，丰田喜一郎代表自动织布机械厂到英国签订一项合同。在国外，他除了完成父亲交办的事情外，花了 4 个月的时间考察英国和美国的交通，尤其是美国的汽车生产企业，弄清了欧美国家的汽车生产情况。这次国外之旅给丰田喜一郎留下了极为深刻的印象，坚定了他发展汽车事业的决心。

1933 年，公司设立汽车部。1933 年 9 月，丰田喜一郎着手试制汽车发动机，拉开了汽车生产的序幕。1937 年 8 月 28 日，他创建了丰田汽车公司。丰田喜一郎的指导思想是，贫穷的日本需要便宜的汽车，生产廉价的汽车是公司的责任。后来，丰田汽车公司确立了"用低成本、大批量的生产方式生产高质量的汽车，进而加入世界第一流汽车工业"的方针。

丰田喜一郎对汽车工业的另一项贡献是对生产过程的科学管理。他主张弹性生产方式，

"工人每天只做必要的工作量"即可，减少零部件库存，开始了丰田生产方式，后来发展成为世界最先进的自动化生产方式（图2-2）。

丰田汽车公司有很强的技术开发能力，而且十分注重研究顾客对汽车的需求。因而在它的各个不同的历史阶段，都创出了不同的名牌产品，而且以快速的产品换型击败美欧竞争对手。早期的皇冠、光冠和花冠汽车名噪一时，近来的豪华汽车也极负盛名。目前，丰田汽车公司旗下拥有丰田、雷克萨斯、赛恩和大发等汽车品牌，2020年新推出的"亚洲龙"受到追捧（图2-3）。

图2-2　丰田的自动化生产方式

图2-3　2020款丰田亚洲龙

丰田财团旗下拥有5家世界500强企业，分别是丰田汽车、丰田自动织机、丰田通商、爱信精机和日本电装。十几家财团一级企业均是世界知名企业，产业链覆盖汽车产业从上游原料到下游物流的所有环节。不仅如此，丰田还立足于汽车产业的未来，不断在环保和新能源领域投资，成为环保汽车的领军者。

2. 公司主要品牌及其车标

（1）丰田系列

日语"丰田"英文为"TOYOTA"。1990年初开始使用的丰田车标（图2-4）由三个椭圆形的环组成，结构左右对称，椭圆具有两个中心，表示汽车制造商与顾客心心相印。中间的两个椭圆形环一横一竖，垂直组合，构成了一个"T"字，外边的大椭圆代表地球，而里面两个小椭圆最大限度地占据了外面椭圆的空间，寓意着丰田公司要把自己的技术、产品推向全世界，也象征着丰田立足未来，对未来的信心和雄心，还象征着丰田置身于顾客和对顾客的保证。

图2-4　丰田车标

（2）雷克萨斯系列

丰田汽车雷克萨斯（Lexus）分部是1989年丰田汽车公司专门为向国外销售豪华轿车成立的一个分部。该车名是丰田花费3.5万美元请美国一家起名公司命名的，因为雷克萨斯（Lexus）的读音与英文豪华（Luxury）一词相近，很容易使人联想到该车是豪华轿车（图2-5、图2-6）。

图2-5　雷克萨斯C概念车

20世纪90年代，丰田汽车公司推出的雷克萨斯高级轿车，就像一匹黑马，以与众不同的风格跃入人们的眼帘，以不同凡响的商标"L"标新立异。雷克萨斯的图形标志（图2-7）不是采用丰田常用的三个椭圆相互嵌套形式，而是在一个椭圆中镶嵌英文"Lexus"的第一个大写字母"L"，"L"的外面用一个椭圆包围着图案，椭圆代表着地球，表示雷克萨斯轿车遍布全世界。该标志被镶在散热器正中间，车尾标有文字商标"Lexus"，喻示该车驰骋在世界各地的道路上。

（3）赛恩（新贵）系列

赛恩（Scion）是丰田汽车公司根据对消费群的调查，为迎合下一代的新车用户于2002年推出的新品牌，也是北美丰田继Toyota、Lexus之后，旗下所拥有的第三个品牌。北美丰田赋予赛恩全新的品牌生命，赛恩代表的是个性化汽车时代的来临，透过全新设立的经销体系，每一位车主都将有机会体验到赛恩精心设计的个人化购车流程，买到一辆与众不同的个性化赛恩汽车。

赛恩运作路线从三个基本点出发，那就是时尚、多功能和惊奇。这三个要素不仅仅体现在产品上，也体现在销售和服务上。

Scion（图2-8）的含义从英文意思上理解为"子孙后代"。它将以一个独立的、极具特色的产品阵容以及新的销售理念来迎合未来新车用户的胃口。同样，它还有一个含义，即作为丰田品牌的后代来继续丰田汽车的造车理念。

图2-6　2020款雷克萨斯ES

图2-7　雷克萨斯车标

图2-8　赛恩车标

（二）本田汽车公司

1. 概述

本田（Honda）汽车公司全称为本田技研工业股份有限公司，其前身是本田技术研究所，建于1948年9月，创始人是传奇式人物本田宗一郎（图2-9）。

该公司是世界上最大的摩托车生产厂家，于1962年开始生产汽车，公司总部在东京。本田先后建立了本田美国公司、本田亚洲公司和本田英国公司，已成为一个跨国汽车和摩托车生产销售集团。它的产品除汽车和摩托车外，还有发电机和农机等。

图2-9　本田宗一郎

本田公司的摩托车产品种类繁多，有100多个品种，运动摩托车、竞赛摩托车和普通摩托车在世界摩托车市场占有绝对优势。本田公司车队在赛场上实力强劲，无论在汽车赛场还是摩托车赛场，本田车队每年都要拿几个世界冠军。

本田公司素有日本汽车技术发展的排头兵之称。在技术开发和研究上，创始人本田宗一郎舍得投巨资，因而科研成果颇丰，如本田汽车的发动机专利技术——可变气门正时及升程电子控制系统（VTEC，Variable Valve Timing and Lift Electronic Control System）、世界上最先应用在汽车上的导航装置——电子导航仪等技术。

2. 公司主要品牌及其车标

（1）本田系列

"本田"即本田宗一郎的姓氏。本田汽车公司在20世纪80年代成立了商标设计研究组，从来自世界各地的2500多件设计图稿中，确定了现在的三弦音箱式商标，也就是带框的"H"（图2-10）。图案中的"H"，就是"本田"日文拼音"HONDA"的第一个字母，这个标志把技术创新、团结向上、经营有力、紧张感和轻松感体现得淋漓尽致。

图2-10　本田车标

"人和车、车和环境的协调一致"，这是本田公司的发展方向；动感、豪华和流畅，这是本田公司的一贯风格；设计动力澎湃、低耗油和低公害的发动机，这是本田公司的技术目标；靠先进而实用的设计、卓越的制造质量和相对低廉的价格吸引更多顾客，这是本田公司的宗旨。"H"商标，这个世界著名商标，是本田公司立业之本和成功之魂。

美国机械工程师学会的荷利奖，专门用于奖励那些在机械工程领域作出杰出贡献的人。迄今为止，该奖项一共颁发过两次：1936年，奖励了有"汽车大王"之美称的美国人亨利·福特；1980年，奖励了日本人本田宗一郎。据此，人称本田宗一郎为"日本的福特"。

本田汽车公司（Honda Motor）是汽车行业的彼得·潘（Peter Pan）——一家拒绝长大的公司。作为世界上少数几家保持独立的主要汽车制造商，本田一向喜欢我行我素。本田坚决维护其创始人所倡导的独立行事、快速行动的企业文化，大胆地在全球战略、产品概念和可持续使用的资源等方面坚持走自己的道路。当习惯性思维促使汽车制造商们纷纷朝一个方向奔去时，本田注意到了这一点，于是便转向另一个方向进发。

自1948年作为一家摩托车制造商诞生至今，本田的这一策略一直很奏效。现在，本田是世界第七大汽车制造商和利润最高的汽车制造商之一。本田在日本占有15%的市场份额，超过日产（Nissan），仅次于丰田（Toyota）。在几乎占据了本田营业利润2/3的北美市场，本田已经建立了第5家汽车装配厂，并且正在对"三大"汽车制造商最后的堡垒——轻型货车市场发起进攻。它在新型燃料方面也占据着重要地位。在其他汽车制造商正在就行驶里程和排放——主宰21世纪汽车工业的两大问题——大伤脑筋时，本田在这两个领域已处于领先地位。

本田公司与我国的合资企业有东风本田和广汽本田两家公司。

东风本田汽车有限公司位于国家级开发区——湖北省武汉经济技术开发区内，是一家由东风汽车集团股份有限公司与日本本田技研工业株式会社共同投资组建的整车生产经营企业。公司成立于2003年7月16日，注册资本2亿美元，中日双方各占50%股权。公司的宗旨是，以建立国际企业为目标，竭尽全力以合理的价格、提供全球化高品质产品，让广大的用户满意。

东风本田主要车型包括：轿车有思域（图2-11）思铂睿；SUV有本田CR-V；MPV有艾力绅。

图 2-11　2012 款本田思域

广汽本田汽车有限公司由广州汽车集团公司和本田技研株式会社按 50∶50 的股比合资建设和经营，于 1998 年 7 月 1 日正式挂牌成立。首期工程总投资 22.775 亿元人民币，注册资本 11.6 亿元人民币，合资年限 30 年。截至 2010 年 12 月，广汽本田现有员工 7400 多人，占地面积 58 万平方米，拥有研究开发中心、排放实验室等强大技术研发力量和冲压、焊接、涂装、总装和整车检测等先进工艺生产车间，以及物流配送中心、综合培训中心等辅助设施。

目前，广汽本田的产品包括本田品牌的歌诗图（Crosstour）、雅阁（Accord）、奥德赛（Odyssey）（图 2-12）、锋范（City）和飞度（Fit）等系列车型，以及理念（Everus）品牌的理念 S1 车型。

图 2-12　2013 款本田奥德赛

(2) 讴歌系列

本田的讴歌（Acura）同丰田的雷克萨斯（Lexus）一样，也属于豪华车品牌。讴歌是本田为了角逐北美的高档汽车市场，于 1986 年 3 月创立的旗舰品牌，是日本企业在海外市场树立的第一个高档品牌（图 2-13）。

讴歌系列汽车是先有讴歌名字，后有车标。Legend 和 Integra 推出时还没有车标。直到 1991

图 2-13　讴歌 RL

年，NSX 跑车推出时，为了体现事业部"精湛工艺打造卓越性能"新口号的精髓，有了将 Acura 中的"A"转化为一个传统的卡钳样式的车标（图 2-14），这与本田车标"H"有相似之处。在机械加工中，卡钳专门用于精确测量，这正好体现了事业部"精确"的主题。

图 2-14　讴歌车标

（三）日产汽车公司

1. 概述

日产（Nissan）汽车公司是在 1933 年 12 月 26 日由日本产业公司与户田铸造公司联合成立的汽车制造公司，当年就开始生产汽车，1934 年 5 月正式更名为日产汽车公司，同时，日本产业公司接收了户田铸造持有的日产汽车公司的全部股份。日产公司的总部现设在日本东京市，雇员总数近 13 万人。

日产汽车公司是日本的第二大汽车生产厂家，也是第一家开始制造小型（Datsun）轿车和汽车零件的制造商。该公司除生产各型汽车外，还涉足机床、工程机械、造船和航天技术等领域，是一个庞大的跨国集团公司。

日产汽车在很多方面均能与丰田一争高低。"西有丰田、东有日产"的流行说法，是对日产汽车集团实力的最现实的评价。如果说丰田汽车以销量见长，日产汽车则以技术著称。

日产公司的汽车产品分实用型（即货车、小型客货车和四轮驱动车）、豪华型和普通型三类。实用型的品牌有巴宁、途乐、皮卡和佳碧等；豪华型有公爵、蓝鸟、千里马、英菲尼迪、光荣、桂冠、总统和贵士（图 2-15）等；普通型有阳光、自由别墅、地平线和兰利等。几十年来，日产汽车公司的技术与产品受到全世界消费者的喜爱。

图 2-15　2012 款日产贵士

2. 公司主要品牌及其车标

（1）日产系列

日产车标早期（图 2-16a）采用圆形红色为底色，简洁明了的红色圆表示太阳；中间是蓝色长方形，其上白色的字是"日产"的拼写形式"NISSAN"，整个图案表明了日产汽车公司位于"日出之国"的日本。"日产"的日语读音近似"尼桑"，所以曾被音译为"尼桑"。新车标（图 2-16b）的整个底色为银灰色，实心圆形变成环形标识。

（2）英菲尼迪系列

日产公司英菲尼迪（Infiniti）分部类似丰田公司雷克萨斯分部，专门开发豪华品牌轿车（图2-17）。日产英菲尼迪汽车采用后轮驱动，豪华程度与日产总统牌（日本皇室人员专用车）如出一辙，其安全性能和装配质量极高，驾乘极为舒适。

图2-16 日产车标
a）旧车标 b）新车标

图2-17 日产英菲尼迪车标

东风日产是中国东风汽车公司与日本日产汽车公司的合资企业，创立于2003年6月9日，注册资本167亿元人民币，是当时中国汽车行业合作规模最大、合作领域最广、产品最全的合资项目。目前，东风日产拥有员工7000多人，从事乘用车的研发、采购、制造、销售和服务业务。东风日产乘用车公司拥有广州花都和湖北襄樊两个生产基地，由冲压、焊装、涂装、总装和树脂五大车间组成。自诞生之日起，东风日产乘用车公司就立志成为中国乘用车市场的最佳品牌之一，产品覆盖包括小型车、中型车、大中型车、MPV和SUV等领域。

（四）马自达汽车公司

1. 概述

马自达汽车公司本名为东洋软木工业公司，成立于1920年，以生产汽车为主。该公司生产的汽车以公司创始人松田来命名，又因"松田"的拼音为Mazda（马自达），所以人们便习惯称为马自达。1984年，公司正式更名为马自达公司（Mazda Motor Corp.）。

1931年，该公司正式开始在广岛生产小型载货车，20世纪60年代初正式生产轿车。在90年代之前，马自达汽车公司在日本国内排名仅在丰田和日产之后，也是世界知名的日本汽车品牌之一。自2000年开始，马自达公司通过实施"新千年计划"，使公司的发展进入了一个新的阶段。马自达汽车公司拥有非常完备的产品线，涉及经济型轿车、越野车和跑车等各种车型，其中家庭用车一直占据主导地位（图2-18）。

图2-18 马自达6

2. 公司主要品牌及其车标

最初，马自达汽车使用的车标（图2-19a）是在椭圆之中有双手捧着一个太阳，寓意马自达公司将拥有明天，马自达汽车将跑遍全球。1997年，马自达公司与福特公司合作之后，采用了新的车标（图2-19b），椭圆中展翅飞翔的海鸥，同时又组成"M"字样。"M"是"Mazda"第一个字母，预示该公司将展翅高飞，不断技术突破，以无穷的创意和真诚的服务勇闯车坛顶峰，迈向新世纪。

俊朗（Eunos）汽车部是马自达汽车公司的豪华车分部，有专用车名"Eunos"和专用车标（图2-20）。

图 2-19　马自达车标
a）旧车标　b）新车标

图 2-20　马自达俊朗车标

（五）三菱汽车公司

1. 概述

三菱（Mitsubishi）汽车公司是日本第四大汽车公司。也是历史最悠久的一家汽车公司。它的前身是岩崎弥太郎于1870年创建的九九商会，并于1873年改名为三菱商会。三菱汽车是日本汽车工业的先锋，1917年，生产出日本第一辆A型轿车（图2-21）。直到1970年，在三菱重工业公司和美国克莱斯勒公司共同出资下，正式成立了三菱汽车工业股份有限公司。

图 2-21　岩崎弥太郎和三菱公司1917年生产的A型轿车

三菱公司拥有华丽、扶桑、海市蜃楼（Mirage）、米尼卡（Minica）、欧蓝德（Outlander）、蓝鸟和枪骑兵等轿车品牌，以及帕杰罗（Pajero）等越野车品牌。公司总部设在东京，在日本国内有10个生产厂、2个轿车研究中心、1个载货车和客车研究中心，国外有25个生产厂。三菱曾生产出日本第一辆柴油客车扶桑BD46，目前主要产品有微型轿车和载货车、小型轿车和载货车、中重型载货车、厢式车、客车、运动车、发动机和其他零部件等。

2. 公司主要品牌及其车标

三菱的标志由三个菱形组成（图2-22），蕴含了三菱"和"的企业理念，并表达出企业内部所孕育的朝气。

更富于传奇色彩的是，三菱标志是公司创办人岩崎弥太郎在牢狱中设计的。在日本德川幕府末期，岩崎弥太郎在牢中认识了一位神奇的老犯人，老人告诉他，如果想要推翻德川幕府，必须拥有政治资金，所以要先学习、研究经济学。有趣的是，老人还教他学会打算盘，为他讲解西方的资本主义，并告诫他"企业的发展条件中，最重要的是人和"。

图 2-22　三菱车标

受到这位奇异老人的开导，岩崎弥太郎深有所悟，尤其对"人和"的印象特别深刻。他把三个人形组成一个图案，最后修正成为三个菱形的标志。

（六）富士汽车公司

1. 概述

富士（Fuji）重工业株式会社的前身是创立于1917年的飞机研究所，因制造飞机得以快速发展，随后公司发挥其技术特长逐渐形成了汽车、航空、产业机械和运输机械四大部门。

富士重工属下的斯巴鲁（Subaru）汽车公司拥有力狮（Legacy）、翼豹（Impreza）和森林人（Forester）（图2-23）等汽车品牌。

2. 公司主要品牌及其车标

富士重工汽车的车标（图2-24）采用Subaru（斯巴鲁）文字，中文意思是"金牛星座昴宿星团"；图案是在椭圆形中间有用肉眼可以看到的这个星团六颗闪亮的星星，所以又被称之为"六连星"，象征着富士重工及1955年与之合并的其他五家公司的团结一致、共同奋进的精神。

图2-23 斯巴鲁森林人

图2-24 斯巴鲁车标

（七）铃木汽车公司

1. 概述

铃木汽车有限公司（Suzuki Motor Corporation）成立于1920年，总部设在日本静冈县滨松市，其前身是1909年创立的铃木织布机工厂（Suzuki Loom Works）。公司1952年开始生产摩托车，1955年更名为铃木汽车有限公司，开始批量生产Suzulight牌汽车（图2-25）。

铃木汽车公司不但在摩托车领域上享誉盛名，而且凭借低燃耗、低排放的奥拓（Alto）等车型，一直独占日本国内微型汽车销量首位。此外，为了能让更多消费者体验驾驶四轮驱动的乐趣，早在1970年就开发出紧凑型SUV，并获得了广泛赞誉。

铃木自始至终以小巧、轻便、低燃耗、少排放等为宗旨，设计开发每一款汽车，为创造节约型、环保型社会作出贡献。

铃木汽车公司主要拥有奥拓（Alto）（图2-26）、依妮诗（Ignis）、雨燕（Swift）（图2-27）、利亚纳（Liana）、维罗纳（Verona）和百乐（Baleno）等轿车品牌以及吉姆尼（Jimmy）等越野车品牌。

图2-25 1955年生产的铃木Suzulight

图2-26 铃木奥拓

图2-27 铃木雨燕

2. 公司主要品牌及其车标

铃木车标（图2-28）中的"S"是铃木"Suzuki"的第一个字母，这种设计给人以力量的感觉，象征着发展中的铃木。

（八）五十铃汽车公司

1. 概述

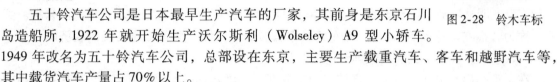

图2-28　铃木车标

五十铃汽车公司是日本最早生产汽车的厂家，其前身是东京石川岛造船所，1922年就开始生产沃尔斯利（Wolseley）A9型小轿车。1949年改名为五十铃汽车公司，总部设在东京，主要生产载重汽车、客车和越野汽车等，其中载货汽车产量占70%以上。

五十铃汽车公司的知名产品是柴油发动机（图2-29），早在1934年，公司就开始试生产柴油机，并首次应用在大客车上。20世纪40～50年代，日本大部分柴油载货汽车的发动机由五十铃汽车公司生产。

图2-29　五十铃柴油发动机

2. 公司主要品牌及其车标

五十铃汽车以日本五十铃河而得名。五十铃车标（图2-30）于1974年开始使用，两根上升的大柱体现了五十铃汽车与顾客和社会和谐相处的理念。其中，一根大柱象征着"和用户并肩前进的五十铃"，另一根大柱象征着"与世界各国协作发展的五十铃"。红色是太阳的火焰，也是五十铃不断进取的标志。

（九）大发汽车公司

1. 概述

大发（Daihatsu）公司成立于1907年，原名为大阪发动机制造公司，1951年正式改名为大发。所谓"大发"，就是大阪发动机的简称。大发公司主要生产小型轿车（图2-31），其独特的技术力量和生产能力在国际上享有较高的声誉，生产的汽车已在160多个国家得到广泛使用。

图2-30　五十铃车标

2. 公司主要品牌及其车标

大发的车标（图2-32）是由大发的拼音（Daihatsu）的第一个字母"D"变化而来，图案设计喻示着大发公司永葆青春。

图2-31　2009款大发森雅

图2-32　大发车标

第二节 美国汽车

一、美国汽车概况

汽车文明从欧洲传到美国后,这个年轻而富有创造性的国家对它表示了极大的兴趣。美国被称为"捆在车轮上的国家",汽车普及率位居全球首位,汽车工业是美国经济的三大支柱之一,它的兴衰直接关系到美国经济的命运。

在 T 型车出现以前,汽车一直被视为少数富人的奢侈品。亨利·福特于 1908 年推出的福特 T 型车,使汽车从贵族及有钱人的专属品变成了大众化商品。

T 型车之所以畅销,主要是因为它价格便宜且性能优良。在 T 型车的研制之初,福特的技术人员不但参考了国内其他公司的汽车,而且还输入了法国颇受好评的雷诺汽车的先进技术。经过不断改良,发动机由手动起动改为电气起动装置起动,原来使用的油灯或瓦斯灯也改装成了电灯。T 型车坚固耐用,结构紧凑,实用性能好。大批量流水生产的成功,不仅使 T 型车成为有史以来最普及的车型,而且使家庭轿车的神话变为现实。

美国车系技术发达、资金雄厚,无论是通用、福特还是克莱斯勒,其动力强劲、极尽豪华、用材奢侈、乘坐舒适、驾驶安全、通过性好等优点突出。对于中国百姓而言,其最大的缺点是油耗高。但近年美国汽车公司也通过兼并,吸收了欧洲和日本车系的理念和技术,推出了一些符合中国消费特点的经济实用型轿车,例如目前畅销的欧宝系列及福特蒙迪欧等汽车。

二、美国汽车公司及其品牌车标

(一) 通用汽车公司

1. 概述

通用汽车公司(General Motor Corporation)是美国第一大汽车公司,也是世界上最大的汽车公司。它是由威廉·杜兰特(William Durant)(图 2-33)于 1908 年 9 月在别克汽车公司的基础上,联合奥兹莫比尔、凯迪拉克和奥克兰(旁蒂亚克分部)发展起来的,创立于美国的汽车城底特律。公司现总部仍设在底特律。

图 2-33 威廉·杜兰特

通用汽车公司在美国最大 500 家企业中居首位,在世界最大工业企业中位居第二。它是一个大规模的跨国公司,在世界几十个国家都设有子公司、装配厂、零部件厂和销售中心。通用在北美拥有别克、凯迪拉克、雪佛兰、奥兹莫比尔、旁蒂亚克、土星、吉奥(GEO)和专门制造载货汽车的吉姆西(GMC)八个生产汽车的分部。另外,通用还拥有不少控股公司。

通用的业务范围很广,除汽车外,还涉及铁路机车、筑路机械、航空发动机、柴油机和军工产品。它的主要产品是轿车、载货汽车、大客车、发动机和汽车零部件。汽车年总产量达 900 万辆,其中约有 500 万辆为家庭轿车。

通用汽车公司生产的汽车,典型地表现了美国汽车豪华、宽大、内部舒适、速度快和储

备功率大等特点。而且，通用汽车公司尤其重视质量和新技术的应用，因而其产品始终在用户心中享有盛誉。

通用汽车公司旗下主要汽车品牌包括凯迪拉克（Cadillac）、别克（Buick）、雪佛兰（Chevrolet）、奥兹莫比尔（Oldsmobile）、旁蒂亚克（Pontiac）、土星（Saturn）、悍马（Hummer）、吉姆西（GMC），以及德国欧宝（Opel）、澳大利亚霍顿（Holden）、韩国大宇（Daewoo）和英国伏克斯豪尔（Vauxhall）等。

通用汽车公司在中国建立了12家合资企业和2家全资子公司，拥有超过35000名员工。通用汽车公司在中国进口、生产和销售宝骏、别克、凯迪拉克、雪佛兰、欧宝、五菱等品牌的系列产品，所提供的产品系列之丰富位居所有在华跨国汽车企业之首。2011年，通用汽车及其合资企业在华销量超过254万辆。

2. 公司主要品牌及其车标

通用汽车公司的标志（图2-34）取自其英文名称（General Motor Corporation）的前两个单词的第一个字母 GM。各车型商标都采用公司下属分部的标志，而"GMC"图案商标则成为通用汽车公司载货汽车的专用标志。

图2-34　通用汽车公司标志

（1）凯迪拉克汽车分部

凯迪拉克分部的前身是凯迪拉克（Cadillac）汽车公司，由亨利·利兰得（Henry M. Leland）于1902年8月创建。亨利·利兰得曾经是奥兹的零件供应商，从1900年起自行制造汽车，并成为凯迪拉克汽车公司的生产经理。他造出凯迪拉克牌汽车（图2-35）时，已是近60岁的老人。

1906年，凯迪拉克汽车公司在底特律的工厂已成为当时世界上最大、最完善、装备精良的汽车厂，产品质量上乘。1909年，亨利·利兰得把公司卖给了通用汽车公司，自己做了8年通用汽车公司凯迪拉克分部的经理。此时，他设计的凯迪拉克牌汽车更加重视豪华和舒适性。至今，凯迪拉克汽车仍保持这一传统，以专门生产高级轿车而蜚声世界。

凯迪拉克车标选用"凯迪拉克"之名，是为了向法国的皇家贵族、美国底特律城的创始人安东尼·门斯·凯迪拉克（Le Sieur Antoine de la Nothe Cadillac）表示敬意。

图2-35　亨利·利兰得和1905年的凯迪拉克车

凯迪拉克一向被公认为充分演绎美国精神和领袖风格的豪华轿车典范，其乘坐者的尊贵、沉稳、豪迈和权力，更使凯迪拉克成为一种权贵的象征。

凯迪拉克旧车标（图2-36a）是凯迪拉克家族在古代宗教战争中所使用的"冠"和"盾"型纹章图案，周围为郁金香花瓣构成的花环。该标志以其雅致的图案和丰富的内涵，喻示着凯迪拉克车的高贵、豪华和气派，也喻示着凯迪拉克牌汽车具有巨大的市场竞争能力。

凯迪拉克车标自诞生以来，其花冠和盾牌的设计在不同时代不断变化，百余年来竟达30多次。21世纪伊始，凯迪拉克对车标进行了一系列创新设计，新车标（图2-36b）整体以铂金颜色为底色，而花冠则保留了原有的色彩组合，不过六只可爱的鸟飞走了。早期凯迪拉克车型如图 2-37、图 2-38 所示，新款车型如图 2-39 所示。

（2）旁蒂亚克汽车分部

旁蒂亚克（Pontiac）汽车分部原为奥克兰（Oakland）汽车公司，建于 1907 年 8 月 28 日，创建人是一位年轻的实业家爱德华·墨菲（Edward Murphy）。旁蒂亚克是一个印第安酋长的名字，18 世纪他曾率部在底特律附近抵抗英法殖民者。为了纪念他，把靠近底特律的一座小城命名为旁蒂亚克市。在这里，爱德华·墨菲于 1893 年创办了旁蒂亚克轻便马车公司。为了生产汽车，墨菲对轻便马车厂进行改造，于 1908 年生产了一种 4 缸发动机轿车，其功率大，很有竞争力，因此得到了迅速的发展。

图 2-36　凯迪拉克车标
a）旧车标　b）新车标

图 2-37　首辆凯迪拉克 A 型汽车

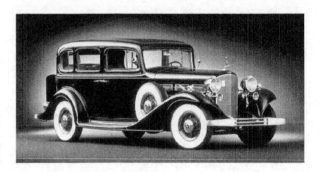

图 2-38　1914 年生产的 V8 发动机的凯迪拉克

图 2-39　2011 款凯迪拉克 CTS

奥克兰汽车公司的兴旺引起了杜兰特的注意，通过会谈，通用汽车公司于1909年1月20日收购了奥克兰汽车公司50%的股份。同年夏天，奥克兰汽车公司创始人爱德华·墨菲过世之后，通用汽车公司全面控制了该公司。自1932年3月6日起，正式启用旁蒂亚克汽车公司这一名称，主要生产轿车和跑车。

旁蒂亚克汽车商标（图2-40）由两部分组成：文字"PONTIAC"取自旁蒂亚克市，图形商标是带十字标记的箭头。十字形标记表示"旁蒂亚克"是通用汽车公司的重要成员，也象征旁蒂亚克汽车安全可靠；箭头则代表旁蒂亚克的技术超前和攻关精神。旁蒂亚克车型如图2-41所示。

图2-40　旁蒂亚克车标

（3）雪佛兰汽车分部

雪佛兰汽车分部原为雪佛兰（Chevrolet）汽车公司。1909年，通用汽车公司的创始人威廉·杜兰特邀请著名的瑞士赛车手兼工程师路易斯·雪佛兰（Louis Chevrolet）（图2-42）帮助他设计一款面向大众的汽车。1911年11月3日，以设计师名字命名的雪佛兰汽车公司应运而生。

图2-41　旁蒂亚克传奇车火鸟

图2-42　路易斯·雪佛兰

1918年5月，雪佛兰汽车公司并入通用汽车公司。雪佛兰的国际品牌血统已经传承了近百年，自1912年推出第一款产品以来至今销售总量已超过1亿辆。其市场覆盖到70个国家，曾经创下每40秒销售一辆新车的纪录。2004年，雪佛兰全球销量超过360万辆，占全球汽车当年销售总量的5%。作为通用汽车旗下最为国际化和大众化的品牌，雪佛兰拥有强大的技术和市场资源。雪佛兰的品牌定位是一个大众化的值得信赖的国际汽车品牌，品牌个性是值得信赖、聪明务实、亲和友善、充满活力。

雪佛兰分部除生产大众化车型外，还生产知名的运动型跑车克尔维特（Corvette）（图2-43）。这一车名是沿用17世纪、18世纪时欧洲的一种炮舰的名称，其含义是向当时风行的英国跑车挑战。

图2-43　雪佛兰克尔维特

雪佛兰（Chevrolet）汽车标志（图2-44）由图形和文字两部分组成。1908年，杜兰特在一次环球旅行途中，在一家巴黎酒店的墙纸上意外地发现了一个"金领结"图案，他认为这个图案可以作为汽车的标志，于是就撕下了墙纸的一角并展示给朋友们看。后来，这个有趣的"金领结"图案就演变成了畅销全球的雪

图2-44　雪佛兰车标
a) 通用雪佛兰　b) 雪佛兰克尔维特

佛兰汽车的标志。"雪佛兰"取自原雪佛兰汽车公司创始人之一路易斯·雪佛兰的姓氏。通用雪佛兰图案（图2-44a）采用抽象化的蝴蝶领结，象征着雪佛兰汽车的大方、气派和风度；雪佛兰克尔维特的商标图案（图2-44b）是在椭圆内交叉嵌套着两面旗帜，黑白相间的旗帜表示该车是参加公路大赛的运动车，红色旗帜上的蝴蝶结表示该车由雪佛兰分部制造，而上面的奖杯和花朵则代表夺魁后的欢呼和成功的纪念。

（4）土星汽车分部

土星汽车（Saturn）是通用汽车公司为推行"土星计划"于1985年推出的，旨在降低成本，缩小与日本汽车企业的差距，开发先进的土星牌轿车以抵御日本轿车大规模进入美国市场，为此借鉴了日本汽车公司先进的生产和管理模式。

土星汽车分部设在美国田纳西州春山市，是通用汽车公司下属的全资子公司之一，也是通用公司唯一从内部建立起来的公司。1992年，土星轿车正式投产，主要产品分为豪华轿车SL、旅行轿车SW（图2-45）和跑车SC。

图2-45　土星旅行轿车SW

土星是通用汽车公司旗下年轻的品牌，它不存在背历史包袱、损害传统的顾忌，以市场需求为准绳，创新立异轻装上阵，在外观上和性能上有所创新，在价格上有优势。因此，土星主宰了美国价格便宜的紧凑型汽车市场。

土星汽车标志（图2-46）由图形和文字组成，Saturn是土星的英文名称。土星是太阳系中的一颗行星，体积是地球的755倍，有一条美丽的光环围绕着它。车标中的图案就表现了这颗行星的局部。在红色背景前，显出了两条星球运行的轨迹，也像高分子运行的轨迹。其

图2-46　土星车标

含义在于开发高科技材料，追求高科技产品和新成果的结晶。该标志给人一种高科技、新观念和超时空的感觉，寓意土星汽车技术先进，设计超前且最具时代魅力。

（5）别克汽车分部

苏格兰人大卫·别克（David Buick）（图2-47）于1899年在美国底特律创立了别克动力公司，1901年创立了别克制造公司，开始生产一些小型的动力机械及双缸侧置气门船用发动机。1903年5月19日，在布里斯科（Briscore）兄弟的帮助下，创建了别克汽车公司（Buick），公司总部设置在底特律附近的弗林特市。1908年，它的产量达到8820辆，居美

国第一位,威廉·杜兰特因此以别克汽车公司为核心成立了美国通用汽车公司。

图 2-47　大卫·别克和 1904 年生产的轿车

当通用汽车公司扩大后,别克汽车分部成为通用汽车公司的第二大部门,它培育了许多汽车名人,例如威廉·杜兰特、沃尔特·克莱斯勒、路易斯·雪佛兰等。别克汽车具有大功率、个性化、实用性和成熟的特点。

别克汽车的标志图案(图 2-48)是三把不同颜色(从左到右分别是红、白、蓝)并依次排列不同高度位置上的利剑,给人一种积极进取和不断攀登的感觉,表示别克汽车采用顶级技术、刃刃见锋,也表示别克分部培养出的人才个个游刃有余,是无坚不摧、勇于攀登的勇士。别克(Buick)取自于公司创建人大卫·别克的姓氏。

图 2-48　别克汽车商标

别克与中国的渊源深厚,从 20 世纪 20 年代起,别克就已进入中国,很快成为中国政界要人和商贾名流的首选座驾之一。1929 年,上海开设了第一家别克汽车经销处;1998 年,上海通用汽车第一辆中国制造的别克车下线,带来"世界级品质,世界级体验"。

(6)欧宝汽车分部

欧宝汽车公司建于 1862 年,是以创建人亚当·欧宝(Adam Opel)(图 2-49)的姓氏 Opel 命名的。从 1893 年开始,欧宝计划制造汽车;1896 年,试制了第一辆车;1898 年,经过改进,把该车型推向市场,但它在性能上存在缺陷;1902 年,转让给达拉克。这时,欧宝已过世,其妻索菲娅与 5 个孩子共同合作,致力于改进试制汽车。

图 2-49　亚当·欧宝(Adam Opel)和 1899 年生产的欧宝专利车系 Lutzmann 汽车

欧宝汽车公司的标志（图2-50）为"闪电"图案，喻示欧宝汽车如风驰电掣，同时也炫耀它在空气动力学方面的研究成就。目前，欧宝在售车有赛飞利、安德拉和雅特等。

图2-50　欧宝汽车标志和2012款欧宝赛飞利

（7）GMC汽车分部

GMC汽车分部是通用集团专门制造载货汽车的部门，主要生产运动型多功能车、皮卡和厢式车。它在SUV领域具有很强的实力，很多车型都是与雪佛兰、凯迪拉克基于相同的平台生产的。该车标志即为英文GMC（图2-51）。

图2-51　GMC车标

（二）福特汽车公司

1. 概述

1896年6月14日，亨利·福特（Henry Ford）发明了他的第一辆汽车（图2-52），1903年6月16日创建了福特汽车公司，总部设在美国底特律市。福特汽车公司，是以生产汽车为主，业务范围涉及电子、航空、钢铁和军工等领域的综合性跨国垄断工业集团。

图2-52　亨利·福特和福特T型车

1908年，亨利·福特及其伙伴将奥尔兹、利兰以及其他人的设计和制造思想结合成为一种新型汽车——T型车（图2-53）。T型车采用了许多先进的制造技术及材料，用以简化生产过程，降低成本，使汽车适应十分简陋的乡村条件。1914年，他将泰勒的流水生产线技术运用到汽车上，这种技术被后人称为装配线。装配线不仅有助于在装配过程中通过生产设备使零部件连续流动，而且便于对制造技能进行分工，把复杂技术简化、程序化。

世界上第一辆属于普通百姓的T型车，也被称为"世界汽车工业史上具有划时代意义的伟大创举"。1913年，福特汽车公司又开发出了世界上第一条汽车流水线（图2-54），福特先生因此被尊称为"给世界装上轮子"的人。福特汽车公司每年销售各种轿车、货车和商用车700万辆左右。

历经了一个世纪的风雨沧桑，今天的福特汽车公司仍然是全球最大的货车制造商和第二大汽车公司。福特汽车公司拥有的著名品牌是福特（Ford）、林肯（Lincoln）、水星（Mercury）等。

图 2-53　福特 T 型车

图 2-54　福特的流水生产线

2. 公司主要品牌及车标

（1）福特（Ford）

福特汽车公司的标志（图 2-55），采用创始人亨利·福特的英文 Ford 字样，蓝底白字。由于亨利·福特喜欢小动物，所以标志设计者为了迎合福特的嗜好，就将英文 Ford 设计成形似奔跑的小白兔形象。整个造型，

图 2-55　福特车标

犹如在温馨的大自然中，一只活泼可爱的小白兔矫捷潇洒地正在向前飞奔，象征福特汽车飞奔世界各地，令人爱不释手。

（2）林肯 – 水星（Lincoln – Mercury）分部

林肯是福特汽车公司拥有的第二个品牌。林肯汽车公司由亨利·利兰德（Henry Leland）于1917 年 8 月创立。在此之前，利兰德还成立了著名的凯迪拉克汽车公司，他被誉为美国汽车工业界的"精密生产大师"。

1919 年底，林肯汽车公司造出了样车，并以美国第 16 任总统亚伯拉罕·林肯的名字给汽车命名。在战后经济衰退到来时，林肯公司陷入困境，于 1922 年被福特汽车公司以 800 万美元收购，成为福特汽车林肯分部，并由此进入豪华车市场。由于林肯车杰出的性能、高雅的造型和无与伦比的舒适，自 1939 年美国富兰克林·罗斯福总统以来，一直被选为总统专车，享有"美国总统车"的美称。

林肯大陆加长型总统级轿车（图 2-56），配有 7.5 升的 V8 发动机，动力强劲，全车采取了严格的防弹防雷措施。车内宽敞舒适，甚至可以在里面举行小型首脑会议，车上还备有酒吧、冰箱、电视、音响、计算机以及先进的卫星通信设备等。从某种意义上讲，它已经不仅仅是一辆汽车了。

1936 年，福特汽车公司成立了水星分部，它以罗马神话中主管商业与道路之神"水星"来命名汽车，象征公司的气派——天下道路为水星牌汽车修筑，人间商业惟水星主管。最初，水星部生产普通轿车；1945 年 10 月，福特公司将林肯分部和水星分部合并，成立林肯 – 水星分部，专门生产高级豪华型轿车。

图 2-56　林肯大陆加长型总统级轿车

林肯汽车标志（图 2-57）是由一颗闪闪发光的辰星和一个近似矩形的外框组成的图案。它表示林肯总统是美国联邦统一和废除奴隶制的启明星，也喻示林肯轿车有光辉灿烂的明天。

水星汽车标志（图 2-58）采用太阳系的水星作为图案，在一个圆中有三条行星轨道，使车名寓意更加贴切，表明水星汽车具有太空科技和超时空创造力。

图 2-57　林肯车标　　　　　　　图 2-58　水星车标

（三）克莱斯勒汽车公司

1. 概述

克莱斯勒（Chrysler）汽车公司是美国第三大汽车公司，由沃尔特·克莱斯勒（Walter Chrysler）（图 2-59）在麦克斯韦尔（Maxwell）汽车公司的基础上，于 1925 年 6 月 6 日创立的。该公司在全世界许多国家设有子公司，是一个跨国汽车公司，总部设在美国密歇根州奥本山市。

1928 年 7 月，克莱斯勒汽车公司收购了道奇（Dodge）汽车公司，成立了道奇分部。后来，他们将麦克斯韦尔汽车公司改建为克莱斯勒汽车公司的普利茅斯（Plymouth）分部，将余下的克莱斯勒品牌部分成立克莱斯勒分部。1929 年，克莱斯勒汽车公司已经成为美国三大汽车公司之一。在 20 世纪三四十年代的黄金时期，它曾一度超过福特汽车公司，成为美国第二大汽车公司。但 50 年代初，生产处于滑坡，60 年代中期，公司经过改组稳住阵脚。1974 年以后，克莱斯勒汽车公司的业务又开始走下坡路，1978 年公司出现严重的亏损，1980 年濒临破产。最后，由于政府给予 15 亿美元的联邦贷款保证，才使克莱斯勒汽车公司免于倒闭，1982 年开始扭亏为盈。

图 2-59　沃尔特·克莱斯勒

1987年，克莱斯勒汽车公司并购了美国汽车公司（AMC），成立了飞鹰-吉普（Eagle-Jeep）部。1998年，克莱斯勒汽车公司被德国戴姆勒集团以330亿美元价格收购，成立了戴姆勒-克莱斯勒（Daimler-Chrysler）汽车公司。这次结盟也被称为"大象婚姻"的结合。后来，二者"和平分手"，克莱斯勒又与意大利菲亚特公司合并。

克莱斯勒汽车公司，主要拥有克莱斯勒（Chrysler）、道奇（Dodge）、普利茅斯（Plymouth）和吉普（Jeep）等汽车品牌。

2. 克莱斯勒汽车公司品牌及其车标

克莱斯勒汽车公司的标志（图2-60），就像一枚五角星勋章，它体现了克莱斯勒家族和公司员工们的远大理想和抱负，以及永远无止境的追求和在竞争中获胜的奋斗精神。五角星的五个部分，分别表示亚、非、欧、美、澳五大洲都在使用克莱斯勒汽车公司的汽车，寓意着克莱斯勒汽车公司的汽车遍及世界各地。

图2-60　克莱斯勒汽车公司标志

（1）克莱斯勒分部

自1924年开始，克莱斯勒车标（图2-61）改为由装在散热盖上醒目的银色飞翔标志和刻在散热罩上的金色克莱斯勒印章组成，银色飞翔标志由一个圆环和展翅雄鹰组成。雄鹰展翅表现了鹰的风格、气质和勇敢精神等，象征着公司开拓进取、不断腾飞、走向辉煌的形象，标志着汽车工程与汽车设计从此进入了一个崭新的时代。克莱斯勒车型如图2-62所示。

图2-61　克莱斯勒车标　　　　图2-62　克莱斯勒300C豪华级大型轿车

（2）道奇分部

道奇汽车公司是由约翰·道奇（John Junior Dodge）和霍瑞斯·道奇（Horade Dodge）于1914年创立的（图2-63）。道奇兄弟去世后的1925年，公司卖给了纽约银行。1928年，道奇汽车公司加入克莱斯勒汽车公司，成为克莱斯勒的一个分部。道奇分部是克莱斯勒中级轿车生产分部，主要生产运动型轿车。

道奇汽车商标（图2-64）由克莱斯勒汽车公司五角星形主商标和道奇兄弟的姓氏Dodge共同组成。

道奇还有个图形标志是在一个五边形中有一羊头形象（图2-65）。在汽车上使用小公羊、大公羊两个车标，这只神气的羊头象征道奇车强壮彪悍，善于决斗，同时也表示了道奇部的汽车朴实无华、美观大方。注

图2-63　道奇兄弟

重内在豪华、舒适但外表朴实憨厚的它已经成为各地富商名流的当然选择。

图2-64 克莱斯勒道奇

图2-65 道奇车标

蝮蛇（Viper）跑车是克莱斯勒汽车公司道奇分部生产的名车。由于蝮蛇是美国最凶猛的蛇种之一，所以用它来作为汽车标志，可表现汽车的勇猛与大气。其图形标志（图2-66）是一个张着血盆大口的蝮蛇，象征其勇猛无比。该标志设计者卡罗尔·谢比尔在设计中突出了蝮蛇那双烁烁发光的眼睛和锐利的牙齿，像是用蔑视的目光盯着对手，露出毒牙以击退敌人。

（3）普利茅斯（顺风）分部

普利茅斯（Plymouth）是当年英国向美国迁移的港口。其车标（图2-67）采用移民乘坐过的帆船"珠夫拉瓦（有一帆风顺的含义）"号的帆船图案，以纪念第一批英国移民在1620年乘坐"五月花"号船自普利茅斯港口登陆。

图2-66 道奇蝮蛇标志

图2-67 普利茅斯（顺风）车标

（4）鹰－吉普分部

鹰－吉普（Eagle-Jeep）分部，除了生产轿车外，还生产著名的吉普越野车。鹰－吉普分部生产的鹰牌轿车采用鹰图案（图2-68）。鹰在美国被喻为神鸟，也是美国人对著名战斗机驾驶员的俚称，象征着矫健、强悍和自豪。取鹰作为鹰－吉普分部的车标，表示其具有雄鹰的优秀品质，能够迎风斗险，勇攀技术高峰。吉普是英文Jeep的音译。吉普车这个名称是在第二次世界大战期间出现的。

1985年，我国北京吉普汽车公司引进克莱斯勒公司技术生产的切诺基（Cherokee）轻型越野车就是Jeep家族的一员，这种车适于我国多山和道路条件较差的地区。图2-69所示为北京吉普生产的大切诺基车型。

图2-68 鹰－吉普车标

图2-69 北京吉普生产的大切诺基

第三节 欧洲汽车

一、欧洲汽车发展概况

汽车起源于德国,经历了 20 世纪初在法国的早期发展,最终在美国迎来了自己的鼎盛时代,并在很多方面都走在了时代的前列。

1886 年前后,一群大胆而富有想象力的欧洲人,比如卡尔·本茨(Karl Benz)、哥特利布·戴姆勒(Gottlieb Daimler)、阿芒·标致(Armand Peugeot)和安德利·雪铁龙(Andelio Citroen)等,催生了这个 20 世纪工业的天之骄子。时至今日,欧洲汽车和欧洲一样,早已失去气吞五洲的霸气和荣光。1993 年,欧洲总共销售各种汽车约 1100 万辆,尚不及美国(1350 万)或日本(1150 万)一国的产量。虽然,皇冠已失去,但是阿尔卑斯山巅犹有异彩闪耀。欧洲汽车百年精粹,其独特魅力,仍然是全球共仰。

在近百年不断发展以及兴衰成败之后,褪尽铅华的欧洲汽车在世人面前展现出无可比拟的大家风范。欧洲汽车以其精细的做工、典雅而新潮的独特造型、大胆采用最新世界先进技术而著称,虽然在价格上与亚洲车(特别是日本车和韩国车)相比较可能会给人比较贵的感觉,但欧洲车的品牌与口碑,特别是其过硬质量和高科技含量可谓是汽车界的先驱,这是其他车系无法与之抗衡的。

今日的欧洲车坛,可以说是百花齐放,德国车的刚劲沉稳,英国车之尊贵典雅,以及法国车超凡的操控性和意大利在高性能方面的出色成就,一直为世人称道。与美、日汽车相比较,欧洲车在车身安全性和机械系统的精良程度上,仍然是技高一筹;欧洲的新车总是毛病不断,细节方面也不如日本车周到妥帖,但在耐用性上却是天下第一。日、美两国生产的汽车舒服方便,欧洲车却讲究性能和开得有趣,普遍有更好的操控性,悬架总是充满韧力,朴实的底盘给驾驶人充分的信心。欧洲车比较小巧,内饰也较为质朴,外形刚硬而传统,但总有一种独立的典雅品位。欧洲在汽车科技方面,作出了极大的贡献,今天人们熟知的大多数东西,如 DOHC 技术、涡轮增压、空气动力学和 ABS 等,都是由欧洲人发明的。可惜的是,他们太拘于传统,总是墙内开花墙外香。

二、欧洲汽车公司及其品牌车标

(一)德国汽车公司及其品牌车标

1. 德国汽车发展概况

德国是世界上著名的汽车生产大国,也是世界汽车工业的鼻祖。世界上第一辆汽车就是在 1886 年由德国人哥特利布·戴姆勒和卡尔·本茨几乎同时制造出来的,世界上第一台汽油机和柴油机也都首先在德国研制成功。

德国汽车产品,一向以工艺精细、质量优良著称,无论是高档豪华车还是大众普及车都能得到人们的信赖。高档车如奔驰 S 级、宝马 7 系列等,而中低档车如大众汽车公司的大众品牌,颇受普通家庭的欢迎,目前在中国大地上与我国企业合资生产的大众、奥迪车型一直受到中国老百姓的青睐。

德国的著名汽车厂家有戴姆勒-奔驰股份公司、宝马汽车公司、大众汽车股份公司和保时捷汽车公司等。

2. 戴姆勒-奔驰汽车公司

（1）概述

戴姆勒-奔驰（Daimler-Benz）汽车公司创立于1926年，创始人是卡尔·本茨（Karl Benz）和哥特利布·戴姆勒（Gottlieb Daimler）（图2-70）。它的前身是1886年成立的奔驰汽车厂和戴姆勒汽车厂，1926年，两厂合并后，称为戴姆勒-奔驰汽车公司，中文习惯简称为奔驰汽车公司。奔驰汽车公司是世界上资格最老的厂家，也是经营风格始终如一的厂家，除以高质量高性能的豪华汽车闻名外，它还是世界上最著名的大客车和重型载货汽车的生产厂家。早期奔驰车型如图2-71所示。

图2-70　卡尔·本茨（1844—1929）和哥特利布·戴姆勒（1834—1900）

图2-71　奔驰1936年生产的200型轿车

奔驰汽车公司总部设在德国斯图加特，产量居德国第二，销售额为德国第一。

奔驰汽车品种系列主要包括A级轿车（图2-72）、C级轿车（图2-73）、E级轿车（图2-74）和S级大型豪华轿车（图2-75），以及跑车系列和多用途车系列。

图2-72　奔驰A级轿车

图2-73　奔驰C级轿车

图2-74　奔驰E级轿车

图2-75　奔驰S600大型豪华轿车

(2) 公司主要品牌及其车标

戴姆勒-奔驰汽车公司主要拥有梅赛德斯-奔驰（Mercedes-Benz）和精灵（Smart）品牌。

1）梅赛德斯-奔驰。戴姆勒先生发明了四轮内燃机汽车，并创立自己的汽车公司，但戴姆勒汽车公司生产的汽车品牌却叫梅赛德斯（Mercedes）。这里有一段非常有趣的故事。

戴姆勒公司创始人哥特利布·戴姆勒在1873年曾在给妻子的一封信中画了一颗三叉星，并说："总有一天，这颗星会照耀我的毕生工作。"1890年，戴姆勒公司开始把三叉星作为其商标，三叉星的外观设计成圆形，这也是最初的车标。

后来，在1899年，一位戴姆勒的经销商埃米尔·杰里克（Emil Jellinek）驾驶戴姆勒制造的凤凰牌汽车参加在法国尼斯举行的汽车大赛，并以他女儿的名字"梅赛德斯"（Mercedes）作为赛车名，结果获得第一名。杰里克认为是女儿的名字美好吉祥而使他在比赛中获胜，于是将其经销的戴姆勒汽车全部取名为"梅赛德斯"，果然销路不错。从1901年开始，戴姆勒汽车公司生产的汽车正式以"梅赛德斯"命名，"Mercedes"的字样便出现在汽车的散热器罩上。

戴姆勒-奔驰汽车公司的车标经历了一个漫长的演变过程（图2-76）。1909年6月，戴姆勒汽车公司将三叉星标志注册为正式商标，1916年在它的四周加上了一个圆圈，在圆的上方镶嵌了4个小星，下面有"Mercedes"字样，取代了原来的文字商标。这种三叉星被标在散热器罩的上部，开始只有一颗，后来成了并列的两颗。1916年，公司又将三叉星和"Mercedes"合成一个新的商标，4颗小三叉星环绕在大三叉星的上方，下面标有MERCEDES字样。卡尔·奔驰公司的商标最初是月桂枝包围的"奔驰（Benz）"字样。1926年奔驰和戴姆勒汽车公司合并为戴姆勒-奔驰汽车公司，自然也将商标合二为一，中间是三叉星，上面是"MERCEDES"，下面是"BENZ"，两家之间用月桂枝连接。

现在，戴姆勒-奔驰汽车公司的标志是简化了的形似汽车转向盘的一个环形圈围绕着一颗闪闪发光的三叉星。三叉星表示在陆海空领域全方位的机动性，环形圈显示其行销全球的发展势头。

图2-76 戴姆勒-奔驰汽车公司标志的演变过程

2）精灵。它又称为斯马特，作为戴姆勒-奔驰的全资子公司，成立于1994年，管理中心设在德国斯图加特市，生产工厂则在相距不远的法国海姆巴赫市。它是戴姆勒-奔驰公司和瑞士钟表集团斯沃奇（Swatch）合作的产物，它似乎从一开始就与众不同。这也充分体现在它的名字上，其车标（图2-77）"Smart"中的"S"代表了斯沃奇（Swatch），"m"代表了梅赛德斯-奔驰（Mercedes-Benz），而"art"则在英文中是艺术的意思，合起来可以理解为"斯沃奇和梅赛德斯-奔驰合作的艺术"，而Smart车名本身在英文中也有聪明伶俐的意思，这也契合了精灵（斯马特）公司的设计理念。

最初设计的是Smart第一代产品Smart Fortwo（图2-78）。要在仅2.5米长的空间中设计一辆现代化的汽车，实在不是件容易的事：要有一定的功率，以便上高速公路；要有一定的加速性能，以便在大街小巷中穿梭自如；要有更高的安全性能，以避免由于体积小而带来的安全性能差的弱点等。

图 2-77　Smart 车标　　　　图 2-78　Smart Fortwo

3. 大众汽车公司

（1）概述

大众（Volkswagen）汽车公司是世界十大汽车公司之一，创建于德国的沃尔夫斯堡，创始人是世界著名的汽车设计大师费迪南德·波尔舍（图 2-79），现已成为一个在全世界许多国家都有生产厂的跨国汽车集团。大众汽车公司总部曾迁往柏林，现在仍在沃尔夫斯堡。

20 世纪 30 年代，由于纳粹疯狂扩军，使德国经济出现萧条。时任德国总理的希特勒提出让每个德国家庭都拥有汽车，想以此来刺激公众消费，以利德国经济的复苏。为了实施这项国民轿车计划，费迪南德·波尔舍在戴姆勒-奔驰公司的协助下设计出了一种结构轻巧，适合家庭使用的轿车，并于 1938 年 10 月创办了大众汽车公司，准备大规模生产这种家用轿车（图 2-80），后因第二次世界大战爆发，只生产了

图 2-79　费迪南德·波尔舍

530 辆便被迫停产，转向生产军用汽车。在此期间，波尔舍和他的同事们设计研制出四轮驱动轻型越野车和水陆两用汽车并大量生产，成为当时德军的重要军用车辆。

第二次世界大战后，大众汽车公司划归联邦德国政府，又重新开始生产家用轿车。这种车的外形很像一只甲壳虫，后来就被人们称作"甲壳虫"（Beetle）轿车。由于甲壳虫车价格低廉，很适宜一般家庭使用，所以很快风靡德国和欧洲其他国家。从 1943 年开始生产到 1981 年最后的一辆甲壳虫轿车开下流水线（图 2-81），累计生产 2000 万辆，打破福特 T 型车的世界纪录。

图 2-80　1938 年投产的甲壳虫轿车

图 2-81　最后一辆甲壳虫下线

继甲壳虫后,大众汽车公司在1980年实现四轮驱动小客车大批量生产,又推出了20世纪80年代世界最畅销的高尔夫轿车(图2-82),从而成为欧洲最大的汽车商。

图2-82 大众高尔夫轿车

大众汽车公司拥有大众(Volkswagen)、奥迪(Audi)、宾利(Bentley)、斯柯达(Skoda)、西亚特(Seat)、兰博基尼(Lamborghini)和布加迪(Bugatti)等汽车品牌。

(2)公司主要品牌及其车标

1)大众。大众汽车顾名思义,就是为大众生产的汽车。大众汽车的车标(图2-83)由两个德文单词"Volks""Wagen"(意为大众使用的汽车)的首字母"V"和"W"组合而成,图案简洁,一目了然。整个图案又可以理解成三个用中指和食指构成的"V"组成,即"Victory"的首字母,象征着大众汽车公司及其产品必胜—必胜—必胜。

图2-83 大众车标

2)奥迪。奥迪(Audi)汽车公司总部设在德国的英戈尔施塔特(Igolstadt),创始人是阿古斯特·霍希。1932年6月29日,霍希汽车公司、奥迪汽车公司、蒸汽动力车辆厂(DKW)和漫游者(Wanderer)汽车公司4家汽车公司合并组成汽车联合公司。汽车联合公司在第二次世界大战中被毁,1949年重新成立后更名为奥迪汽车联合公司(Audi Auto Union AG),以后就只生产奥迪牌轿车。

奥迪汽车公司主要产品有A3、A4L、A5、A6L、A7、A8、Q5、Q7(图2-84)、TT系列和敞篷车及运动车系列等,以其优美造型和最低风阻系数赢得了美誉。

奥迪车标(图2-85)采用四个连环,分别代表四家公司,象征兄弟四人紧握手。半径相等的四个紧扣连环,象征公司成员平等、互相协作的亲密关系和奋发向上的敬业精神。

图2-84 2012款奥迪Q7

图2-85 奥迪车标

3）兰博基尼。兰博基尼（Lamborghini）汽车公司原是意大利超级跑车制造商，创建于1962年，创始人是弗鲁西欧·兰博基尼（Ferruccio Lamborghini）（图2-86），总部设在跑车之都莫德拉附近的圣·亚哥大（Sant Agata）。1998年，兰博基尼汽车公司被奥迪公司收购，成为大众集团的一个子公司。

图2-86　弗鲁西欧·兰博基尼和他1964年生产的第一辆跑车

兰博基尼汽车公司最初只是一家小农机厂，后来因生产V12轿车发动机而开始出名。20世纪70年代，公司推出一种楔形超级跑车（图2-87），震撼了车坛。这种由博通公司设计的造型独特的跑车，车身仅有1米高，有两扇向上开启的鸥翼式车门，发动机舱盖与前风窗玻璃形成一个整体平滑的大斜面，给人以强烈的动态感。驾驶这种车能使人产生一种超然的感觉，V12发动机可以提供362千瓦的强劲动力，足以让人疯狂。

兰博基尼汽车公司的标志（图2-88）是一头蛮劲十足的斗牛，正准备向对手发动猛烈的攻击。据说，公司创始人兰博基尼就是这种不甘示弱的牛脾气，这也体现了兰博基尼汽车公司产品的特点，因为公司生产的汽车都是大功率、高速的运动车。

图2-87　兰博基尼超级跑车　　　　　　图2-88　兰博基尼车标

4）斯柯达。斯柯达（Skoda）公司的历史可以追溯到1894年，是世界五个最早的轿车生产厂之一。斯柯达汽车公司的总部位于捷克首都布拉格北部的一个美丽的小镇——布拉斯拉夫（意为年轻的城市），现在是捷克名副其实的汽车城。

斯柯达汽车公司生产的汽车主要品牌有速派（图2-89）、欧雅和法比亚等，其中1/3销售给本国用户，其余的产品销售到全球的63个国家。国外市场主要包括英国、斯洛伐克、波兰、俄罗斯等国和亚洲、中东、非洲、南美等地区。

斯柯达汽车公司最初的标志（图2-90a）是在银色底色上，有一支绿色带翅膀的箭，四周环绕着黑色缎带，缎带底部装饰着象征优胜和荣誉的月桂树叶。新标志（图2-90b）保留了原商标中带翅膀的飞箭，外围的圆环加宽了，上部保留了"SKODA"，下面增加了"AU-

图 2-89　2013 款斯柯达速派旅行版

TO"。巨大的圆环象征着斯柯达为全世界生产无可挑剔的产品；鸟翼象征着技术进步的产品行销全世界；向右飞行着的箭头，象征着先进的工艺和该公司无限的创造性；外环中朱黑的颜色象征着斯柯达公司百余年的传统；中央铺着的绿色，则表达了斯柯达人对资源再生和环境保护的重视，也象征着企业的无限生命力，喻示这家百年老厂将焕发青春。

5）西亚特。西亚特（Seat）是西班牙最大的汽车公司，1950 年成立于巴塞罗那，现为德国大众汽车公司子公司。

西亚特汽车公司成立之初，以生产意大利菲亚特汽车公司的车型为主，在西班牙汽车市场占有率曾达到 60%，到 20 世纪 70 年代，其市场占有率下降到 33%，亏损严重。1983 年，德国大众汽车公司买下了西亚特的大部分股份，与西班牙政府共同经营西亚特汽车公司。

西亚特归属大众后，得到大众资金与技术的支持，它采用大众的零部件，有些车型的底盘、转向及悬架系统由大众设计，经营状态日趋好转。到 20 世纪 90 年代初，西亚特汽车年产量已达 36 万辆以上，成为西班牙效益最好的汽车公司。

目前，西亚特多是以中、小型轿车为主，比较知名的车型有科多巴（Cordoba）和伊比萨（Ibiza）（图 2-91）等。

a)　　　　　　　b)

图 2-90　斯柯达车标
a）旧车标　b）新车标

图 2-91　西亚特 Ibiza

西亚特车标（图2-92）为"S"形状，与公司"Seat"的首字母相同。

6）布加迪。布加迪（Bugatti）汽车属顶级豪华跑车，创立于1909年，原属意大利品牌，1998年被大众收购。布加迪汽车经典设计产生于20世纪20年代。布加迪汽车的最大特点是艺术美，它把艺术与汽车设计完美结合的程度无人能比。布加迪品牌是世界汽车设计史上一座重要的里程碑。

图2-92　西亚特车标

从1909年至1956年的47年间，布加迪共生产了7950辆汽车。每辆车中蕴含的无以比拟的工艺、梦幻般的车身设计，无不彰显美学的魅力，使它真正成为收藏中的极品。

1998年，德国大众公司买下了布加迪的品牌所有权。大众的这一举动，并非仅仅向布加迪注入新的生命，而是要让布加迪式的完美重返汽车工业。1998年，在巴黎国际车展上推出的EB118，标志着大众汽车集团迈出再造布加迪神话的第一步。

布加迪车标（图2-93）是意大利语布加迪（Bugatti）的拼音，上部为EB，周围一圈小圆点象征球轴承，底色为红色。

7）宾利。宾利（也译为本特利）汽车公司（Bentley Motors Ltd）原是英国一家独立的汽车公司，创建于1909年，创始人是沃尔特·欧文·宾利（Walter Owen Bently）（图2-94），业内同仁都称他为"WO先生"。1933年，公司被劳斯莱斯公司收购，成为劳斯莱斯公司下属的宾利跑车部。1999年，宾利成为大众集团的一个品牌。

图2-93　布加迪车标

宾利从1920年开始设计制造他多年来梦寐以求的运动车。宾利运动车在1923—1929年期间的勒芒24小时耐力赛中大获成功。宾利轿车主要是为了满足富有的年轻人追求高速驾驶、寻求刺激的需要。宾利车型如图2-95所示。

宾利汽车公司标志（图2-96）是插图师葛登·克鲁斯比为宾利汽车设计的，中间以公司名的第一个字母"B"为主体，生出一对翅膀，似凌空翱翔的雄鹰，喻示着宾利汽车公司在全球范围内的无限发展能力。

图2-94　沃尔特·欧文·宾利

图2-95　宾利轿跑车欧陆2012款

图2-96　宾利车标

4. 宝马汽车公司

（1）概述

宝马（BMW）汽车公司是以生产豪华汽车、摩托车和高性能发动机而闻名于世的汽车企业。它和奔驰汽车公司一样，不追求汽车产量的扩大，只追求生产高品质、高性能和高级别的汽车。"坐奔驰，开宝马"的说法，表明了奔驰的稳重和宝马的豪放。只有开宝马车，才能享受到它那痛快淋漓的神奇风采。

BMW 是巴依尔发动机厂（Bayerische Motoren Werke）的缩写，它成立于 1916 年，总部设在德国慕尼黑。BMW 开始是生产飞机发动机的，现在看到的宝马轿车上那个蓝白相间的圆形商标就是源于那个时代，当时这种标志装在发动机上，表示蓝天白云中旋转着的螺旋桨。BMW 的发动机设计不仅在过去，在今天也仍然处在世界前列，被广泛应用在各个领域。

由于飞机发动机的销量有限，公司为了生存，于 1923 年开始生产摩托车，同时开始筹划生产汽车。1928 年，BMW 收购了当时在德国很有名的迪克森汽车公司。1929 年，BMW 的标志开始挂在迪克森汽车上。真正的宝马汽车则是从 1931 年开始出现的（图 2-97a），它的车头设计了两个卵形散热器罩，到 20 世纪 60 年代又演变成两个矩形，这种设计成为宝马轿车独特的传统造型。

在第二次世界大战中，BMW 公司转向生产军工产品，它的发动机被用在飞机和坦克上，生产的车也变成了军用车。1951 年，公司才又重新开始生产轿车（图 2-97b）。

a)

b)

图 2-97　1931 年和 1951 年生产的宝马轿车

宝马作为国际汽车市场上的重要成员相当活跃，其业务遍及全世界 120 个国家。宝马汽车主要有 3、5、7 等系列轿车、双座敞篷跑车以及 SUV 等。其中 3 系列（图 2-98）和 5 系列（图 2-99）是主要车系，7 系列是豪华型高级轿车（图 2-100）。

图 2-98　宝马 3 系列

图 2-99　宝马 5 系列

(2)公司主要品牌及车标

宝马汽车公司旗下拥有宝马（BMW）、劳斯莱斯（Rolls-Royce）和迷你（MINI）等汽车品牌。

1）宝马。宝马汽车标志（图2-101）中间的蓝白相间图案代表蓝天，白云和旋转不停的螺旋桨，喻示宝马公司源远流长的

图2-100 宝马7系列豪华型高级轿车

历史，象征该公司过去在航空发动机技术方面的领先地位，又象征公司一贯的宗旨和目标：在广阔的时空中，以先进的精湛技术、最新的观念，满足顾客的最大愿望，反映了公司蓬勃向上的气势和日新月异的新面貌。

2）劳斯莱斯。劳斯莱斯汽车公司又叫罗尔斯—罗伊斯（Rolls-Royce）汽车公司，以"贵族化"而享誉全球。劳斯莱斯汽车制作精细，材质优良，年产量只有几千辆，连世界大汽车公司产量的零头都不够。但从另一角度看，却物以稀为贵。劳斯莱斯轿车之所以成为显示地位和身份的象征，是因为该公司要审查轿车的购买者的身份及背景条件。曾经有过这样的规定：只有贵族身份才能成为其车主。

图2-101 宝马车标

劳斯莱斯汽车公司是在1904年由弗里德瑞克·罗依斯（Frederick Royce）和查尔斯·罗尔斯（Charles Rolls）合作（图2-102）创建的。虽然两人的出身、爱好和性格完全不同，但对汽车事业的执着和向往，使他们成为一对出色的搭档。两位创始人的"创造世界上最好的汽车"的追求，一直是劳斯莱斯最高的经营宗旨（图2-103）。

大众曾于1998年购买了英国的劳斯莱斯轿车有限公司。从2003年起，劳斯莱斯品牌归宝马公司所有。

图2-102 查尔斯·罗尔斯和弗里德瑞克·罗依斯　　图2-103 1904年生产的劳斯莱斯

劳斯莱斯汽车的标志（图2-104a）图案以两个重叠"RR"为中心，上方写有罗尔斯（Rolls）的名字，下方是罗依斯（Royce）的名字。该车标象征着你中有我，我中有你，体现了罗依斯、罗尔斯两人融洽及和谐的关系。

劳斯莱斯汽车的标志除了双R之外，还有著名的飞翔女神标志（图2-104b）。这个标志的创意，取自巴黎卢浮宫艺术品走廊的一尊有两千多年历史的胜利女神雕像，她庄重高贵的身姿是艺术家们产生激情的源泉。当汽车艺术品大师查尔斯·塞克斯应邀为劳斯莱斯汽车公

司设计标志时，深深印在他脑海中的女神像立刻使他产生创作灵感，于是一个两臂后伸、身带披纱的女神像飘然而至。

劳斯莱斯是汽车王国雍容高贵的唯一标志。劳斯莱斯坚持着它手工制造车身的传统，其经典特点包括长发动机舱盖、短前悬和长后悬。长轴距造就了宽敞的内部空间，垂直式的车前罩和高灯相呼应，为它增添了卓越不凡的气质（图2-105）。

图2-104 劳斯莱斯车标
a) 双R标志　b) 飞翔女神标志

图2-105 劳斯莱斯王室名车

3）迷你。宝马公司为新一代迷你（MINI）定义了一个全新的细分市场：高档小型车市场。目前最为畅销的是MINI COOPER（图2-106）。

迷你汽车使用的标志（图2-107）是一个两侧插上翅膀的车轮，图标中间采用的是MINI这个悦耳而又响亮的名字。

图2-106 新款MINI COOPER　　　　图2-107 迷你车标

5. 保时捷汽车公司

（1）概述

保时捷（Porsche）汽车公司于1931年成立，又被人称作波尔舍。创始人是闻名世界的汽车设计大师费迪南德·波尔舍博士，他把自己的毕生精力都献给了汽车事业。公司总部位于德国的斯图加特，目前已归入大众汽车旗下。

费迪南德·波尔舍以及他的儿子费利·波尔舍（Ferry Porsche）（图2-108）、孙子亚历山大·波尔舍（Alexander Porsche）（图2-109）都是举世闻名的汽车设计大师，他们三代人推出的跑车产品风靡全球。保时捷356、804、904、911都是名噪一时的运动车。图2-110所示为多次取得赛车冠军的911型跑车。

（2）公司主要品牌及其车标

保时捷汽车公司的标志（图2-111）采用斯图加特市的盾形市徽。中间的黑马表明这里

图 2-108　费利·波尔舍和他设计的保时捷 356

图 2-109　亚历山大·波尔舍和他设计的保时捷 911

早在 16 世纪就以盛产名马闻名，上面有 STUTTGART（斯图加特）字样。背景上的鹿角告诉了人们这里曾是狩猎场，金黄的底色则表示丰收在望的麦子，黑红相间的条纹分别代表肥沃的土地和人们的智慧，公司名称在上方最显眼的地方，勾画了一幅美好的田园景色，象征着公司辉煌的过去和美好的未来。

图 2-110　保时捷 911 2012 款 Carrera 3.4L　　　图 2-111　保时捷车标

（二）法国汽车公司及其品牌

1. 标致雪铁龙集团

（1）概述

标致雪铁龙集团（PSA）是欧洲第二大汽车制造厂商。1976 年，标致汽车公司吞并了历史悠久的雪铁龙公司，从而成为一家以生产汽车为主，兼营机械加工、运输、金融和服务业的跨国工业集团，成为法国最大的汽车企业集团。

目前，标致雪铁龙集团拥有标致和雪铁龙两大品牌。标致汽车公司和雪铁龙汽车公司各自拥有很大的经营独立性，它们有不同的销售网络，不同的商务运作，也有不同的产品。

（2）标致汽车公司

标致（Peugeot）汽车公司是法国最大的汽车公司，创始人是阿尔芒·标致（图2-112）。1889年，标致兄弟把一台蒸汽机放置在一辆双座的三轮车上（图2-113），向世人宣示其进军汽车制造的野心。1890年，标致兄弟成功开发出一辆搭载戴姆勒汽油机的四轮汽车，也是法国的第一辆汽油车（图2-114）。1896年，标致汽车公司（Societe des Automobiles Peugeot）正式成立，总部设在法国巴黎。

图2-112　阿尔芒·标致

图2-113　1889年的标致三轮蒸汽车

图2-114　1890年生产的法国第一辆汽油车

标致汽车公司创始之初以生产自行车和三轮车为主，1891年开始涉足汽车领域并取得成功。由于不断采用新技术，公司的产量与日俱增，第一次世界大战前，产量达到12000辆，到了20世纪的五六十年代，汽车产量在20年间猛增数十倍，成为法国第二大汽车公司。

1976年，标致汽车公司以自己的经济实力收购了经营不善的雪铁龙公司60%的股份，从而扩充了自己的实力，其汽车总产量超过雷诺汽车公司而居法国第一。

20世纪80年代，标致汽车公司在广州建立合资企业，将标致504、505型汽车输入中国。2003年在神龙富康生产线上生产标致307（图2-115），2005年又推出标致206。

目前，标致汽车公司标志（图2-116）是一只站着的雄狮。雄狮是标致家族的徽章，也是蒙贝利亚尔省的省徽。徽章既突出力量，又强调节奏，富有时代感，喻示着标致汽车像雄狮一样威武、敏捷，永远保持旺盛的生命力。

图2-115　标致307

图2-116　标致车标

标致汽车标志经历了一个漫长的演变过程,如图 2-117 所示。

图 2-117　标致车标的演变过程

a) 1850 年　b) 1882 年　c) 1927 年　d) 1936 年
e) 1950 年　f) 1960 年　g) 1971 年　h) 1980 年　i) 1998 年

(3) 雪铁龙汽车公司

雪铁龙 (Citroën) 汽车公司是法国第三大汽车公司,它创立于 1915 年,创始人是安德烈·雪铁龙 (图 2-118)。公司主要产品是小客车和轻型载货车,总部设在法国巴黎。

雪铁龙公司创立之初,正值第一次世界大战激战正酣,因而其产品主要是炮弹和军事设备。直到第一次世界大战结束,公司才开始从事汽车制造。1919 年 5 月,雪铁龙汽车公司的 A 型车 (图 2-119) 开始投产,从而拉开了雪铁龙汽车的生产序幕。1934 年,雪铁龙生产出法国第一辆前轮驱动汽车。雪铁龙汽车公司是法国最早采用流水线生产的公司,因而在它成立仅仅 6 年时,年产量即突破 100 万辆。

1976 年,雪铁龙汽车公司加入标致集团,成为法国标致雪铁龙集团 (PSA) 成员之一,但它仍然有很大的独立性,其经营活动仍然由自己把握。

图 2-118　安德烈·雪铁龙

雪铁龙的车名以其创始人安德烈·雪铁龙的姓氏命名。由于雪铁龙汽车公司前身为雪铁龙齿轮公司,所以其商标 (图 2-120) 用齿轮为背景,由人字形轮齿构成。它象征着人们密切合作,同心协力,步步高升。

2. 雷诺汽车公司

(1) 概述

雷诺汽车公司是法国第二大汽车公司,创立于 1898 年,创始人是被誉为"法国汽车工业之父"的路易斯·雷诺 (Louis Renault,图 2-121)。现今的雷诺汽车公司已成为以生产各种汽车为主，涉足发动机、农业机械、自动化设备、机床、电子业和塑料橡胶业的工业集团，公司总部设在法国比杨古（Billancourt）。

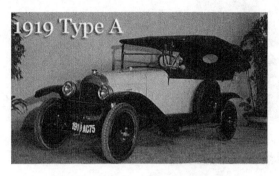

图 2-119　1919 年的雪铁龙 A 型车

图 2-120　雪铁龙车标

图 2-121　路易斯·雷诺和他生产的汽车

由于雷诺汽车公司本身有机床、自动化、电子分公司，因而雷诺的汽车生产设备非常先进，自动化程度很高。其电子技术成果能较快地应用到汽车上，也使雷诺公司在汽车技术上占有优势。

雷诺汽车公司汽车产品十分齐全，除小客车和载货汽车外，各种改装车、特种车应有尽有。雷诺汽车公司下设小客车、商用车、自动化设备和工业产品四个分部，统管国内外所有的子公司。

1999 年，雷诺公司以 54 亿美元的投资取得日产汽车公司 36.8% 的股份，组建雷诺日产汽车联盟。1999 年 9 月，雷诺汽车公司接手罗马尼亚的达契亚（Dacia）汽车公司，投资 2.2 亿美元振兴和开发这一东欧品牌。

雷诺汽车公司旗下拥有雷诺（Renault）和达契亚（Dacia）等汽车品牌，主要车系有风景（Scenic，图 2-122）、阿尔平（Alpine）、埃斯帕斯（Espace）和梅甘娜（Megane）等。

（2）公司主要品牌及车标

雷诺汽车的商标（图 2-123）采用四重菱形图案，它象征雷诺三兄弟和汽车工业融为一体，表示雷诺能在无限（四维）的空间里竞争、生存和发展；又表示雷诺汽车刚劲有力，加工尺寸精确，且与众不同。

（三）意大利汽车公司及其品牌

意大利的汽车企业主要就是菲亚特汽车公司，以下进行详细介绍。

图 2-122 雷诺风景

图 2-123 雷诺车标

（1）概述

1899 年 7 月 11 日，9 名意大利的企业家和皮埃蒙特贵族共同创建了"意大利都灵汽车制造厂"（Fabbrica Itaiana di Automobileli Torino），简称为 FIAT（菲亚特）。该厂是世界上最早生产小型轿车的汽车厂，至今仍以生产小型轿车为主。

它的厂址设在意大利都灵市，主要创始人是乔瓦尼·阿涅利（Giovanni Agnelli）。1923 年，菲亚特建成了当时欧洲最大的汽车装配厂，1936 年推出了菲亚特 500 型小轿车，它小巧玲珑而又经济实惠（图 2-124）。

目前，菲亚特集团轿车品牌主要包括菲亚特（Fiat）、法拉利（Ferrari）、阿尔法·罗密欧（Alfa Romeo）、蓝旗亚（Lancia）和玛莎拉蒂（Maserati）等。

图 2-124 菲亚特 500 型小轿车

以菲亚特为主的国际跨国公司依维柯（IVECO）成立于 1975 年，主要生产载货汽车和大客车。

2015 年，菲亚特合并了美国克莱斯勒公司，成为 FCA 集团。

（2）公司主要品牌及车标

1）菲亚特。菲亚特汽车公司的标志和车标几经变迁。最初是盾形的标志，自 1899 年创立意大利都灵汽车公司时开始使用。1901 年开始采用公司全称 4 个单词的第一个大写字母"FIAT"为商标，1906 年，乔瓦尼·阿涅利将厂名中的 4 个单词的首位字母组成商标"F·I·A·T"。1918 年公司决定，取消标点，并用大、小写两种字体作商标，即"Fiat"和"FIAT"，它的读音为"菲亚特"。1921 年，出现圆形 FIAT 车标。

1968 年，菲亚特汽车采用斜体"FIAT"4 个字母分开的标志（图 2-125），它像飞机在天空中飞行留下的轨道，越飞越高，象征该公司生产的汽车遍布世界五大洲。1980 年，开始使用 5 根短柱斜置平行排列的新商标，给人以整齐、规范和有力的感觉。为了庆祝公司的 100 年诞辰，1999 年菲亚特车标又统一被更新为圆形图案，月桂枝树叶环绕"FIAT"，表示菲亚特汽车公司的成功、荣誉和辉煌（图 2-126）。

2）蓝旗亚。蓝旗亚（Lancia）汽车公司由文森佐·蓝旗亚（Vincenzo Lancia）创立于意大利都灵市，1969 年加入菲亚特集团。

蓝旗亚汽车性能卓越，有品位，从不过分华丽。1907 年，蓝旗亚首次推出的高性能

Alpha 车型（图 2-127），在当时就已经是令人惊叹。蓝旗亚的设计师们不仅在汽车工程技术方面很有造诣，对于车型的外观设计也是追求至上。蓝旗亚汽车注重车身整体外形，关注主要部件和材料的挑选。

图 2-125　1968 年斜体 FIAT 车标

图 2-126　菲亚特车标

蓝旗亚汽车的标志（图 2-128）一是取自公司创始人之一文森佐·蓝旗亚的姓氏，二是"蓝旗亚"在意大利语中是长矛之意。最早的商标是在旗子的周围加上车轮形状的圆圈，20 世纪 50 年代才把图案置于盾形框架之中。标志以长矛画面为主题，代表了企业不畏艰难，勇于奋斗的精神，加上旗帜上的公司名"LANCIA"，简洁地体现出了"蓝旗亚"的全部意义，表现出蓝旗亚汽车公司争强好胜、勇于拼搏和创业的精神。

图 2-127　1907 年的蓝旗亚 Alpha

图 2-128　蓝旗亚车标

3）法拉利。法拉利（Ferrari）汽车公司是世界上最闻名的赛车和运动跑车的生产厂家，创建于 1929 年，最早是赛车俱乐部，即法拉利车队的前身。其创始人是世界赛车冠军、划时代的汽车设计大师恩佐·法拉利（Enzo Ferrari，图 2-129）。菲亚特公司拥有该公司 50% 股权，但该公司却能独立于菲亚特公司运营。法拉利汽车大部分采用手工制造，因而产量很低，年产量只有 4000 辆左右。公司总部在意大利的摩德纳（Modena）。

图 2-129　恩佐·法拉利

法拉利汽车公司的创始人恩佐·法拉利说，他最中意的赛车是他还没有造出来的赛车，他最大的成功是他还没有达到的成功。这位被誉为"赛车之父"的意大利人，嗜车如命的血液从小就在他的身上沸腾。当他 13 岁时，终于说服了父亲，开始了自己单独驾车的历史。赛车场上发动机的轰鸣声，比赛的惊险和刺激，使他越战越勇。他当时驾驶着阿尔法·罗密欧驰骋赛场，屡获胜利，被队友们誉为赛车队的"骑士"。他由参加赛车到组建赛车俱乐部，最后终于创建了自己的汽车公司。法拉利车型如图 2-130、图 2-131 所示。

图2-130　法拉利F40

图2-131　法拉利恩佐（Enzo）赛车

法拉利汽车的标志（图2-132）是一匹跃起的马。在第一次世界大战中，意大利有一位表现非常出色的战斗机飞行员弗朗西斯科·巴拉克（Fransesco Baracca），他的飞机上有个能给他带来好运气的立马标志。在1923年的一次比赛前夕，飞行员的父母建议将其儿子飞机上的立马标志作为法拉利驾驶的赛车的标志。法拉利在后来的各种比赛中连连获胜，这匹"立马"给他带来了好运。后来，这位飞行员战死了，马就变成了黑颜色，而底色选用公司所在地摩德纳的金丝雀颜色，藉以对故人的怀念。

4）阿尔法·罗密欧。阿尔法·罗密欧（Alfa Romeo）汽车公司是意大利高级轿车、跑车和赛车的制造商，建于1910年，从1946年起使用阿尔法·罗密欧的名称，公司总部设在意大利北部工业城市米兰。该公司从一开始就专门生产运动车和赛车，这些车均由意大利著名设计师设计，有浓烈的意大利风采、优雅的造型和超群的性能，在世界车坛上一直享有很高的声誉。它目前属于菲亚特的子公司，但仍保留它的商标。阿尔法·罗密欧车型如图2-133、图2-134所示。

图2-132　法拉利车标

图2-133　1910年生产的Torpedo

图2-134　1949年生产的Villa D'Este

阿尔法·罗密欧汽车的标志（图2-135）于20世纪30年代初就开始使用，采用了将"ALFA ROMEO"置于米兰市的市徽外圈上半部的商标，主要是为了纪念中世纪米兰的领主维斯康泰公爵及其家族。标志中的十字部分来源于十字军从米兰向外远征的故事，右边部分是米兰大公的徽章，关于蛇正在吞食撒拉迅人的图案有种种传说，其中之一是象征着维斯康泰的祖先曾经击退了使人民遭受苦难的"龙"。总之，这枚古老的徽章已名扬四海，成为当今的知名商标之一。

图2-135　阿尔法·罗密欧车标

5）玛莎拉蒂。意大利是跑车王国，亚平宁人特有的奔放性格，使得他们所钟爱的跑车同样激情四溢。很多人对于意大利跑车的认识都是从法拉利开始的，而对玛莎拉蒂跑车却不甚了解。其实，玛莎拉蒂的历史比法拉利还要早，更是比法拉利在赛场上先行取得过辉煌。

玛莎拉蒂（Maserati）汽车公司最早由玛莎拉蒂家族四兄弟于1914年在意大利的科隆纳创建，专门生产运动车，在欧洲具有很高的知名度。玛莎拉蒂运动车在设计上，将自己的传统风格与流行款式相结合，其外观造型、力学性能和舒适安全性等各方面，在运动车中都是一流的。

1939年，玛莎拉蒂汽车公司总部迁至意大利中北部靠近博洛尼亚的小城摩德纳（Modena），这里也是法拉利迁往马拉内罗之前的总部所在地。1975年，玛莎拉蒂汽车公司曾与德国托马索轿车公司联合，但仍保持各自的独立性。1989年，几经周折，它最终成为菲亚特汽车公司的子公司，品牌仍然保留。1999年11月，法拉利从其母公司菲亚特那里获得了玛莎拉蒂的控股权，在把它关闭了6个月之后以新产品重新打入市场。玛莎拉蒂车型如图2-136所示。

玛莎拉蒂汽车的标志（图2-137）为树叶形的底座置于一个椭圆中，其上放置一件三叉戟。相传，这个兵器是罗马神话中的海神纳丘（Neptune，在希腊神话中则称为波赛冬）手中的武器，它显示出海神巨大无比的威力。这个商标也是公司所在地意大利博洛尼亚市的市徽。该商标表示玛莎拉蒂牌汽车就像浩渺无限的大海咆哮澎湃，隐喻了玛莎拉蒂汽车的快速奔驰的潜力。

图2-136　玛莎拉蒂双门Coupe

图2-137　玛莎拉蒂车标

第四节　中国汽车

一、中国汽车发展概况

经过近年来的快速发展，我国汽车产品的质量提高，品种增加，产品全面更新换代，基本上满足了市场多层次的需要。目前我国已形成了一汽、东风、上汽等多个汽车产业集团，连续多年成为世界排名第一的汽车产销大国。

二、中国汽车公司及其品牌

中国汽车公司的产品中有很多是与国外汽车公司合资生产的国外品牌的汽车，其品牌和车标在前面分别进行了介绍，这里主要介绍国内几家拥有自主品牌的汽车公司及其车标。

（一）第一汽车集团及其车标

1. 概述

第一汽车集团是中国汽车工业的摇篮，前身是第一汽车制造厂（简称"一汽"），总部位于吉林省长春市，于 1953 年 7 月 15 日破土动工，毛泽东主席亲笔题名奠基。1956 年 7 月 15 日从一汽总装线（图 2-138）开出了由中国人自己制造的第一辆解放牌载货汽车。

图 2-138　第一辆解放牌载货汽车

多年来，一汽肩负中国汽车工业发展重任，经历了建厂创业、产品换型和工厂改造、上轻型车和轿车三次大规模的发展阶段。1991 年，一汽与德国大众汽车公司合资建立 15 万辆轿车基地；2002 年，与天津汽车工业（集团）有限公司联合重组，与日本丰田汽车公司实现合作。

目前，一汽集团旗下拥有解放、红旗等自主汽车品牌，在海外建立了五大地区性公司，出口各种商用车、乘用车。

2. 公司体系

（1）一汽大众汽车有限公司

一汽大众公司位于吉林长春，成立于 1991 年，是中国第一汽车集团公司和德国大众汽车股份公司及奥迪汽车股份公司合资经营的大型轿车生产企业，是我国第一个按经济规模起步的现代轿车工业基地。

1991 年 12 月 5 日，第一辆捷达轿车在一汽轿车厂下线；1996 年一汽大众公司全面建成投产；1997 年通过国家 15 万辆工程的验收；1998 年 4 月通过 ISO9001 质量体系认证；2004 年 12 月 7 日，一汽大众公司轿车二厂正式建成投产。

（2）天津一汽丰田汽车有限公司

天津一汽丰田汽车有限公司的前身是成立于 2000 年 6 月的天津丰田汽车有限公司。2002 年 8 月，一汽集团与丰田汽车公司签署了合作协议。

2002 年 10 月天津一汽丰田的第一款产品威驰（图 2-139）顺利下线。2005 年 3 月 21 日，作为丰田品牌旗舰产品的皇冠轿车在第二工厂下线。

（3）一汽轿车股份有限公司

一汽轿车股份有限公司（简称一汽轿车），是中国第一汽车集团的控股子公司，是中国轿车制造业首家股份制上市公司，由一汽集团公司主要从事红旗轿车整车及其配件生产的优质资产重组而成。其主要业务为开发、制造和销售轿车及其配件。公司主导产品为红旗系列轿车。

图 2-139　一汽丰田威驰

（4）一汽解放汽车有限公司

一汽解放汽车有限公司（简称一汽解放）成立于 2003 年 1 月 18 日，是中国第一汽车集团公司以原第一汽车制造厂主体专业厂为基础,以一汽技术中心为技术依托重新组建的中重型载货汽车制造企业,是一汽集团公司的全资子公司。

一汽解放的主导产品是解放品牌的中重型系列载货汽车。该系列产品包括普通载货汽车、自卸车、牵引车、半挂车、搅拌车、邮政车等500多个品种。解放品牌更是一汽乃至中国汽车工业完全拥有知识产权和产品开发能力的民族第一品牌。

3. 公司品牌与标志

(1) 一汽车标

一汽集团公司的车标(图2-140a)是由阿拉伯数字"1"和汉字"汽"两个字艺术化的组合,构成一只展翅翱翔在蔚蓝天空中的雄鹰。同时也是第一汽车集团公司打印在零部件上的一个产品商标。该标志既代表不断进取、展翅高飞的中国一汽精神,又表达了中国汽车工业冲出国门、走向世界的决心。近年增加采用的"1"字车标(图2-140b)以椭圆形为基本型,代表全球和天穹,以"1"字为视觉中心,代表"第一"的特征。

图2-140 一汽车标

(2) 红旗品牌及车标

"红旗"是中国轿车第一品牌。当年,全新的红旗CA770型轿车送到北京后,时任北京市长的彭真看到车上三面红旗车标的车标时说:"还是用象征毛泽东思想的一面红旗好。"后来请示上级,就把三面红旗的车标改为一面红旗(图2-141),象征着伟大的毛泽东思想。

图2-141 红旗车标

后来的红旗车又采用了毛主席手书的"红旗"字样作为标志。

(3) 解放品牌及车标

"解放"是毛泽东主席亲自命名的我国第一个汽车品牌。新中国的汽车历史是从解放牌载货汽车开始的。解放车标(图2-142)为毛主席为《解放日报》题词的"解放"二字的手写体。

图2-142 解放车标

(二) 东风汽车集团及其车标

1. 概述

东风汽车公司创立于1969年,前身是第二汽车制造厂(简称"二汽")。当时出于战备的考虑,选定厂址在湖北省十堰市,工厂布局也皆因战略需要而定。经过几十年艰苦不懈的奋斗,相继建成了十堰(主要以中、重型商用车、零部件、汽车装备事业为主)、襄樊(以轻型商用车、乘用车为主)和武汉(以乘用车为主)三大基地,1992年改名为东风汽车集团。

进入21世纪,东风公司积极推进与跨国公司的战略合作,先后扩大和提升与法国标致雪铁龙集团的合作;与日产公司进行全面合资重组;与本田公司拓展合作领域;整合重组了江苏悦达起亚公司等。东风汽车公司拥有"东风"自主汽车品牌。

2. 公司体系

(1) 东风汽车有限公司

2003年6月9日,由东风汽车公司与日产汽车公司合资组建的东风汽车有限公司正式成立，并于 2003 年 7 月 1 日正式运营。

东风汽车有限公司将是国内首家拥有全系列乘用车、商用车产品的中外合资汽车企业。它的乘用车将采用"日产"品牌，而商用车则主要采用"东风"品牌。

（2）东风汽车有限公司商用车公司

东风汽车有限公司商用车公司，作为东风汽车公司和日产汽车公司的合资企业——东风汽车有限公司的分支机构，是由东风汽车公司载货汽车公司的主要部分和东风柳州汽车公司、东风新疆汽车公司、东风杭州汽车公司、东风日产汽车公司、东风创普专用汽车厂、东风惠州汽车公司、深圳东风汽车公司、湖北神力锻造有限公司、湖南东风汽车销售服务联合公司等重组而成。产品覆盖载货汽车、客车、底盘、专用车、越野汽车、发动机、驾驶室及关键零部件，是我国规模最大的载货汽车工业基地之一。

东风品牌系列产品包括东风越野汽车、东风轻型载货汽车、东风重型载货汽车及东风客车等。

（3）东风汽车有限公司乘用车公司

2003 年 6 月 16 日，在原风神项目基础上，东风汽车有限公司成立了乘用车公司，总部位于广州花都，成为东风乘用车公司的主要生产基地、研发中心和管理总部。东风日产拥有花都和襄樊两个工厂，年生产能力为 25 万辆。

（4）神龙汽车有限公司

神龙汽车有限公司是中国东风汽车公司与法国标致雪铁龙集团等股东合资兴建的轿车生产经营企业，总部位于湖北武汉，成立于 1992 年 5 月。公司设计建设规模为年产 30 万辆轿车、40 万台发动机。

神龙公司下设一个工业事业部（包括技术中心）、两个商务部（东风标致商务部、东风雪铁龙商务部），分别在武汉、襄樊两地建有工厂。

（5）其他公司

东风集团旗下还有东风汽车股份有限公司、东风悦达-起亚汽车有限公司、东风本田汽车有限公司、东风康明斯发动机有限公司和东风电动车辆有限公司等企业，目前产品覆盖重、中、轻、轿系列以及新能源汽车。

3. 公司品牌及车标

东风汽车公司的车标（图 2-143）是以艺术变形的手法，取燕子凌空飞翔时的剪形尾翼作为图案基础，含义是双燕舞东风。东风汽车公司原名为第二汽车制造厂，二汽的"二"字寓意于双燕之中，外圆代表车轮，象征着东风牌汽车车轮不停地旋转。

图 2-143 东风车标

（三）上海汽车工业（集团）总公司

1. 概述

上海汽车工业集团总公司简称上汽集团，是中国汽车工业具有代表性的大型企业集团之一。2004 年已经跻身《财富》杂志世界 500 强企业行列。它主要生产轿车、摩托车、载货汽车、拖拉机、大型客车等整车及其零配件。

2. 公司体系

2004 年 11 月，上海汽车工业（集团）总公司将其与汽车产业链相关的资产和业务剥离，发起成立上海汽车集团股份有限公司，简称上汽集团股份，其下属企业包括整车、研发和服务贸易三个业务领域。

1）整车企业：上汽大众汽车有限公司、上汽通用汽车有限公司、上汽通用五菱汽车股份有限公司、上汽申沃客车有限公司、上汽依维柯红岩等。

2）研发：泛亚汽车技术中心有限公司、上海内燃机研究所、上海燃料电池汽车动力系统有限公司、上海汽车工业培训中心、上汽汽车工程研究所等。

3）服务贸易：上海汽车集团股份公司海外公司、上海汽车集团财务有限责任公司、上海汽车信息产业投资有限公司、上海汽车进出口公司、上海汽车工业销售总公司等。

3. 上汽集团产品系列

上汽集团旗下的品牌除合资的大众、斯柯达、别克、雪佛兰等外，还有自主的荣威、五菱等。

上汽通用五菱自主设计开发的微型商用车"五菱之光"（图 2-144），是中国微车发展史上市场成长最快的车型。

五菱汽车的标志（图 2-145）由五个鲜红的菱形组成，形似鲲鹏展翅，雄鹰翱翔。有上升、腾举之势，象征着五菱的事业不断发展。

图 2-144　五菱之光

图 2-145　五菱车标

（四）中国其他汽车公司

中国汽车工业经过近十几年的兼并重组，已形成一批实力较强的大型企业集团。除一汽、二汽、上汽以外，位居前列的企业还包括北汽集团、广汽集团、长安汽车、吉利集团、奇瑞集团等。另外，比亚迪汽车公司因其在电动汽车自主研发方面的优势已具有一定的影响力。

（1）北京汽车集团有限公司

北京汽车集团有限公司（简称"北汽集团"）是中国汽车行业骨干企业，也是最早的中外合资企业。公司旗下拥有北京汽车、北汽新能源、北汽越野车、昌河汽车、北汽福田、北京现代、北京奔驰、北汽研究总院等企业机构，图 2-146 所示为北汽集团的标志。

北汽新能源的主要车型如图 2-147 所示。

（2）长安汽车（集团）有限责任公司

长安汽车（集团）有限责任公司创建于 1995 年，由

图 2-146　北汽集团标志

图 2-147 北汽新能源 EX360

原长安机器制造厂和江陵机器厂合并而成,总部位于重庆市长江和嘉陵江两江汇合处,下辖重庆长安汽车股份有限公司、长安福特马自达汽车有限公司、长安福特马自达南京公司、长安福特马自达发动机公司等十余家公司,产业涉及整车、发动机、零部件、房地产等领域。

长安汽车的标志(图 2-148)以天体椭圆运行轨迹为基础,捕捉"长安"汉语拼音"CHANG'AN"中"C"和"A"两个关键字母作为其造型设计的基本元素,经过抽象、组合、变形而成一个永恒运行的天体、一个攀升的箭头、一个精致的转向盘,又如一辆轻巧的汽车奔驰于阡陌纵横的公路之上。

图 2-148 长安车标

(3)吉利控股集团有限公司

吉利控股集团有限公司总部设在浙江省杭州市,是一家以汽车及汽车零部件生产经营为主要产业的大型民营企业集团,始建于 1986 年,最初生产摩托车,1997 年进入汽车制造领域。凭借灵活的经营机制和不断的观念创新,快速成长为中国经济型轿车的主力品牌。

吉利集团旗下拥有吉利、领克等自主汽车品牌,还收购了瑞典沃尔沃(Volvo)汽车,成为其控股股东。

(4)奇瑞汽车有限公司

奇瑞汽车有限公司成立于 1997 年,前身是安徽汽车零部件公司,早期的主要产品有风云、旗云、QQ、东方之子、瑞虎等车型。

奇瑞的英文名称是 Chery,来源于英语单词 Cheery。"奇"在中文里有"特别的"之意,"瑞"有"吉祥如意"之意,合起来是"特别吉祥如意"的意思。

奇瑞汽车的标志(图 2-149)是英文字母 CAC 的一种艺术化变形;CAC 即英文 CHERY AUTOMOBILE CORPORATION LIMITED 的缩写,中文意为奇瑞汽车有限公司;标志中间 A 为一变体

图 2-149 奇瑞车标

的"人"字,预示着公司以人为本的经营理念;徽标两边的 C 字向上环绕,如同人的两个臂膀,象征着一种团结和力量,环绕成地球型的椭圆状;中间的 A 在椭圆上方的断开处向上延伸,寓意奇瑞公司发展无穷。

第五节 韩国汽车

(一)现代汽车公司

1. 概述

现代(Hyundai)汽车公司是韩国第一大汽车公司,成立于 1967 年 12 月,创始人是郑周永,公司总部设在韩国首尔。

1976 年,现代生产的小马(Pony)轿车(图 2-150)下线,意味着现代不断走向成熟。20 世纪 80 年代后,现代汽车公司垄断了韩国市场。1998 年,韩国现代汽车公司并购了韩国起亚(KIA)汽车公司。

现代汽车公司的产品包括小马(Pony)、伊兰特(Elantra)、索纳塔(Sonata)等车型。

2. 公司及汽车车标

现代车标(图 2-151),为现代汽车公司英文拼音 HYUNDAI 的第一个字母 H,其在椭圆中采用斜体 H,以便与日本本田商标区别开来。车标体现了腾飞的现代汽车公司这一概念,还象征了现代汽车公司在和谐与稳定中发展。车标中的椭圆既代表了汽车的转向盘,又可以视为地球,与其间的"H"结合在一起恰好象征现代汽车遍布全球。

图 2-150 1976 年生产的 Pony 轿车

图 2-151 现代车标

(二)起亚汽车公司

1. 概述

起亚(KIA)汽车公司成立于 1944 年 12 月,是韩国最早的汽车制造商,主要生产自行车及其零部件,从 1960 年开始生产摩托车和三轮货车,1971 年开始生产四轮汽车,1973 年率先在韩国生产汽油发动机。

起亚旗下有两个汽车公司,其中起亚汽车(Kia Motors)公司具有 100 万辆年生产能力,生产各种轿车和小型货车;亚细亚汽车(Asia Motors)公司具有 20 万辆的年生产能力,主要生产各种大中型客车、货车及各种特种车辆。1998 年,起亚汽车归入现代汽车公司旗下。

2. 公司及汽车车标

起亚车标(图 2-152)是英文"KIA",形似一

图 2-152 起亚车标

只飞鹰，象征公司如腾空飞翔的雄鹰。

【知识链接】

世界汽车城

1. 美国底特律：通用、福特和克莱斯勒三大汽车公司总部所在地，美国第五大城市。美国1/4的汽车产于这里。全城440万人口中约有90%的人靠汽车工业为生。
2. 日本丰田市：此城因丰田公司建于此而闻名于世，绰号"东洋底特律"。全城从业人员均服务于丰田汽车公司，年满20岁的职工即可分到一辆丰田汽车。丰田市的出口港是名古屋，建有世界第一的、最高容量为5万辆的丰田汽车专用码头。
3. 德国斯图加特：著名的戴姆勒-奔驰汽车公司所在地。全城人口60万，每年要接待14万来自世界各地的汽车用户和汽车商。
4. 意大利都灵：意大利最大汽车集团菲亚特公司总部所在地。全城人口120万，其中30多万人从事汽车工业，每年生产的汽车占意大利总产量的75%。
5. 德国沃尔夫斯堡：大众汽车公司所在地。
6. 日本东京：日产、三菱和五十铃汽车公司所在地。
7. 法国巴黎：标致和雪铁龙汽车公司所在地。
8. 美国伯明翰：利兰汽车公司所在地。
9. 德国吕塞尔海姆：欧宝汽车公司所在地。
10. 法国比杨古：雷诺汽车公司所在地。

本 章 小 结

本章详细介绍了日本车系、美国车系、欧洲车系、中国车系和韩国车系的发展概况，以及世界著名汽车公司的汽车品牌及其车标的丰富内涵。

【思考与习题】

1. 日本最大的汽车公司是哪家？由谁创建？日本"汽车之父"是指谁？
2. 美国最早的汽车公司是哪家？何时、何人创建？
3. 通用汽车公司拥有哪些品牌？各车标代表什么含义？
4. 福特车标有什么特点和含义？
5. 戴姆勒汽车公司生产的轿车为什么称为"梅赛德斯"轿车？
6. 宝马车标为什么采用蓝天白云螺旋桨？
7. 大众汽车公司生产的第一辆车叫什么名字？由谁设计而成？
8. 保时捷汽车公司主要生产哪些类型的汽车？其车标有何含义？
9. 法国标致雪铁龙汽车集团有哪些品牌？各产品的车标代表什么含义？
10. 法拉利汽车公司主要生产什么类型的汽车？为什么选择"跃马"作为车标？
11. 中国汽车自主品牌主要有哪些？各车标具体代表什么含义？
12. 韩国主要有哪些汽车品牌？各车标代表什么含义？

第三章

汽车结构原理

【学习目标】
1. 掌握汽车的总体结构和组成。
2. 了解发动机的类型。
3. 认识发动机两大机构五大系统的基本结构与原理。
4. 掌握汽车底盘传动系统、行驶系统、转向系统、制动系统的功用。
5. 认识传动系统、行驶系统、转向系统、制动系统的基本结构与原理。

第一节 汽车的总体构造

现代汽车一般都是由发动机、底盘、车身和电气设备等四部分组成的。图3-1所示为典型轿车的总体构造。

发动机是汽车的动力装置,作用是使燃料燃烧产生动力,然后通过底盘的传动系统驱动车轮使汽车行驶。发动机分为往复式活塞发动机和回转式活塞发动机两种,现代汽车广泛采用往复式活塞发动机。它一般由机体、曲柄连杆机构、配气机构、供给系统、冷却系统、润滑系统、点火系统(汽油发动机采用)和起动系统等部分组成。

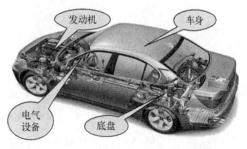

图3-1 典型轿车的总体构造

汽车底盘的作用是支承、安装汽车发动机及各部件、总成,形成汽车的整体造型,并接受发动机的动力,使汽车产生运动,保证正常行驶。底盘由传动系统、行驶系统、转向系统和制动系统四部分组成。

车身是驾驶人工作及容纳乘客的空间装置,也是存放货物的场所,要求它既要为驾驶人提供方便的操作条件,又要为乘客提供舒适的环境;既要保护全体乘员的安全,又要保证货物完好无损。也就是说,车身既是保安部件又是承载部件。在现代汽车中,车身又是技术与艺术有机结合的艺术品。轿车车身由本体、内外装饰和车身附件等组成。

电气设备是汽车的重要组成部分,它由电源、发动机点火系统(汽油机)和起动系统、照明和信号装置、仪表和报警系统、空调及辅助电器和电子控制系统等组成。对于高级轿车,更多地采用微处理器控制系统及各种人工智能装置等,从而显著提高了汽车的性能。

第二节 发动机的构造

发动机是汽车的动力源。迄今为止，除为数不多的电动汽车外，汽车发动机都是热能动力装置，或简称热机。在热机中借助工质的状态变化将燃料燃烧产生的热能转变为机械能。热机有内燃机和外燃机两种。内燃机是直接以燃料燃烧所生成的燃烧产物为工质的热机，包括活塞式内燃机和燃气轮机。外燃机则包括蒸汽机、汽轮机和热气机等。内燃机与外燃机相比，具有结构紧凑、体积小、质量轻和容易起动等许多优点。因此，内燃机尤其是活塞式内燃机，被广泛地用作汽车动力。

一、汽车发动机的类型

按活塞运动方式的不同，活塞式发动机可分为往复活塞式和旋转活塞式两种（图3-2）。

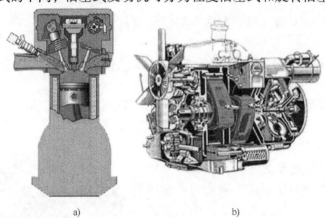

图3-2 发动机类型（一）
a）往复活塞式 b）旋转活塞式

根据所用燃料种类，活塞式内燃机主要分为汽油机、柴油机和气体燃料发动机三类。以汽油和柴油为燃料的活塞式内燃机，分别称作汽油机和柴油机（图3-3）。

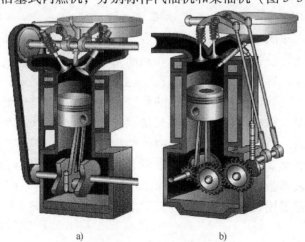

图3-3 发动机类型（二）
a）汽油机 b）柴油机

使用天然气、液化石油气和其他气体燃料的活塞式内燃机称作气体燃料发动机。汽油发动机主要使用在汽车、航空器上。柴油发动机主要使用在汽车、船、发电机上。气体燃料发动机主要使用在汽车上。

汽油机与柴油机的主要区别是，汽油机由火花塞点火燃烧做功，柴油机由喷油器将燃油喷入气缸后自行发火燃烧。

按冷却方式的不同，活塞式内燃机分为水冷式和风冷式两种。以水或冷却液为冷却介质的称作水冷式发动机，而以空气为冷却介质的则称作风冷式发动机（图3-4）。

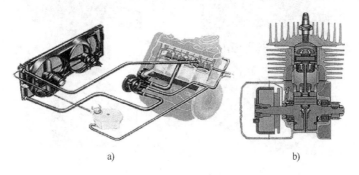

图3-4　发动机类型（三）
a）水冷发动机　b）风冷发动机

往复活塞式内燃机还按其在一个工作循环期间活塞往复运动的行程数进行分类。活塞式内燃机每完成一个工作循环，便对外做功一次，不断地完成工作循环，才能使热能连续地转变为机械能。在一个工作循环中活塞往复四个行程的内燃机称作四冲程往复活塞式内燃机，而活塞往复两个行程便完成一个工作循环的则称作二冲程往复活塞式内燃机。图3-5所示为四冲程往复活塞式内燃机和二冲程往复活塞式内燃机。

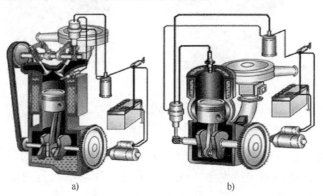

图3-5　发动机类型（四）
a）四冲程内燃机　b）二冲程内燃机

按照气缸数目分类可以分为单缸发动机和多缸发动机。仅有1个气缸的发动机称为单缸发动机；有2个以上气缸的发动机称为多缸发动机，如2缸、3缸、4缸、5缸、6缸、8缸、12缸等都是多缸发动机。现代车用发动机，大多采用4缸、6缸和8缸发动机（图3-6）。

内燃机按照气缸排列方式不同可以分为单列式和双列式（图3-7）。单列式发动机的各个气缸排成一列，一般是垂直布置的，但为了降低高度，有时也把气缸布置成倾斜的甚至水平的；双列式发动机把气缸排成两列，两列之间的夹角小于180度（一般为90度）称为V形发动机，若两列之间的夹角等于180度称为对置式发动机。

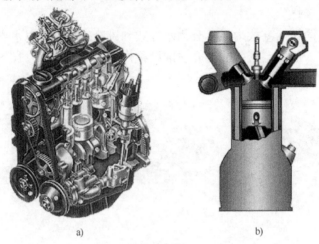

图3-6　发动机类型（五）
a）多缸发动机　b）单缸发动机

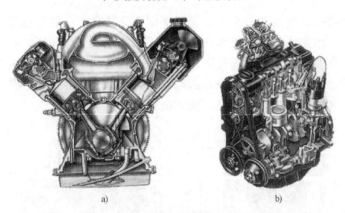

图3-7　发动机类型（六）
a）双列式　b）单列式

按进气状态不同，活塞式发动机还可分为增压和非增压两类（图3-8）。若进气是在接近大气状态下进行的，则为非增压发动机或自然吸气式发动机；若利用增压器将进气压力增高，进气密度增大，则为增压发动机。增压可以提高内燃机功率。

目前，应用最广、数量最多的汽车发动机为水冷、四冲程往复活塞式内燃机，其中汽油机用于轿车和轻型客、货车上，而大型客车和中、重型货车发动机多为柴油机。少数轿车和轻型客、货车发动机也有用柴油机的。以风冷或二冲程活塞式内燃机为动力的汽车为数不多。特别是从20世纪80年代起，在世界范围内，就不再有以二冲程活塞式内燃机为动力的轿车了。

图 3-8 发动机类型（七）
a）自然吸气（非增压式）发动机 b）强制进气（增压式）发动机

二、发动机的工作原理

往复活塞式内燃机的工作腔称作气缸，气缸内表面为圆柱形。在气缸内作往复运动的活塞通过活塞销与连杆的一端铰接，连杆的另一端则与曲轴相连，构成曲柄连杆机构，如图 3-9 所示。因此，当活塞在气缸内作往复运动时，连杆便推动曲轴旋转，或者相反。同时，工作腔的容积也在不断地由最小变到最大，再由最大变到最小，如此循环不已。气缸的顶端用气缸盖封闭。在气缸盖上装有进气门和排气门，进、排气门是头朝下尾朝上倒挂在气缸顶端的。通过进、排气门的开闭实现向气缸内充气和向气缸外排气。进、排气门的开闭由凸轮轴控制。凸轮轴由曲轴通过同步带或齿轮或链条驱动。进、排气门和凸轮轴以及其他一些零件共同组成配气机构。通常称这种结构形式的配气机构为顶置气门配气机构。现代汽车内燃机大多都采用顶置气门配气机构。构成气缸的零件称作气缸体，支承曲轴的零件称作曲轴箱，气缸体与曲轴箱的连铸体称作机体。

（一）发动机基本术语

如图 3-9 所示，活塞在气缸里作往复直线运动时，当活塞向上运动到最高位置，即活塞顶部距离曲轴旋转中心最远的极限位置，称为上止点；当活塞向下运动到最低位置，即活塞顶部距离曲轴旋转中心最近的极限位置，称为下止点；上、下止点之间的距离称为活塞行程，一般用 S 表示。对应一个活塞行程，曲轴旋转 180 度。

活塞从一个止点运动到另一个止点所扫过的容积，称为气缸工作容积。

多缸发动机各气缸工作容积的总和，称为发动机排量。

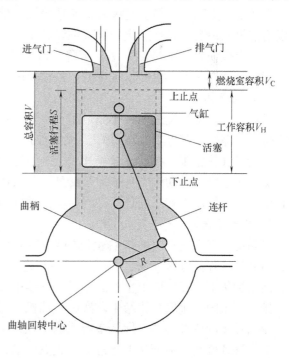

图 3-9 发动机工作示意图

活塞位于上止点时,其顶部与气缸盖之间的容积称为燃烧室容积。

压缩比是发动机中一个非常重要的概念,压缩比表示了气体的压缩程度,它是气体压缩前的容积与气体压缩后的容积之比值,即气缸总容积与燃烧室容积之比,一般用 ε 表示。

(二)发动机的工作过程

四冲程汽油发动机工作过程的基本原理是由德国工程师尼古拉斯·奥托奠定的,可描述如下:

四冲程汽油机的运转是按进气行程、压缩行程、做功行程和排气行程的顺序不断循环反复的。

1. 进气行程

由于曲轴的旋转,活塞从上止点向下止点运动,这时排气门关闭,进气门打开。进气过程开始时,活塞位于上止点,气缸内残存有上一循环未排净的废气,因此,气缸内的压力稍高于大气压力。随着活塞下移,气缸内容积增大,压力减小,当压力低于大气压时,在气缸内产生真空吸力,空气经空气滤清器并与供给系统供给的汽油混合成可燃混合气,通过进气门被吸入气缸,直至活塞向下运动到下止点。

实际汽油机的进气门在活塞到达上止点之前打开,并且延迟到下止点之后关闭,以便吸入更多的可燃混合气。

2. 压缩行程

曲轴继续旋转,活塞从下止点向上止点运动,这时进气门和排气门都关闭,气缸内成为封闭容积,可燃混合气受到压缩,压力和温度不断升高,当活塞到达上止点时压缩行程结束。压缩比越大,压缩终了时气缸内的压力和温度越高,则燃烧速度越快,发动机功率也越大。

但压缩比太高,容易引起爆燃。所谓爆燃,就是由于气体压力和温度过高,可燃混合气在没有点燃的情况下自行燃烧,且火焰以高于正常燃烧数倍的速度向外传播,造成尖锐的敲缸声。爆燃会使发动机过热,功率下降,汽油消耗量增加以及机件损坏。轻微爆燃是允许的,但强烈爆燃对发动机是很有害的。汽油机的压缩比一般为 6~10。

3. 做功行程

做功行程包括燃烧过程和膨胀过程,在这一行程中,进气门和排气门仍然保持关闭。当活塞位于压缩行程接近上止点(即点火提前角)位置时,火花塞产生电火花点燃可燃混合气,燃烧的气体膨胀,推动活塞从上止点向下止点运动,通过连杆使曲轴旋转并输出机械能,除了用于维持发动机本身继续运转外,其余用于对外做功。随着活塞向下运动,气缸内容积增加,气体压力和温度降低,当活塞运动到下止点时,做功行程结束。

4. 排气行程

可燃混合气在气缸内燃烧后生成的废气必须从气缸中排出去,以便进行下一个进气行程。当做功行程接近终了时,排气门开启,进气门仍然关闭,靠废气的压力先进行自由排气,活塞到达下止点再向上止点运动时,继续把废气强制排出到大气中去。活塞越过上止点后,排气门关闭,排气行程结束。实际汽油机的排气行程也是排气门提前打开,延迟关闭,以便排出更多的废气。由于燃烧室容积的存在,不可能将废气全部排出气缸。

曲轴继续旋转,活塞从上止点向下止点运动,又开始了下一个新的循环过程。可见,四冲程汽油机经过进气、压缩、做功、排气四个行程完成一个工作循环,这期间活塞在上、下止点往复运动了四个行程，相应的曲轴旋转了两圈。

三、发动机的总体构造

发动机是一种由许多机构和系统组成的复杂机器。无论是汽油机还是柴油机，无论是四冲程发动机还是二冲程发动机，无论是单缸发动机还是多缸发动机，要完成能量转换，实现工作循环，保证长时间连续正常工作，都必须具备以下一些机构和系统。

汽油机由两大机构和五大系统组成，即由曲柄连杆机构、配气机构、燃料供给系统、润滑系统、冷却系统、点火系统和起动系统组成；柴油机由两大机构和四大系统组成，即由曲柄连杆机构、配气机构、燃料供给系统、润滑系统、冷却系统和起动系统组成，柴油机是压燃的，不需要点火系统。

（一）曲柄连杆机构

如图3-10所示，曲柄连杆机构是发动机实现工作循环，完成能量转换的主要运动部件。它由机体组、活塞连杆组和曲轴飞轮组等组成。

1. 机体组

机体是构成发动机的骨架，是发动机各机构和各系统的安装基础，其内、外安装着发动机的所有主要零件和附件，承受各种载荷。因此，机体必须要有足够的强度和刚度。机体组主要由气缸体、曲轴箱、气缸盖和气缸垫等零件组成。

（1）气缸体

气缸体如图3-11所示。

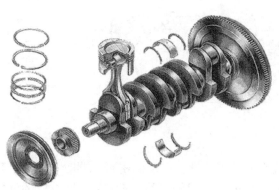

图3-10 曲柄连杆机构组成

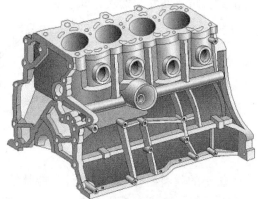

图3-11 气缸体

（2）曲轴箱

气缸体下部用来安装曲轴的部位称为曲轴箱，曲轴箱分上曲轴箱和下曲轴箱。上曲轴箱与气缸体铸成一体，下曲轴箱用来储存润滑油，并封闭上曲轴箱，故又称为油底壳（图3-12）。油底壳受力很小，一般采用薄钢板冲压而成，其形状取决于发动机的总体布置和机油的容量。油底壳

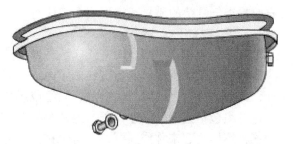

图3-12 油底壳

内装有稳油挡板，以防止汽车颠簸时油面波动过大。油底壳底部还装有放油螺塞，通常放油螺塞上装有永久磁铁，以吸附润滑油中的金属屑，减少发动机的磨损。在上、下曲轴箱接合面之间装有衬垫，防止润滑油泄漏。

（3）气缸盖

如图3-13所示，气缸盖安装在气缸体的上面，从上部密封气缸并构成燃烧室。它经常与高温、高压燃气相接触，因此承受很大的热负荷和机械负荷。水冷发动机的气缸盖内部制有冷却水套，缸盖下端面的冷却水孔与缸体的冷却水孔相通，利用循环水来冷却燃烧室等高温部分。

图3-13 气缸盖

气缸盖上还装有进、排气门座和气门导管孔，用于安装进、排气门，还有进气通道和排气通道等。汽油机的气缸盖上加工有安装火花塞的孔，而柴油机的气缸盖上加工有安装喷油器的孔。顶置凸轮轴式发动机的气缸盖上还加工有凸轮轴轴承孔，用以安装凸轮轴。

（4）气缸垫

如图3-14所示，气缸垫装在气缸盖和气缸体之间，其功用是保证气缸盖与气缸体接触面的密封，防止漏气、漏水和漏油。

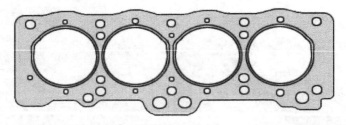

图3-14 气缸垫

气缸垫的材料要有一定的弹性，能补偿接合面的不平度，以确保密封，同时要有好的耐热性和耐压性，在高温高压下不烧损、不变形。目前，应用较多的是铜皮-石棉结构的气缸垫，由于铜皮-石棉气缸垫翻边处有三层铜皮，压紧时较之石棉不易变形。安装气缸垫时，首先要检查气缸垫的质量和完好程度，所有气缸垫上的孔要和气缸体上的孔对齐。

2. 活塞连杆组

活塞连杆组包括活塞、活塞环、活塞销、连杆组等，如图3-15所示。

活塞的主要功用是承受燃烧气体压力，并将此力通过活塞销传给连杆以推动曲轴旋转。此外，活塞顶部与气缸盖、气缸壁共同组成燃烧室。

连杆组包括连杆体、连杆盖、连杆螺栓和连杆轴承等零件。习惯上常常把连杆体、连杆盖和连杆螺栓合起来称作连杆，有时也称连杆体为连杆。

连杆组的功用是将活塞承受的力传给曲轴，并将活塞的往复运动转变为曲轴的旋转运

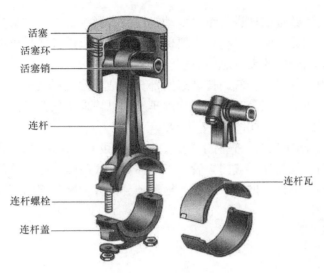

图 3-15 活塞连杆组

动。连杆小头与活塞销连接，同活塞一起作往复运动；连杆大头与曲柄销连接，同曲轴一起作旋转运动，因此在发动机工作时连杆作复杂的平面运动。连杆组主要受压缩、拉伸和弯曲等交变负荷。

3. 曲轴飞轮组

如图 3-16 所示，曲轴的功用是把活塞、连杆传来的气体压力转变为转矩，用以驱动汽车的传动系统和发动机的配气机构以及其他辅助装置。曲轴在周期性变化的气体力、惯性力及其力矩的共同作用下工作，承受弯曲和扭转交变载荷。因此，曲轴应有足够的抗弯曲、抗扭转的强度和刚度；轴颈应有足够大的承压表面和耐磨性；曲轴的质量应尽量小；对各轴颈的润滑应该充分。

图 3-16 曲轴飞轮组

对于四冲程发动机来说，每四个行程活塞做功一次，即只有做功行程做功，而排气、进气和压缩三个行程都要消耗功。因此，曲轴对外输出的转矩呈周期性变化，曲轴转速也不稳定。为了改善这种状况，在曲轴后端装置飞轮。飞轮是转动惯量很大的盘形零件，其作用如同一个能量存储器。在做功行程中发动机传输给曲轴的能量，除对外输出外，还有部分能量被飞轮吸收，从而使曲轴的转速不会升高很多。在排气、进气和压缩三个行程中，飞轮将其储存的能量释放出来补偿这三个行程所消耗的功，从而使曲轴转速不致降低太多。除此之外，飞轮还有下列功用：飞轮是摩擦式离合器的主动件；在飞轮轮缘上镶嵌有供起动发动机用的飞轮齿圈；在飞轮上还刻有上止点记号，用来校准点火正时或喷油正时以及调整气门间隙。

（二）配气机构

目前，四冲程汽车发动机都采用气门式配气机构。其功用是按照发动机的工作顺序和工作循环的要求，定时开启和关闭各缸的进、排气门，使新气进入气缸，废气从气缸排出。

进入气缸内的新气数量或称进气量对发动机性能的影响很大。进气量越多，发动机的有效功率和转矩越大。因此，配气机构首先要保证进气充分，进气量尽可能多；同时，废气要排除干净，因为气缸内残留的废气越多，进气量将会越少。

气门式配气机构由气门组和气门传动组两部分组成，每组的零件组成则与气门的位置、凸轮轴的位置和气门驱动形式等有关。现代汽车发动机均采用顶置气门，即进、排气门置于气缸盖内，倒挂在气缸顶上，如图3-17所示。

如图3-18所示，凸轮轴的位置有下置式、中置式和上置式3种。如图3-19所示，其中气门组零件包括气门、气门座、气门导管、气门弹簧、气门弹簧座和气门锁夹等；气门传动组零件则包括凸轮轴、挺柱、推杆、摇臂、摇臂轴、摇臂轴座和气门间隙调整螺钉等。

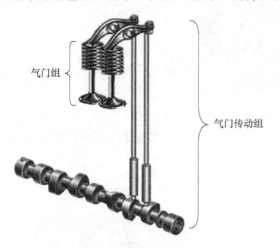

图3-17 配气机构组成

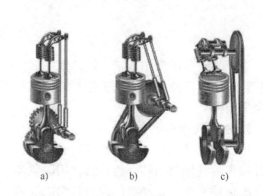

图3-18 凸轮轴位置
a) 凸轮轴下置式 b) 凸轮轴中置式 c) 凸轮轴上置式

四冲程发动机每完成一个工作循环，每个气缸进、排气一次。这时曲轴转两周，而凸轮轴只旋转一周，所以曲轴与凸轮轴的转速比或传动比为2:1。

(三) 燃油供给系统

汽油机所用的燃料是汽油，在进入气缸之前，汽油和空气已形成可燃混合气。可燃混合气进入气缸内被压缩，在接近压缩终了时点火燃烧而膨胀做功。可见汽油机进入气缸的是可燃混合气，压缩的也是可燃混合气，燃烧做功后将废气排出。因此，汽油供给系统的任务是根据发动机不同工况的要求，配制出一定数量和浓度的可燃混合气，供入气缸，最后还要把燃烧后的废气排出气缸。

1. 化油器式燃油供给系统

燃油供给系统的功用是根据发动机运转工况的需要，向发动机供给一定数量的清洁的雾化良好的汽油，以便与一定数量的空气混合形

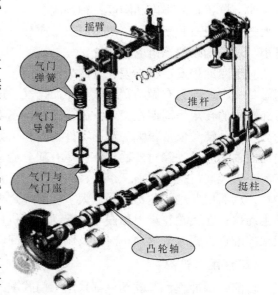

图3-19 气门组零件

成可燃混合气。同时，燃油系统还需要储存相当数量的汽油，以保证汽车有相当远的续驶里程。如图 3-20 所示，化油器式发动机燃油系统中最重要的部件是化油器，它是实现燃油系统功用、完成可燃混合气配制的主要装置。汽油自燃油箱流经燃油滤清器，滤去所含杂质后，被吸入燃油泵，燃油泵将燃油泵入化油器中，空气则经空气滤清器滤去灰尘后，流入化油器，汽油在化油器中雾化和蒸发，并与空气混合形成可燃混合气，经过进气管分配到各个气缸，混合气燃烧生成的废气经排气管与排气消声器被排到大气中。

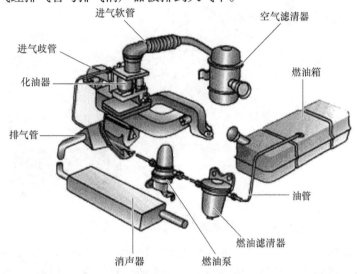

图 3-20　燃油供给系统的组成

　　汽车发动机的可燃混合气形成时间很短，从进气过程开始算起到压缩过程结束为止，总共也只有 0.01~0.02 秒的时间。要在这样短的时间内形成均匀的可燃混合气，关键在于汽油的雾化和蒸发。所谓雾化，就是将汽油分散成细小的油滴或油雾。良好的雾化可以大大增加汽油的蒸发表面积，从而提高汽油的蒸发速度。另外，混合气中汽油与空气的比例应符合发动机运转工况的需要。因此，混合气形成过程就是汽油雾化、蒸发以及与空气配比和混合的过程。化油器式燃油系统可燃混合气的形成过程如图 3-21 所示。

　　空气从上方流入，在喉管的燃料喷管处产生负压。由于这个负压与浮子室液面的压力差，燃料被吸出。所吸出油的流量一方面取决于负压的大小，另一方面取决于燃料调整量孔（主量孔）的大小。浮子室的压力近于大气压，在浮子和浮子针阀的作用下保持一定的油面高度。

　　只有主量孔的主供油系统的功用是保证发动机工作时，化油器所供给的混合气随着节气门开度的增大而逐渐变稀，但不能保证发动机在宽广的负荷范围内得到所需浓度的混合气。为此，除了在主供油系统中设置补偿装置外，还添加了各种辅助系统，有怠速系统、加浓系统、加速系统和起动系统等。

2. 电控汽油喷射式燃油供给系统

　　近年来，由于排放和节能的要求越来越严，化油器已无法满足要求，越来越多的汽油机采用电子控制汽油喷射式燃油供给系统。

　　（1）电控汽油喷射系统的优点

　　汽油喷射系统是在恒定的压力下，利用喷油器将一定数量的汽油直接喷入气缸或进气管道内的汽油机燃油供给装置。与化油器相比，汽油喷射系统具有下列优点：能根据发动机工况的变化供给最佳空燃比的混合气；供入各气缸内的混合气，其空燃比相同，数量相等；由于进气

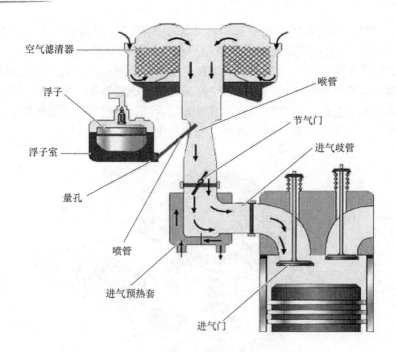

图 3-21 化油器式燃油系统可燃混合气形成过程

管道中没有狭窄的喉管，进气阻力小，充气性能好。因此，汽油喷射式发动机具有较高的动力性和经济性，良好的排放性。此外，发动机的振动有所减轻，汽车的加速性也有显著改善。

（2）汽油喷射系统类型

按汽油喷射系统的控制方法，分为机械控制式、电子控制式和机电混合控制式 3 种。近十年来，电子控制汽油喷射系统（以下简称电控汽油喷射系统）得到了迅速而又充分的发展，成本大幅度下降，使用可靠性和可维修性都达到了相当高的水平。

按喷射部位的不同，可分为缸内喷射和缸外喷射两种。缸内喷射是通过安装在气缸盖上的喷油器，将汽油直接喷入气缸内。这种喷射系统需要较高的喷射压力，约 3~5 兆帕。因而喷油器的结构和布置都比较复杂。缸外喷射系统是将喷油器安装在进气管或进气歧管上，以 0.20~0.35 兆帕的喷射压力将汽油喷入进气管或进气道内。

缸外喷射系统分进气管喷射和进气道喷射。进气管喷射系统的喷油器安装在节气门体上，而节气门体安装在进气歧管的上部，相当于化油器式发动机安装化油器的位置。因此，进气管喷射又称节气门体喷射（TBI）。由于一台发动机只装有 1 个或 2 个喷油器在节气门体上，所以又称这种喷射方式为单点喷射（SPI），如图 3-22a 所示。

如图 3-23 所示，电控汽油喷射系统（EFI）是以电子控制单元（ECU）为控制中心，并利用安装在发动机上的各种传感器测出发动机的各种运行参数，再按照 ECU 中预存的控制程序精确地控制喷油器的喷油量，使发动机在各种工况下都能获得最佳空燃比的可燃混合气。目前，各类汽车上所采用的电控汽油喷射系统在结构上往往有较大的差别，在控制原理及工作过程方面也各具特点。

（3）电控汽油喷射系统的组成和工作原理

德国博世公司设计生产的几种电子控制汽油喷射系统，已被广泛地用于各国生产的汽车上。此外，还有一些国家也研制开发了多种汽油喷射系统。尽管电子控制汽油喷射系统多种多样，但就其组成和工作原理而言却大同小异。主要的区别是电控单元的控制方式、控制范

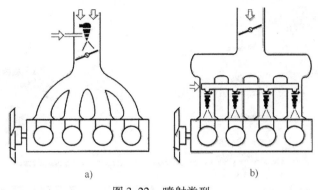

图 3-22 喷射类型
a) 单点喷射 b) 多点喷射

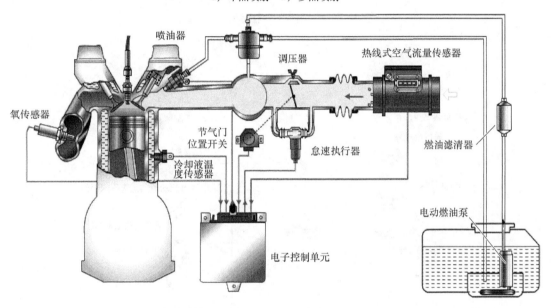

图 3-23 电控汽油喷射系统

围和控制程序不尽相同,所用传感器和执行元件的构造也有所差别。各类电子控制汽油喷射系统均可视为由燃油供给系统、进气系统和控制系统三个子系统组成。

1）如图 3-24 所示,电控汽油喷射系统的燃油供给系统由燃油箱、电动燃油泵、燃油滤清器、燃油分配管（油轨）、油压调节器、喷油器、冷起动喷嘴和输油管等组成,有的还设有油压脉动缓冲器。

燃油箱内的燃油被电动燃油泵吸出并加压至 0.35 兆帕左右,经燃油滤清器滤除杂质后被送至燃油分配管。燃油分配管与安装在各缸进气歧管上的喷油器相通。在燃油分配管的末端装有油压调节器,用来调节油压使其保持稳定,多余的燃油经回油管返回燃油箱。

2）各类电控汽油喷射系统的空气供给系统主要包括空气滤清器、空气流量传感器、节气门体及节气门位置传感器、怠速控制阀、进气总管、进气歧管等部件。

3）如图 3-25 所示,电控汽油喷射系统中的控制系统由电控单元、各种传感器、执行器,以及连接它们的控制电路所组成。不同类型的电控汽油喷射系统的控制功能、控制方式和控制电路的布置不完全一样,但基本原理相似。

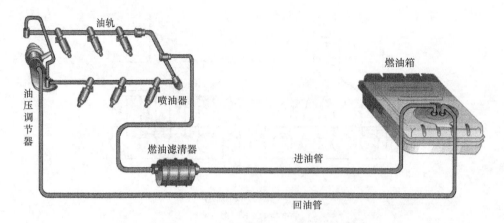

图 3-24 电控汽油喷射燃油供给系统

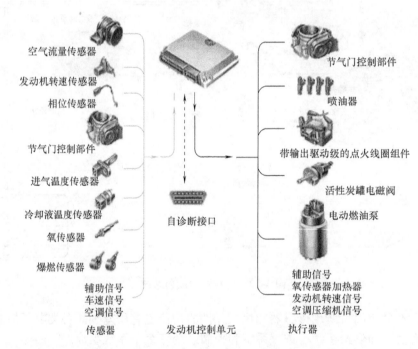

图 3-25 汽油喷射电子控制系统

(四) 冷却系统

发动机工作时,气缸内燃烧气体的温度高达 1927~2527 摄氏度 (汽油机),如果不对发动机采取必要的冷却措施,将不能保证其正常工作。冷却系统的主要功用是把受热零件吸收的部分热量及时散发出去,保证发动机在最适宜的温度状态下工作。

冷却系统按照冷却介质不同,可以分为风冷和水冷。把发动机中高温零件的热量直接散入大气而进行冷却的装置称为风冷系统。而把这些热量先传给冷却液,然后再散入大气而进行冷却的装置称为水冷系统。由于水冷系统冷却均匀,效果好,而且发动机运转噪声小,目前汽车发动机上广泛采用的是水冷系统。

汽车发动机的水冷系统均为强制循环水冷系统,构造如图 3-26 所示,即利用水泵提高冷却液的压力，强制冷却液在发动机中循环流动。这种系统包括水泵、散热器、冷却风扇、节温器、膨胀水箱、发动机机体和气缸盖中的水套以及其他附加装置等。

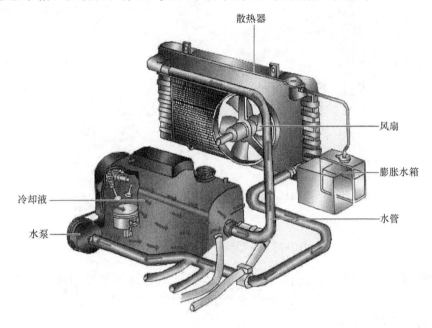

图 3-26　冷却系统构造示意图

冷却液在冷却系统中的循环路径如图 3-27 所示。冷却液在水泵中增压后，经分水管进入发动机的机体水套，冷却液从水套壁周围流过并从水套壁吸热而升温，然后向上流入气缸盖水套，从气缸盖水套壁吸热之后经节温器及散热器进水软管流入散热器。在散热器中，冷却液向流过散热器周围的空气散热而降温，最后冷却液经散热器出水软管返回水泵，如此循环不止。在汽车行驶或冷却风扇工作时，空气从散热器周围高速流过以增强对冷却液的冷却。铜制或不锈钢制的分水管或直接铸在机体上的分水道，沿其纵向开有出水孔，并与机体水套相通，离水泵越远出水孔越大，其数目通常与气缸数相同。分水管或分水道的作用是使多缸发动机各气缸的冷却强度均匀一致。

（五）润滑系统

发动机工作时，各运动零件均以一定的力作用在另一个零件上，并且发生高速的相对运动。有了相对运动，零件表面必然要产生摩擦，加速磨损。因此，为了减轻磨损，减小摩擦阻力，延长使用寿命，发动机上都必须有润滑系统。

润滑系统的功用就是在发动机工作时连续不断地把数量足够、温度适当的洁净机油输送到全部传动件的摩擦表面，并在摩擦表面之间形成油膜，实现液体摩擦，从而减小摩擦阻力、降低功率消耗、减轻机件磨损，以达到提高发动机工作可靠性和耐久性的目的。

由于发动机传动件的工作条件不尽相同，因此，对负荷及相对运动速度不同的传动件采用如下不同的润滑方式。

1）压力润滑。压力润滑是以一定的压力把机油供入摩擦表面的润滑方式。这种方式主要用于主轴承、连杆轴承及凸轮轴轴承等负荷较大的摩擦表面的润滑。

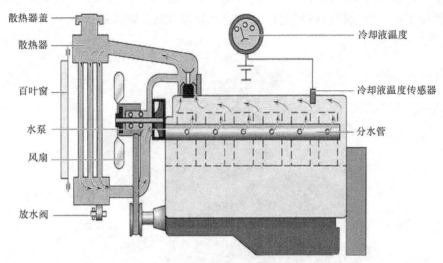

图 3-27 冷却系统工作原理示意图

2）飞溅润滑。利用发动机工作时运动件溅泼起来的油滴或油雾润滑摩擦表面的润滑方式，称为飞溅润滑。该方式主要用来润滑负荷较轻的气缸壁面和配气机构的凸轮、挺柱、气门杆和摇臂等零件的工作表面。

3）润滑脂润滑。通过润滑脂嘴定期加注润滑脂来润滑零件的工作表面，如水泵及发电机轴承等。

如图 3-28 所示，润滑系统由机油泵、机油滤清器、机油冷却器和集滤器等组成。此外，润滑系统还包括机油压力表、温度表和机油管道等。现代汽车发动机润滑系统的油路大致相同。

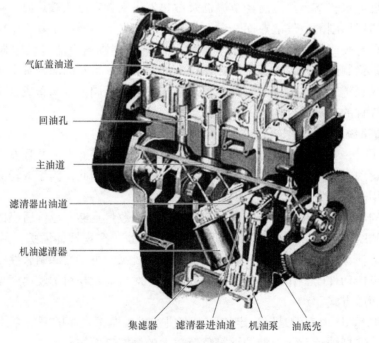

图 3-28 润滑系统结构

图 3-29 所示为桑塔纳 2000 轿车发动机润滑系统油路。发动机工作时，机油泵将油底壳内的机油经固定式集滤器初步滤掉较大的机械杂质后，进入滤清器进一步滤清，其大部分进入发动机主油道，另一小部分压力油首先进入凸轮轴的轴承，再进入气门机构，之后流回油底壳。进入主油道的压力油又分成两路：一路经曲轴内部油道进入连杆大端轴承，再经连杆油道进入小端轴承，最后回油底壳；另一路则进入中间轴的轴承，然后回油底壳。

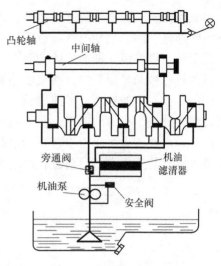

图 3-29 桑塔纳 2000 轿车发动机润滑系统油路

（六）汽油发动机点火系统

汽油机在压缩接近上止点时，可燃混合气是由火花塞点燃的，从而燃烧对外做功。因此，汽油机的燃烧室中都装有火花塞。火花塞有一个中心电极和一个侧电极，两电极之间是绝缘的。当在火花塞两电极间加上直流电压并且电压升高到一定值时，火花塞两电极之间的间隙就会被击穿而产生电火花，能够在火花塞两电极间产生电火花所需要的最低电压称为击穿电压；能够在火花塞两电极间产生电火花的全部设备称为发动机点火系统。

发动机点火系统按其组成和产生高压电方式的不同，可分为传统蓄电池点火系统（又称触点式）、电子点火系统（无触点式）和微机控制点火系统等。

1. 传统蓄电池点火系统

图 3-30 所示为传统蓄电池点火系统组成，以蓄电池和发电机为电源，借点火线圈和断电器的作用，将电源提供的 6 伏、12 伏或 24 伏的低压直流电转变为高压电，再通过分电器分配到各缸火花塞，使火花塞两电极之间产生电火花，点燃可燃混合气。

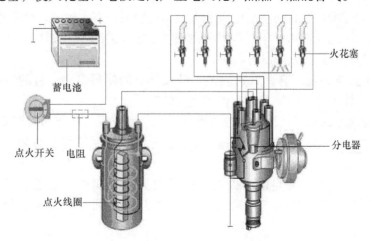

图 3-30 传统蓄电池点火系统组成

如图 3-31 所示，点火线圈由初级绕组（低压部分）和次级绕组（高压部分）组成。与初级绕组相连的是点火开关、断电器和电容器，与次级绕组相连的有配电器、高压线和火花塞。接通点火开关，发动机开始运转。发动机运转过程中，断电器凸轮不断旋转，使断电器触点不断地开、闭，当断电器触点闭合时，蓄电池的电流从蓄电池正极出发，经点火开关、点火线圈的初级绕组、断电器活动触点臂、触点、分电器壳体搭铁，流回蓄电池的负极。当断电器的触点被凸轮顶开时，初级电路被切断，点火线圈初级绕组中的电流迅速下降到零，绕组周围和铁心中的磁场也迅速衰减以至消失，因此在匝数多（15000～23000）、导线细的次级绕组中感应出很高的电压，使火花塞两极之间的间隙被击穿，产生火花。

传统蓄电池点火系统由于存在产生的高压电比较低、高速时工作不可靠、使用过程中需经常检查和维护等缺点，目前正在逐渐被电子点火系统和微机控制点火系统所取代。

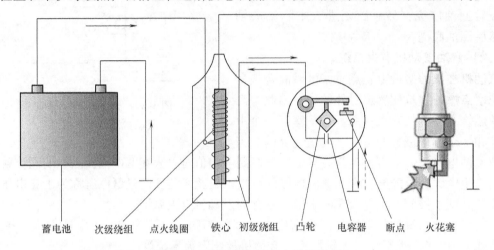

图 3-31　传统蓄电池点火系统原理

2. 电子点火系统

近年来，汽车发动机向着多缸、高转速、高压缩比的方向发展，人们还力图通过改善混合气的燃烧状况，以及燃用稀混合气，以达到减少排气污染和节约燃油的目的。这就要求汽车的点火系统能够提供足够高的次级电压、火花能量和最佳点火时刻。传统点火系统已经不能满足这些要求。因此，近几十年来各国都在积极探索改进途径，并研制了一系列的电子点火系统。这是因为电子点火系统具有以下优点。

1）可以减少触点火花，避免触点烧蚀，延长触点的使用寿命；有的还可以取消触点，因而克服了与触点相关的一切缺点，改善了点火性能。

2）可以不受触点的限制，增大初级电流，提高次级电压，改善发动机高速时的点火性能。一般传统点火系统的低压电流不超过 5 安，而电子点火系统可提高到 7～8 安，次级电压可达 30 千伏。

3）由于次级电压和点火能量的提高，使其对火花塞积炭不敏感，且可以加大火花塞电极间隙，点燃较稀的混合气，从而有利于改善发动机的动力性、经济性和排气净化性能。

4）大大减轻了对无线电的干扰。

5）结构简单，质量轻，体积小，使用和维修方便。

图 3-32 所示为无触点电子点火系统，它利用传感器代替断电器触点，产生点火信号，控制点火线圈的通断和点火系统的工作，可以克服与触点相关的一切缺点，在国内外汽车上

应用十分广泛。无触点电子点火系统主要由点火信号发生器（传感器）、点火控制器、点火线圈、分电器和火花塞等组成。其中，分电器主要包括配电器和离心提前装置、真空提前装置，它们的作用、结构和工作原理与传统点火系统对应部分完全相同。

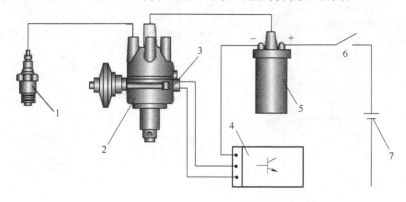

图 3-32　无触点电子点火系统
1—火花塞　2—分电器　3—点火信号发生器
4—点火控制器　5—点火线圈　6—点火开关　7—电源

3. 微机控制的点火系统

在 20 世纪 70 年代后期，随着计算机技术的飞速发展和发达国家对汽车排放限制及对其他性能要求的提高，微机开始在汽车上获得应用——用微机控制点火正时，形成微机控制点火系统。微机具有响应速度快、运算和控制精度高、抗干扰能力强等优点，特别是控制点火提前角的精度要高得多。

如图 3-33 所示，微机控制点火系统可以通过各种传感器感知多种因素对点火提前角的影响，使发动机在各种工况和使用条件下的点火提前角都与相应的最佳点火提前角接近。并且，它克服了传统点火系统离心点火提前调整装置和真空点火提前调整装置的缺陷，不存在机械磨损等问题，使点火系统的发展更趋完善，发动机的性能得到进一步改善和更加充分的发挥。因此，微机控制点火系统是继无触点的普通电子点火系统之后，点火系统发展的又一次飞跃。

（七）发动机起动系统

为了使静止的发动机进入工作状态，必须先用外力转动发动机曲轴，使活塞开始上下运动，气缸内吸入可燃混合气，并将其压缩、点燃，体积迅速膨胀产生强大的动力，推动活塞运动并带动曲轴旋转，发动机才能自动地进入工作循环。发动机的曲轴在外力作用下开始转动到发动机自动怠速运转的全过程，称为发动机的起动过程。完成起动所需要的装置叫起动系统。

发动机常用的起动方式有人力起动、电力起动机起动和辅助汽油机起动等多种形式。

汽车起动常以电动机作为动力源，如图 3-34 所示，当电动机轴上的驱动齿轮与发动机飞轮周缘上的环齿啮合时，电动机旋转时产生的电磁转矩通过飞轮传递给发动机的曲轴，使发动机起动。电力起动机简称起动机。它以蓄电池为电源，结构简单、操作方便、起动迅速可靠。目前，几乎所有的汽车发动机都采用电力起动机起动。

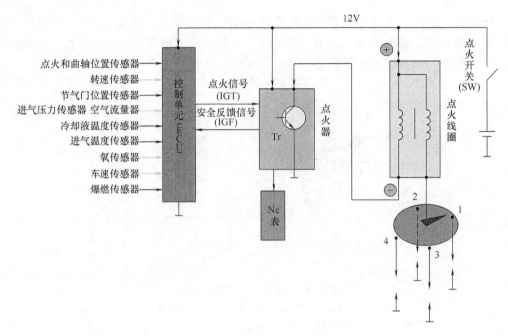

图 3-33 微机控制的点火系统

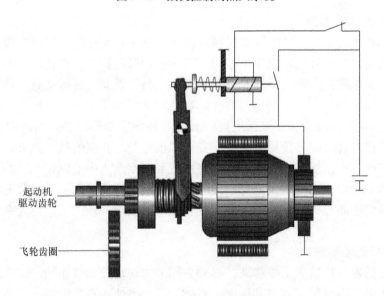

图 3-34 起动机工作示意图

第三节 汽车传动系统

汽车发动机发出的动力靠传动系统传递到驱动车轮,传动系统具有减速、变速、倒车、中断动力、轮间差速和轴间差速等功能。图 3-35 所示为汽车底盘的组成,由传动系统、行驶系统、转向系统和制动系统四部分组成。

图 3-36 所示为发动机纵向安装在汽车前部、后桥驱动的 4×2 汽车传动系统工作示意

图。发动机发出的动力经离合器（液力变矩器）、变速器（自动变速器）、万向传动装置传到驱动桥。在驱动桥处，动力经过主减速器、差速器和半轴传给驱动车轮。

图 3-35　汽车底盘组成

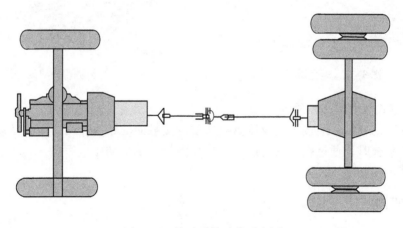

图 3-36　传动系统工作示意图

一、离合器

离合器装在发动机与变速器之间，汽车从起动到行驶的整个过程中，经常需要使用离合器。它的作用是使发动机与变速器之间能逐渐接合，从而保证汽车平稳起步；有时暂时切断发动机与变速器之间的联系，以便于换档和减少换档时的冲击；此外，当汽车紧急制动时能起分离作用，防止变速器等传动系统过载，起到一定的保护作用。

自动变速器的液力变矩器已经具有离合作用，而手动变速器的离合器主要是采用摩擦形式。目前，在汽车上广泛采用的是用弹簧压紧的摩擦式离合器（简称为摩擦式离合器）。

（一）摩擦式离合器结构

摩擦式离合器一般由主动部分、从动部分、压紧机构和操纵机构四部分组成，结构如图 3-37 所示。

主动部分包括飞轮、离合器盖、压盘等机件。这部分与发动机曲轴连在一起。离合器盖与飞轮靠螺栓联接，压盘与离合器盖之间是靠三四个传动片传递转矩的。

从动部分由单片、双片或多片从动盘组成（图3-38），它将主动部分通过摩擦传来的动力传给变速器的输入轴。从动盘由从动盘本体、摩擦片和从动盘毂三个基本部分组成。为了避免在转动方向的共振，缓和传动系统受到的冲击载荷，大多数汽车都在离合器的从动盘上附装有扭转减振器。

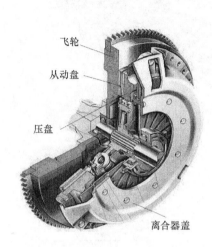

图3-37 离合器

图3-38 从动盘

（二）摩擦式离合器工作原理

发动机发出的转矩，通过飞轮及压盘与从动盘接触面的摩擦作用，传给从动盘。当驾驶人踩下离合器踏板时，通过机件的传递，使膜片弹簧大端带动压盘后移，此时从动部分与主动部分分离（图3-39）。

二、变速器

（一）变速器的功用

1）改变传动比，扩大驱动轮转矩和转速的变化范围，以适应经常变化的行驶条件，使发动机在较好工况下工作。

2）在发动机旋转方向不变的情况下，使汽车实现倒向行驶。

3）利用空档，中断动力传递，以使发动机能够起动、怠速运转和滑行等。

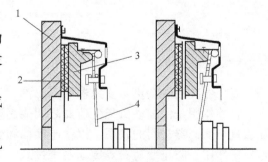

图3-39 摩擦式离合器工作原理
1—飞轮 2—从动盘 3—压盘
4—膜片弹簧

（二）变速器的分类

变速器按传动比变化情况可分为有级式、无级式和综合式三种。有级式变速器采用齿轮传动，具有若干个定值传动比。无级式变速器传动比可在一定范围内连续变化，多采用液力变矩器完成。综合式变速器是由液力变矩器和行星齿轮式变速器组成的液力机械式变速器，其传动比可在最大值和最小值之间的几个间断范围内作无级变化，目前的自动变速器多是这种类型。

（三）变速器的结构

普通变速器主要分为三轴变速器和二轴变速器两种，三轴变速器的前进档主要由输入轴（第一轴）、中间轴和输出轴（第二轴）组成。

二轴变速器的前进档主要由输入和输出两根轴组成（图3-40）。与传统的三轴变速器相比，由于省去了中间轴，在一般档位只经过一对齿轮就可以将输入轴的动力传至输出轴，传动效率要高一些，但是任何一档的传动效率又都不如三轴变速器直接档的传动效率高。

自动变速器的结构复杂，由变矩器、行星齿轮变速机构和电子-液压控制系统组成。它是通过各种液压多片离合器和制动器限制或接通行星齿轮组中的某些齿轮得到不同的传动比的，所以换档品质的好坏与这些离合器和制动器有直接

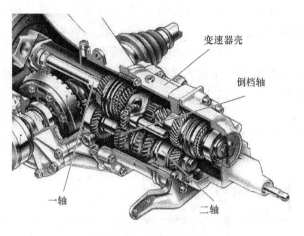

图 3-40　普通变速器

关系。根据汽车档次的不同，出于成本考虑，经济型车的自动变速器的控制机构通常被设计得较简单。

图 3-41 所示是奥迪 A4 的自动变速器。图中圆圈中的部分就是多片离合器式的行星齿轮制动机构。采用这种设计的自动变速器能获得很好的换档品质，换档时动作非常柔和，几乎感觉不到振动和换档冲击，但制造维护成本很高。

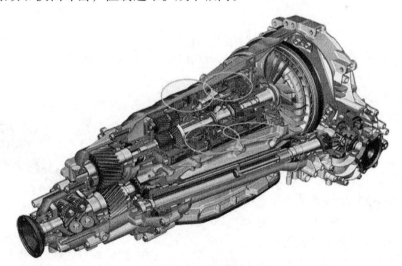

图 3-41　自动变速器结构

早期的自动变速器通常都是机械控制的，最多只有少量电子系统作为辅助。机械式的自动变速器液压油路结构复杂，成本高，而且耐用性差，需要经常维护，维修费用也高得出

111

奇。现代自动变速器基本上已经采用了电液一体化的设计。所谓电液一体化，就是指用电子方式控制液压油路。这样就省去了各种复杂的液压控制阀和控制管路，直接用电磁阀取代液压阀。电磁阀最大的好处就是布置方便，可靠性和响应速度高。我们完全可以想象，是布置复杂的液压回路容易一些还是布置电线容易一些？答案当然是后者。电液一体化变速控制除了上述优点以外，还有一个很大的好处就是控制方法更加智能化。因为电磁阀是直接与ECU相连的，ECU可以很容易地根据汽车的各种状态调整控制方式。不像纯液压控制那样，控制模式是固定不变的。因此，在很多配备了电液一体化式自动变速器的车上，有经济模式、运动模式和雪地模式可供选择。在经济模式下，ECU控制变速器在低转速换档，达到省油的目的；在运动模式下，ECU控制变速器在高转速换档，发挥发动机的动力性能；在雪地模式下，ECU控制自动变速器直接用2档起步，避免因轮胎打滑而失控。因此，这种电液控制的自动变速器给人的感觉就是非常智能化，非常"听话"。而这所有的控制模式只需要修改ECU程序就能实现，硬件方面不需要做任何改动，所以成本比传统自动变速器低，性能却更高。

三、万向传动装置

一般汽车的变速器、离合器和发动机三者合为一体装在车架上，驱动桥通过悬架与车架相连。在负荷变化及汽车在不平路面上行驶时引起的跳动，会使驱动桥输入轴与变速器输出轴之间的夹角和距离发生变化，因此变速器与驱动桥之间必须采用万向传动装置，如图3-42所示。

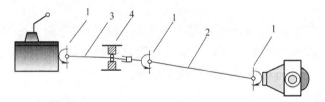

图3-42 万向传动装置组成示意图
1—万向节 2—传动轴 3—前传动轴 4—中间支承

万向传动装置的功用是能在轴间夹角和相对位置经常发生变化的转轴之间传递动力。万向传动装置主要由万向节、传动轴组成。对于传动距离较远的分段式传动轴，为了提高传动轴的刚度，还设置有中间支承。

汽车上最常用的万向节是十字轴式刚性万向节，允许相邻两轴的最大交角为15～20度。如图3-43所示，十字轴式万向节由一个十字轴、两个万向节叉和四个滚针轴承等组成。两个万向节叉（传动轴叉3和套筒叉6）

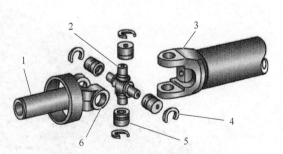

图3-43 十字轴式万向节滚针
1—套筒 2—十字轴 3—传动轴叉
4—卡环 5—滚针轴承 6—套筒叉

上的孔分别套在十字轴2的两对轴颈上。这样当主动轴转动时，从动轴既可随之转动，又可绕十字轴中心在任意方向摆动。在十字轴轴颈和万向节叉孔间装有滚针轴承5，滚针轴承外圈靠卡环轴向定位。为了润滑轴承，十字轴上一般安装有注油嘴并有油路通向轴颈。润滑油可从注油嘴注到十字轴轴颈的滚针轴承处。

十字轴式刚性万向节具有结构简单、传动效率高等优点，但在两轴夹角α不为零的情况下，不能传递等角速转动。

四、驱动桥

驱动桥由主减速器、差速器、半轴和驱动桥壳等组成。其主要功用是将万向传动装置传来的发动机动力经过降速，将增大的转矩分配到驱动车轮。

驱动桥一般可分为非断开式和断开式两种。图3-44所示为非断开式驱动桥，也称为整体式驱动桥，它由驱动桥壳1、主减速器（图中包括6、7）、差速器（图中包括2、3、4）和半轴5组成。驱动桥壳1由中间的主减速器壳和两边与之刚性连接的半轴套管组成，通过悬架与车身相连。两侧车轮安装在此刚性桥壳上，半轴与车轮不能在横向平面内作相对运动。

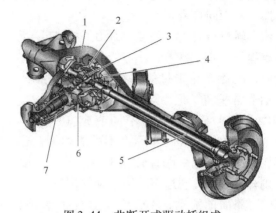

图3-44　非断开式驱动桥组成

1—驱动桥壳　2—差速器壳　3—差速器行星轮　4—差速器半轴齿轮
5—半轴　6—主减速器从动齿轮齿圈　7—主减速器主动小齿轮

输入驱动桥的动力首先传到主减速器主动小齿轮7，经主减速器减速后转矩增大，再经差速器分配给左右两半轴5，最后传至驱动车轮。

（一）主减速器

主减速器（图3-45）是汽车传动系统中减小转速、增大转矩的主要部件。对发动机纵置的汽车来说，主减速器还利用锥齿轮传动以改变动力方向。

汽车正常行驶时，发动机的转速通常在2000～3000转/分。如果这么高的转速只依靠变速器来降速，那么变速器内齿轮副的传动比则需很大，而齿轮副的传动比越大，两齿轮的半径比也越大，换句话说，也就是变速器的尺寸会越大。另外，转速下降，而转矩必然增加，也就加大了变速器与变速器后一级传动机构的传动负荷。因此，在动力向左右驱动轮分流的差速器之前设置一个主减速器，可使主减速器前面的传动部件如变速器、分动器、万向传动装置等传递的转矩减小，也可使变速器

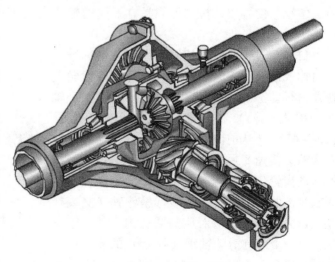

图3-45　主减速器

的尺寸、质量减小，操纵省力。

现代汽车的主减速器，广泛采用弧齿锥齿轮和双曲面齿轮。双曲面齿轮工作时，齿面间的压力和滑动较大，齿面油膜易被破坏，必须采用双曲面齿轮油润滑，绝不允许用普通齿轮油代替，否则将使齿面迅速擦伤和磨损，大大降低使用寿命。

（二）差速器

汽车差速器是一个差速传动机构，用来保证左右驱动轮在各种运动条件下的动力传递，避免轮胎与地面间打滑。

当汽车转弯行驶时，外侧车轮比内侧车轮所走过的路程长（图3-46）；汽车在不平路面上直线行驶时，两侧车轮走过的路径长短也不相等；即使路面非常平直，但由于轮胎制造尺寸偏差、磨损程度不同，承受的载荷不同或充气压力不等，各个轮胎的滚动半径实际上不可能相等，若两侧车轮都固定在同一刚性转轴上，两轮角速度相等，则车轮必然出现边滚动边滑动的现象。

车轮对路面的滑动，不仅会加速轮胎磨损、增加汽车的动力消耗，而且可能导致转向和制动性能的恶化。若主减速器从动齿轮通过一根整轴同时带动两侧驱动轮，则两侧车轮只能以同样的

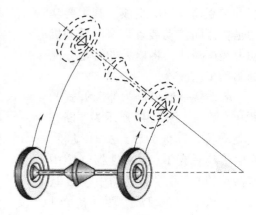

图3-46　差速作用

转速转动。为了保证两侧驱动轮处于纯滚动状态，就必须改用两根半轴分别连接两侧车轮，而由主减速器从动齿轮通过差速器分别驱动两侧半轴和车轮，使它们可用不同角速度旋转。这种装在同一驱动桥两侧驱动轮之间的差速器称为轮间差速器。

在多轴驱动汽车的各驱动桥之间，也存在类似问题。为了适应各驱动桥所处的不同路面情况，使各驱动桥有可能具有不同的输入角速度，可以在各驱动桥之间装设轴间差速器。

目前，国产轿车及其他类汽车基本都采用了对称式锥齿轮普通差速器。对称式锥齿轮差速器由行星轮、半轴齿轮、行星轮轴（十字轴或一根直销轴）和差速器左右外壳等组成（图3-47）。（从前向后看）左半差速器壳2和右半差速器壳8用螺栓固紧在一起。主减速器的从动齿轮7用螺栓（或铆钉）固定在差速器壳右半部的凸缘上。十字形行星轮轴9安装在差速器壳接合面处所对应的圆孔内，每个轴颈上套有一个带有滑动轴承（衬套）的直齿锥齿轮行星轮6，四个行星轮的左右两侧各与一个半

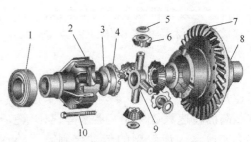

图3-47　差速器构造零件的分解

1—轴承　2—左外壳　3—垫片　4—半轴齿轮
5—垫圈　6—行星轮　7—从动齿轮
8—右外壳　9—十字轴　10—螺栓

轴齿轮4相啮合。半轴齿轮的轴颈支承在差速器壳左右相应的孔中，其内花键与半轴相连。与差速器壳一起转动（公转）的行星轮带动两侧的半轴齿轮转动，当两侧车轮所受阻力不同时，行星轮还要绕自身轴线转动——自转，从而实现对两侧车轮的差速驱动。

第四节 汽车行驶系统

汽车的车架、车桥、车轮和悬架等组成了汽车行驶系统,行驶系统的功用包括:接受传动系统的动力,通过驱动轮与路面的作用产生牵引力,使汽车正常行驶;承受汽车的总重量和地面的反力;缓和不平路面对车身造成的冲击,衰减汽车行驶中的振动,保持行驶的平顺性;与转向系统配合,保证汽车操纵稳定性。

一、车架

车架是汽车上各部件的安装基础,发动机、变速器、车身或驾驶室通过弹性支承安装于车架上;前、后桥通过悬架连接在汽车车架上;而转向器则直接安装在车架上。通常车架由纵梁和横梁组成。

目前,汽车车架按其结构形式主要可分为边梁式车架(图3-48)和中梁式车架两种。

车架承受着全车的大部分重量,在汽车行驶时,它承受来自装配在其上的各部件传来的力及其相应的力矩的作用。

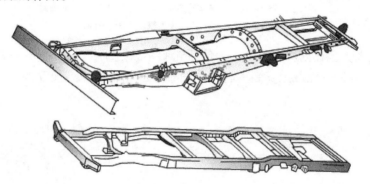

图 3-48 边梁式车架

二、车桥

车桥通过悬架与车架连接,支承着汽车大部分重量,并将车轮的牵引力或制动力,以及侧向力经悬架传给车架。为了便于与不同悬架相配合,汽车的车桥分为整体式和断开式两种。按使用功能划分,车桥又可分为转向桥、转向驱动桥、驱动桥和支持桥。驱动桥的内容已在传动系统中讲述过,这里主要介绍从动的转向桥(图3-49)。

三、车轮

车轮对汽车行驶性能有很重要的作用。它们的功用主要是支承汽车车体重量,缓和由于路面不平引起的冲击力;接受和传递制动力和驱动力;具有抵抗侧滑的能力,使汽车正常转向,保持汽车直线行驶。

辐板式车轮如图3-50所示。这种车轮由挡圈1、轮辋2、辐板3和气门嘴伸出口4组成。辐板3为钢质圆板,它将轮毂和轮辋连接为一体,大多是冲压制成的,少数与轮毂铸成一体。后者多用于重型汽车。辐板与轮辋是铆接或焊接在一起的,对于使用无内胎轮胎的车轮,宜采用焊接法,可提高轮辋的密封性。

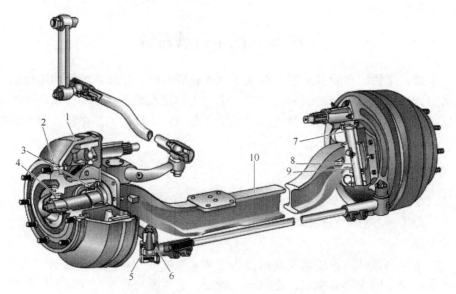

图 3-49 解放 CA10B 汽车转向桥
1—制动鼓 2—轮毂 3、4—轮毂轴承 5—万向节臂 6—油封
7—衬套 8—主销 9—推力轴承 10—前轴

货车后轴负荷大多比前轴大很多,为使后轮胎不致过载,后桥车轮一般安装双式车轮,如图 3-51 所示,在同一轮毂上安装两副相同的辐板和轮辋。为方便互换,辐板的螺栓两端面也做成锥形。

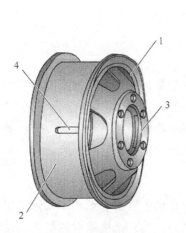

图 3-50 辐板式车轮
1—挡圈 2—轮辋 3—辐板 4—气门嘴伸出口

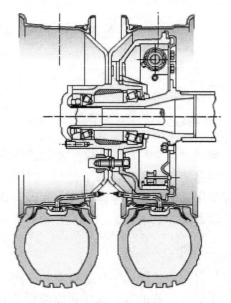

图 3-51 双式车轮

四、悬架

汽车车架(或车身)若直接安装于车桥(或车轮),由于道路不平,地面冲击使人会感

到十分不舒服。汽车悬架是车架（或车身）与车轴（或车轮）之间的弹性连接装置的统称。它的作用是弹性地连接车桥和车架（或车身），缓和行驶中车辆受到的冲击力；保证货物完好和人员舒适；衰减由于弹性系统引进的振动，使汽车行驶中保持稳定的姿势，改善操纵稳定性；传递垂直反力、纵向反力（牵引力和制动力）和侧向反力，以及这些力所造成的力矩作用到车架（或车身）上，以保证汽车行驶平顺；当车轮相对车架跳动时，特别在转向时，车轮运动轨迹要符合一定的要求，因此悬架还起使车轮按一定轨迹相对车身跳动的导向作用。

图 3-52 所示为钢板弹簧式非独立悬架。钢板弹簧中部被 U 形螺栓固定在车桥上，车架与钢板弹簧前端的吊耳 1 用固定铰链（也称死吊耳）连接，后端与活动铰链（也称活吊耳）连接。当车桥受到冲击，弹簧变形，使两吊耳间距离变化时，活吊耳可以摆动。

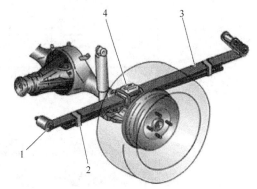

图 3-52　钢板弹簧式非独立悬架
1—吊耳　2—弹簧夹　3—钢板弹簧　4—中心螺栓

由于现代人对车辆乘坐舒适性及操纵稳定性的要求愈来愈高，所以非独立悬架系统已渐渐被淘汰。而独立悬架系统因其车轮触地性良好、乘坐舒适性及操纵稳定性大幅提升、左右两轮可自由运动、轮胎与地面的自由度大、车辆操控性较好等优点，目前被汽车厂家普遍采用。常见的独立悬架系统有多连杆式悬架系统、麦弗逊式悬架系统、拖曳臂式悬架系统等。特别是空气弹簧（悬架）系统，由于其能给客车、货车和挂车等商用车带来卓越的舒适性、优良的平顺性、更好的操纵稳定性，已被越来越多地应用在各类汽车中。

图 3-53 所示为机械控制模式的空气悬架系统。这种模式采用高度控制阀，随载荷的不同改变空气弹簧内的空气压力，从而保持车辆的高度。高度控制阀固定在车架上，通过控制杆与车桥相连。高度控制阀阀体内有两个阀，即通气源的充气阀和通大气的放气阀，这两个阀均由控制杆操纵。当车辆载荷增加，车桥移近车架时，控制杆上升，通过摇臂机构打开充气阀，压缩空气进入空气弹簧，使车架和车身升高，直到恢复车身与车桥的原定距离为止。当载荷减小，车桥远离车架时，控制杆下移，打开放气阀，则空气弹簧内的空气排入大气，车身和车架随即降低到原定数值。

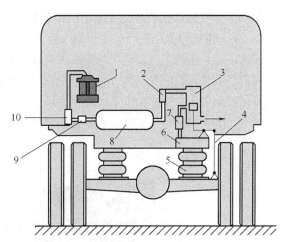

图 3-53　机械控制模式的空气悬架系统
1—压气机　2、7—空气滤清器　3—车身高度控制阀
4—控制杆　5—空气弹簧　6—储气罐　8—储气筒
9—压力调节器　10—油水分离器

图 3-54 所示为电子控制的空气悬架。该系统主要由电子控制单元、电磁阀、高度传感器和空气弹簧等部件组成。其基本工作原理是，高度传感器负责检测车辆高度（车

架与车桥之间的距离）的变化，并把这一信息传递给电控单元，除高度信息外，电控单元还接收其他的输入信息，如车速、制动、车门和供气压力信息等；然后电控单元综合所有的输入信息，判断当前车辆状态，按照其内部的控制逻辑，激发电磁阀工作，利用电磁阀实现对各个空气弹簧的充放气调节。

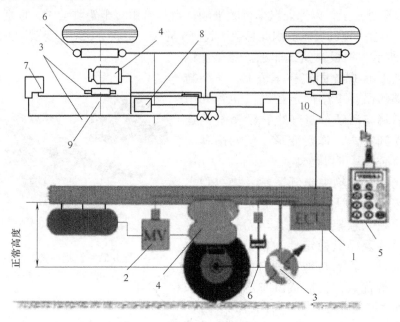

图 3-54　电子控制的空气悬架

1—电子控制单元　2—电磁阀　3—高度传感器　4—空气弹簧　5—控制终端
6—减振器　7—空气压缩机　8—速度传感器　9—后轴　10—前轴

目前，空气悬架在我国主要应用在客车上，其使用比例仅有 10% 左右，电子控制空气悬架更是不足 1%，市场容量还很小。电子空气悬架由于价格比普通空气悬架高 2~3 倍，而整车厂都在控制成本，对于悬架，只要空气弹簧高度可调就基本满足要求了，而并不需要昂贵的电控系统来自动调节。虽然，目前我国部分客车企业已经推出装配电子控制空气悬架的客车，但也仅在部分高档城市客车上，如快速公交系统客车。因此，在市场需求没有大幅提高，也没有法规强制安装的情况下，电子控制空气悬架的市场份额将增长缓慢。客车上的空气悬架如图 3-55 所示。

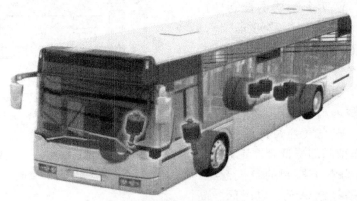

图 3-55　客车上的空气悬架

第五节　汽车转向系统

汽车在行驶中经常需要改变行驶方向。汽车上用来改变或恢复其行驶方向的专设机构称为汽车转向系统。

一、转向系统的基本组成

1）转向操纵机构主要由转向盘、转向轴和转向管柱等组成。

2）转向器将转向盘的转动变为转向摇臂的摆动或齿条轴的直线往复运动，并对转向操纵力进行放大。转向器一般固定在汽车车架或车身上，转向操纵力通过转向器后一般还会改变传动方向。

3）转向传动机构将转向器输出的力和运动传给车轮（转向节），并使左右车轮按一定关系进行偏转。

二、转向系统的类型及工作原理

按转向能源的不同，转向系统可分为机械转向系统和动力转向系统两大类。

1. 机械转向系统

机械转向系统是以驾驶人的体力（手力）作为转向能源的转向系统，其中所有传力件都是机械的。

图 3-56 所示是一种机械式转向系统。需要转向时，驾驶人对转向盘 1 施加一个转向力矩，该力矩通过转向轴 2 输入转向器 8，从转向盘到转向传动轴这一系列部件和零件即属于转向操纵机构。作为减速传动装置的转向器中有 1、2 级减速传动副，经转向器放大后的力和减速后的运动传到转向横拉杆 6，再传给固定于转向节 3 上的转向节臂 5，使转向节和它所支承的转向轮偏转，从而改变了汽车的行驶方向。这里，转向横拉杆和转向节臂属于转向传动机构。

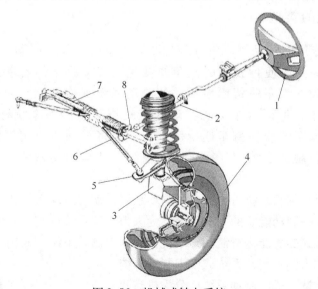

图 3-56　机械式转向系统

1—转向盘　2—转向轴　3—转向节　4—转向轮　5—转向节臂　6—转向横拉杆　7—转向减振器　8—转向器

2. 动力转向系统

动力转向系统是兼用驾驶人体力和发动机（或电动机）的动力为转向能源的转向系统，它是在机械转向系统的基础上加设一套转向加力装置而形成的。

图 3-57 所示为一种液压式动力转向系统。其中属于转向加力装置的部件是转向液泵 5、转向液管 4、转向液罐 6 以及位于整体式转向器 10 内部的转向控制阀及转向动力缸等。当驾驶人转动转向盘 1 时，转向摇臂 9 摆动，通过转向直拉杆 11、转向横拉杆 8、转向节臂 7，使转向轮偏转，从而改变汽车的行驶方向。

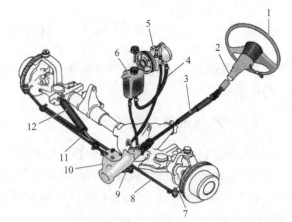

图 3-57　液压式动力转向系统
1—转向盘　2—转向轴　3—转向中间轴　4—转向液管
5—转向液泵　6—转向液罐　7—转向节臂　8—转向横拉杆
9—转向摇臂　10—整体式转向器　11—转向直拉杆　12—转向减振器

第六节　汽车制动系统

汽车上用以使外界（主要是路面）在汽车某些部分（主要是车轮）施加一定的力，从而对其进行一定程度的强制制动的一系列专门装置，统称为制动系统。其作用是，使行驶中的汽车按照驾驶人的要求进行强制减速甚至停车，使已停驶的汽车在各种道路条件下（包括在坡道上）稳定驻车，使下坡行驶的汽车速度保持稳定。

一、制动系统的类型

按制动系统的作用，制动系统可分为行车制动系统、驻车制动系统、应急制动系统和辅助制动系统等。用以使行驶中的汽车降低速度甚至停车的制动系统称为行车制动系统；用以使已停驶的汽车驻留原地不动的制动系统则称为驻车制动系统；在行车制动系统失效的情况下，保证汽车仍能实现减速或停车的制动系统称为应急制动系统；在行车过程中，降低车速或保持车速稳定，但不能将车辆紧急制停的制动系统称为辅助制动系统。上述各制动系统中，行车制动系统和驻车制动系统是每一辆汽车都必须具备的。

按制动操纵能源，制动系统可分为人力制动系统、动力制动系统和伺服制动系统等。以驾驶人的肌体作为唯一制动能源的制动系统称为人力制动系统；完全靠由发动机的动力转化而成的气压或液压形式的势能进行制动的系统称为动力制动系统；兼用人力和发动机动力进行制动的制动系统称为伺服制动系统或助力制动系统。

按制动能量的传输方式，制动系统可分为机械式、液压式、气压式和电磁式等。同时采用两种以上传能方式的制动系统称为组合式制动系统。

二、制动系统的组成和一般工作原理

制动系统的一般工作原理是,利用与车身(或车架)相连的非旋转元件和与车轮(或传动轴)相连的旋转元件之间的相互摩擦来阻止车轮的转动或转动的趋势。

可用图 3-58 所示的一种简单的液压制动系统示意图来说明制动系统的工作原理。

一个以内圆面为工作表面的金属制动鼓固定在车轮轮毂上,随车轮一同旋转。在固定不动的制动底板上,有两个支承销,支承着两个弧形制动蹄的下端。制动蹄的外圆面上装有摩擦片。制动底板上还装有液压制动轮缸,用油管 5 与装在车架上的液压制动主缸相连通。主缸中的活塞 3 可由驾驶人通过制动踏板机构来操纵。

当驾驶人踏下制动踏板,使活塞压缩制动液时,轮缸活塞在液压的作用下

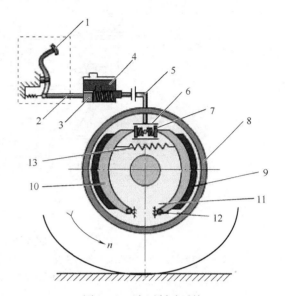

图 3-58 液压制动系统
1—制动踏板 2—推杆 3—主缸活塞 4—制动主缸
5—油管 6—制动轮缸 7—轮缸活塞 8—制动鼓
9—摩擦片 10—制动蹄 11—制动底板
12—支承销 13—制动蹄回位弹簧

将制动蹄片压向制动鼓,使制动鼓减小转动速度,或保持不动。

三、防抱死制动系统

在汽车制动时,如果车轮抱死滑移,车轮与路面间的侧向附着力将完全消失。如果只是前轮(转向轮)制动到抱死滑移而后轮还在滚动,汽车将失去转向能力;如果只是后轮制动到抱死滑移而前轮还在滚动,即使受到不大的侧向干扰力,汽车也将产生侧滑(甩尾)现象。这些都极易造成严重的交通事故。

因此,汽车在制动时不希望车轮制动到抱死滑移,而是希望车轮制动到边滚边滑的状态。由试验得知,汽车车轮的滑动率在 15%~20% 时,轮胎与路面间有最大的附着系数。因此,为了充分发挥轮胎与路面间的这种潜在的附着能力,目前在轿车、大客车和重型货车上装备了防抱死制动系统(Antilock Brake System,ABS)。图 3-59 所示为制动防抱死系统组成。

制动过程中,车轮转速传感器负责监督四个车轮的转速,ABS 电控单元(ECU)3 不断地从传感器 1 和 5 获取车轮速度信号,并加以处理,分析是否有车轮即将抱死拖滑。

如果没有车轮即将抱死拖滑,制动压力调节装置 2 不参与工作,制动主缸 7 和各制动轮缸 9 相通,制动轮缸中的压力继续增大,此即 ABS 制动过程中的增压状态。

如果电控单元判断出某个车轮(假设为左前轮)即将抱死拖滑,它即向制动压力调节装置发出命令,关闭制动主缸与左前制动轮缸的通道,使左前制动轮缸的压力不再增大,此

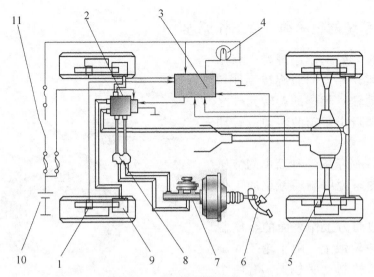

图 3-59 制动防抱死系统组成

1—前轮速度传感器 2—制动压力调节装置 3—ABS 电控单元 4—ABS 警告灯 5—后轮速度传感器 6—停车灯开关 7—制动主缸 8—比例分配阀 9—制动轮缸 10—蓄电池 11—点火开关

即 ABS 制动过程中的保压状态。

若电控单元判断出左前轮仍趋于抱死拖滑状态,它即向制动压力调节装置发出命令,打开左前制动轮缸与储液室或蓄能器(图中未画出)的通道,使左前制动轮缸中的油压降低,此即 ABS 制动过程中的减压状态。待制动力降低到一定程度,又迅即恢复制动力,如此反复,从而达到在制动的同时保持车轮始终处于可操控的状态。

本 章 小 结

汽车的动力是由发动机产生的,并经过传动系统传递动力,使汽车运动;通过转向系统和制动系统控制车速和方向。本章主要讲述了发动机结构、动力产生过程即工作原理,以及传动系统、转向系统、制动系统等的结构和原理。

【思考与习题】

1. 四冲程汽油发动机由哪些机构和系统组成?
2. 电子控制发动机燃油喷射系统的组成和工作原理如何?
3. 动力传动系统由哪些装置组成?叙述动力传递过程。
4. 制动系统的组成与原理是什么?
5. 汽车转向系统由哪些装置组成?它们是怎样工作的?

第四章

汽车运动与时尚

【学习目标】

1. 展示赛车运动的魅力，了解赛车运动的起源、各种赛车运动及其分类、现代汽车赛事。
2. 了解历史上世界著名汽车展览。

第一节 赛车运动与汽车发展

目前，业界一致认为世界上第一场汽车赛事，就是 1894 年发生在法国的那场比赛（图4-1）。比赛路线从巴黎到里昂，全程 126 千米，之所以选择这样的距离，是为了考验当时汽车的稳定性。这场赛事，在汽车工业发展史上有着特殊的意义，人类第一次脱离开牲畜的力量而依靠机械动力的交通工具进行比赛。

图 4-1 第一场汽车赛事

面对 5000 法郎的高额奖金，共有 102 辆车申请参加比赛，但只有 21 位车手获许参赛，最终 15 位车手完成比赛，其中共有 9 辆赛车搭载着由戴姆勒-奔驰创始人之一戈特利布·戴姆勒先生设计的 Panhard-Levassor 发动机，奔驰的 VisàVis 赛车也是其中之一。最终，前 4 辆完成比赛的赛车均由戈特利布·戴姆勒先生设计的 954 毫升 V2 发动机所驱动。

这场比赛，不仅充分显示了戴姆勒-奔驰公司天生的运动特质，更主要的是汽车文明从这里开始由欧洲主要汽车国家往外扩散。赛后，产生了大批汽车技术爱好者，他们积极参与汽车运动的同时，带动着汽车产业高速发展。如果说1886年是汽车诞生的年代，那么可以说，是1894年这场汽车赛事成功地哺育了汽车产业。

一、赛车组织机构

最初，赛车运动是由某几家汽车厂联合发起的，目的就是证明哪个厂所生产的汽车性能更好。为赢得比赛，车厂必然把最先进的技术和最好的材料放在参加比赛的车里面，赛车自然就成为当时最先进的汽车科技的代表。到现在，赛车运动的目的不只局限于证明车厂的实力，而有了其他各种各样的目的，例如娱乐，还有更多的是商业目的。但是，始终不变的是，赛车运动里面的科技成分总是高于同期的民用汽车。而赛车可以说是汽车工业发展的先驱、开拓者，赛车里运用的科技、经验，一部分可被应用于未来的民用汽车。

1. 国际汽车联合会

1904年6月10日，由法国、英国和德国等欧洲国家发起，在巴黎成立了国际汽车联合会（FIA），简称国际汽联，FIA以推动汽车工业发展为宗旨。目前，118个国家的157个俱乐部、协会、联盟和其他赛车机构加入了该组织。国际汽联于1922年成立了下属机构"国际汽车运动联合会（Federation Internationale of Sport Automobile，FISA）"，其主要任务是制定有关参赛车辆、车手、路线和比赛方法等相应规则。每年，国际汽车联合会要在约80个国家安排包括世界大奖赛、世界锦标赛、世界杯赛和地区赛在内的近800场各种国际比赛。

2. 中国汽车运动联合会

中国汽车运动联合会（Federation of Auto Sport of China，FASC），是具有独立法人地位的全国性体育社会团体，在国家体育总局的领导下，管理、监督和指导中国汽车运动，促进汽车运动在中国的发展。其任务是负责全国汽车运动的业务管理，组办国内外汽车比赛和体育探险活动，指导群众进行体育活动，培训运动员、教练员和裁判员，参加国际交往和技术交流。在2015年，中国汽车运动联合会与中国摩托运动协会合并，组成了中国汽车摩托车运动联合会（CAMF）。

二、各类赛车运动

赛车运动分为两大类——场地赛车和非场地赛车。

场地赛车顾名思义，就是指赛车在规定的封闭场地中进行比赛。它又可分为漂移赛、方程式赛、轿车赛、运动汽车赛、GT耐力赛、短道拉力赛、场地越野赛和直线竞速赛等。

非场地赛车的比赛场地不是封闭的，主要分拉力赛、越野赛、登山赛、沙滩赛和泥地赛等。

下面让我们一起看看不同赛事的特点，着重了解一级方程式（F1）赛车相关内容。

1. 一级方程式车赛

方程式车赛是汽车场地比赛的一种，由于参加这种比赛的赛车必须依照国际汽联制定的车辆技术规则来制造和比赛，因此叫做方程式车赛。

国际汽车联合会制定颁发的制造规则包括车体结构、长度和宽度、最低质量、发动机工作容积、气缸数量、油箱容量、电子设备、轮胎的距离和大小等。

属于方程式汽车比赛的项目主要有一级方程式（F1）、二级方程式（F3000）、三级方程式（F3）、亚洲方程式、无限方程式、福特方程式、雷诺方程式和卡丁车方程式等。

（1）比赛赛道

世界一级方程式比赛在分布于世界各地的十几个分站进行。各站赛程都在 300 千米左右，车手要在 2 小时内绕赛场跑 40～80 圈，但各赛场环形跑道的形状和距离都不相同，如 1993 年世界一级方程式比赛意大利站赛道长 5.8 千米，葡萄牙站长 4.35 千米，南非站长 4.261 千米。最后，按各个分站的最好成绩决出世界冠军车手和世界冠军车队。

F1，中文名称为"一级方程式锦标赛"，是英文 Formula 1 Grand Prix 的简称。目前，这项比赛的正式全名为"FIA Formula 1 World Championship"，即一级方程式赛车世界锦标赛。"方程式"其实就是"规则与限制"的意思，因为 F1 是 FIA 所制定的方程式赛车规范中等级最高的，因此以"1"命名。

（2）赛车的特殊装置（图 4-2）

1）发动机。赛车发动机安装在车尾，直接固定在底盘上。发动机采用先进的电控燃油点火系统。机油和冷却液利用高速行驶的气流来冷却，没有散热器和风扇。现在，不准使用涡轮增压发动机，一律用自然吸气式发动机，气缸数不准超过 12 个，最高转速可达 15000 转/分。

图 4-2　赛车的特殊装置

2）变速器。一般设有 6～7 个前进档和 1 个倒档，可以自动换档或手动一次换一档或几档。在一个站的赛程中，赛手要操纵换档约 2000 次，因此要求变速器响应迅速、操作方便。

3）轮胎。F1 赛车的轮胎只有一个紧固螺栓，以便迅速拆装。为增强附着性能，轮胎都相当宽，加大了与地面的接触面积。而且，根据花纹等的不同，还有干地轮胎和湿地轮胎之分。

4）底盘。底盘是 F1 最具特点的部分，它要求结构简单，减少重量，增加动力性和安全性。塑料油箱兼作赛手的靠背，赛手必须半躺半卧地挤进驾驶舱，车身内部刚好包围赛手的身体。整辆车看上去像一辆有 4 个轮子的火箭。

(3) 赛车的安全装置

赛车时速达数百千米,因此安全极其重要。赛车采用特殊的六点式安全带,可把赛手牢牢固定在车上,但对头部依然无能为力。赛车安全气囊还未达到轿车的实用水平,因为赛车安全气囊的爆炸速度要为轿车的 4 倍,而安装安全气囊的空间又很小——直径 280 毫米的转向盘上已经布置了大部分控制开关,再为 20 立方厘米的安全气囊找一立足之地也不容易。

每辆 F1 赛车都是世界著名汽车厂家的精心杰作。一辆这种赛车的价值超过 700 万美元,甚至不亚于一架小型飞机的价值。F1 汽车大赛不仅是赛车手勇气、驾驶技术和智慧的竞争,在其背后还进行着各大汽车公司之间科学技术的竞争。福特汽车公司就形象地把汽车大赛比作"高科技奥运会"。在汽车大赛中推出的新型赛车,从设计到制造都凝聚着众多研制者的心血,并代表着一家公司乃至一个国家的最新科技水平。汽车大赛还是各国科技人才素质的较量。据悉,德国约有 2000 多名专业人才直接从事赛车的设计、制造和研究工作,美国约有 1 万人,而日本则最多,估计近 2 万人。

(4) F1 赛车手

所有参加 F1 大赛的车手,都是经过千挑万选的世界车坛的精英。每一位车手在跻身 F1 大赛前,都必须经过多个级次的选拔,例如卡丁车赛、三级方程式(F3)车赛等,堪称"过五关、斩六将"。要想成为世界冠军,更非易事,必须身经百战,集赛车技术、天赋及斗志于一身。

根据 FIA 的有关规定,每年全世界能有资格驾驶世界 F1 赛车的车手不超过 100 名。所有驾驶 F1 赛车的选手,都必须持有 FIA 签发的"超级驾驶执照";每年只有少数的优秀车手有资格参加正赛。

(5) 赛手的特殊盔甲

所有外露服装都要经得起高温考验,能在 700 摄氏度火焰中待 12 秒而安然无恙;内衣也只能用指定材料制成。防护头盔和护目镜可以抵御速度 500 千米/时石子的撞击,而其本身只有 1.2 千克重。手套要能防火,为防止擦伤皮肤,缝合针脚一律向外。鞋子须耐火,并且能在碰撞时起到缓冲作用。耳机上要有特殊的耳塞,以免听力被发动机的巨大噪声伤害。

(6) F1 大赛规则

F1 大赛每年都要选择地理条件迥然不同的十几个赛场。有的选在高原上,那里空气稀薄,用以考验车手的身体素质;有的则是街道串成的赛道,那里路面相对狭窄曲折,车手弄不好就会撞车;有的赛车场就显得路面宽阔,但也有上下坡考验车手的技术;还有的赛车场建在树木葱郁的森林中,那里跑道起伏大,车手很难控制赛车。由于赛车经常出现意外,FISA 要求所有主办国的赛车场必须有足够的草地缓冲区。各赛场的救护人员也必须分布在全场的每一个角落,争取在出事的一刹那,跑进现场,进行抢救(图 4-3)。

除了每一站都有"分站赛冠军"外,F1 比赛还设置了年度的"世界冠军"和年度的"车队冠军"头衔,世界冠军奖杯由各分站累计积分最多的选手获得,而车队冠军的殊荣则是属于两名车手分站积分合计最多的车队。

2. 雷诺方程式

雷诺方程式车赛是世界上著名且最普及的一种方程式车赛,该项赛事是由法国雷诺集团

图 4-3　救护人员必须分布在全场的每一个角落

推广发展起来的。方程式赛车由意大利 TATUUS 公司制造，该类单座赛车的功率为 149 千瓦，最高车速可达到 260 千米/时。雷诺方程式 2000 赛车的良好性能和价格的完美结合保证了它在全世界的普及程度，这种 2000 型赛车每年制造超过 700 辆。雷诺方程式车赛给全世界热衷赛车运动的年轻人提供了一个学习和适应驾驶技能和身体、心理状态适应的环境，为他们走向该项运动的顶级赛事 F1，成为未来之星做铺垫。雷诺方程式 2000 赛事从 2000 年起举办，4 年后就已经成功地把莱科宁（迈凯伦车队）、马萨（索伯车队）和克莱恩（捷豹车队）推向 F1 的大舞台。

3. 亚洲方程式

亚洲方程式是方程式汽车场地比赛项目之一，限在亚洲地区开展。使用的赛车是四轮外露的单座位纯跑道用方程式赛车，车身规格与三级方程式相似，配备 1 台福特 4 缸、总容积为 2 升的自然吸气式汽油发动机，输出功率约 118 千瓦。近年来又出现了宝马亚洲方程式，是亚洲比较流行的方程式赛。

4. 直线竞速赛

直线竞速赛是汽车场地比赛项目之一。比赛按不同车型及发动机工作容积分为 12~14 个级别，在两条并列长 1500 米、各宽 15 米的直线柏油跑道上进行，实际比赛距离为 400 米或 200 米。比赛时每 2 辆车为 1 组，实行淘汰制，分多轮进行，直至决出冠军。采用定点发车方法，加速行进，通过电子仪器测量从发车线到终点线的行驶时间评定成绩。

直线竞速赛，使用特别设计制造的活塞式或喷气式专用赛车，以汽油、甲醇或煤油为燃料，车重 500~1000 千克。其中"高级酒精发烧友（TAFC）"级的发动机容积达 8930 毫升，输出功率1838千瓦，车速达382千米/时；"三脚架高级燃料车（TFD）"级的发动机容积为8127毫升，输出功率3675千瓦，车速可达460千米/时；"喷气发烧友"级的发动机输出功率达7350千瓦。

5. 耐久赛

耐久赛是汽车场地比赛的一种，为长时间耐久性汽车比赛。比赛车辆分GT赛车和运动原型车两类，并根据发动机的工作容积分为若干级别。比赛中每车可设2—3名驾驶人，轮流驾驶。

每年，国际汽车耐力系列赛分为11站，在世界各地举行。比赛一般进行8~12小时，以完成圈数的多少评定成绩。其中较著名的比赛有法国勒芒（Le Mans）24小时耐久赛和日本铃鹿（Suzuka）8小时耐久赛。

6. 印地车赛

印地车赛（Indy Car）是汽车场地比赛的一种，设有世界锦标赛。该车赛起源于美国，原为美国汽车协会主办的锦标赛。1978年由18支印地车队联合成立了"印地锦标赛赛车队有限公司"，建立了赛事管理机构举办系列车赛，制定了独特的比赛规则。1979年举办了第一次比赛，成为不受国际汽车联合会管辖的汽车比赛。

印地车赛使用车辆是整体结构类似一级方程式的四轮外露式单座位纯跑道用赛车，但使用8缸、工作容积为2.6~3.4升，以甲醇为燃料的涡轮增压式发动机，输出功率515~625千瓦。依不同的比赛场地比赛距离为320~800千米不等。

7. 卡丁车赛

卡丁车赛（Karting）是汽车场地比赛项目的一种，分方程式卡丁车，国际A、B、C、E级和普及级六类，共12个级别。比赛使用轻钢管结构，操纵简单，无车体外壳，装配100毫升、125毫升或250毫升汽油发动机的4轮单座位微型赛车，赛车重心低，在曲折的环形路线上行驶，比赛速度感强。

卡丁车赛是世界方程式赛的最初级形式，始于1940年。由于许多著名的一级方程式赛手都是从卡丁车起步的，因此卡丁车被视为"F1的摇篮"。

8. 越野赛和拉力赛

越野赛是汽车道路比赛项目之一，是在一个国家的公路和自然道路上举行的允许对该国进行考察的汽车比赛。经过几个国家的领土、总长度超过10000千米或跨洲的比赛称马拉松越野赛。除国际汽联特别批准外，越野赛的赛程不得超过15天，比赛必须在白天进行。采用单车发车方式。比赛每经过10个阶段后至少休息18小时。

越野赛的每阶段，行驶距离自定，但每个赛段的最大长度，越野赛规定不超过350千米，马拉松越野赛规定不超过800千米。比赛时，必须使用在国际汽联注册的全轮驱动汽车参赛。

拉力赛（Rally）是在1个国家内举行或者跨越国境举行的多日、分段的长途汽车比赛，比赛的路面既有平坦的柏油公路，也有荒山野岭的崎岖山路。比赛时，路线上不断绝其他车辆通行，限定参赛汽车每天行驶的路程及到达时间。路线上设检查站检查是否在规定时间内通过，这是一种既检验车辆性能和质量，又考验驾驶人技术的比赛。参赛汽车须是批量生产的小轿车或经过改装的车。短的拉力赛需要几天，长者可持续几十天。拉力赛将出发地到终止地之间的路程分成若干个行驶路段和赛段，并在沿途设有给养站和休息站。在行驶路段行驶时，参赛汽车受到一定的车速限制，并须按规定时间抵达各路段的终点，既不能提前也不能延后，行驶中要遵守当地的交通规则，违反规则者将被扣分。在赛段中，赛车可以全速行驶，有时车速高达200千米/时。在整个拉力赛结束时，以跑完全程累积时间最少和被扣分数最少的汽车和驾驶人为优胜。

三、百年前的汽车赛

首次正式的汽车拉力赛于1900年在英国举行，全程长1600多千米。路程最长的是1977年举行的从英国伦敦到澳大利亚悉尼的拉力赛，全程长31100多千米，共用时间46天。目前，世界著名的汽车拉力赛有巴黎—达喀尔拉力赛、欧洲的蒙特卡洛拉力赛和东非萨法里拉力赛等。我国举行的第一次汽车赛是1907年进行的北京—巴黎挑战赛，全程12000多千米。

1907年，法国《晨报》提出要举办一次"北京—巴黎汽车挑战赛"，这在当时可谓惊人创意，得到了欧洲各国赛车手们的热烈响应。然而，更让人惊讶的是，清朝政府最终同意放行。这无论对哪一方来说，都称得上是一次巨大的冒险。

汽车挑战赛的道路状况十分复杂，每一段特殊路段为一个赛程，例如一个赛程全是曲折蜿蜒的山路，另一个赛程则是阴暗森林中的泥路。拉力赛的路线都是一致的，但并不同时出发，而是一辆接着一辆，每一辆赛车在不同阶段都由裁判员记录下所需时间，总时间最短的便是胜利者。挑战赛设车手冠军和制造商冠军。

四、现代汽车越野拉力赛

现代汽车越野拉力赛种类更多，如冰雪越野赛和沙漠越野赛等。

2012年3月11日，"砂宝斯杯"第九届中国漠河国际冰雪汽车越野赛暨全国汽车越野系列赛漠河站落幕。

本届比赛全部在黑龙江的冰面上进行，赛道以冰为主，上面覆盖着一层薄薄的雪（图4-4）。这样的赛道非常滑，尽管赛车都使用专业的冰雪轮胎，但是在冰雪赛道上，赛车的抓地力依然很小，遇到障碍时如果大力制动肯定要侧滑甩尾或者打横，特别是在转弯时。

2012年1月15日，第34届达喀尔拉力赛落幕。本届比赛从阿根廷东南部沿海城市马德普拉塔出发，翻越安第斯山脉进入智利，之后踏上秘鲁国土最终抵达终点利马（图4-5），比赛总路程约9000千米，跨越南美三国。法国车手德普雷和彼得·汉赛尔分别获得摩托车组及汽车组冠军。参加本届比赛的中国车手哈弗SUV车队周勇、云南东方赛车队周继红、成都农商银行车队周远德和梁熹、狼图腾运动俱乐部的郭洪志及金城摩托车队的魏广辉6人全部完赛，创造了中国车手在达喀尔集体完赛的纪录。

图 4-4 冰雪路面赛车飞驰而过

图 4-5 达喀尔拉力赛上穿越沙漠

第二节 著名汽车展览

每年,世界各大汽车制造商都在一些大都市举办规模盛大的汽车展览,在车展上推出自己的最新车型,来展示自己在汽车领域内取得的最新成就。汽车展览会除了技术性外,还具有浓厚的文化色彩,每次都能吸引大量的民众参观。

汽车展览会带来的概念车型、新车型,以及汽车展会风格和文化氛围,让人们感受到世界汽车工业跳动的脉搏。汽车展览是汽车制造商们展示新产品的舞台,在流光溢彩的展车背后,是汽车制造商们为在汽车市场上争夺市场份额而进行的殊死较量。

德国法兰克福车展、美国底特律车展(北美车展)、瑞士日内瓦车展、法国巴黎车展和日本东京车展被誉为当今五大国际车展。它们之所以成为国际一流车展,一是参展商的规模和级别一流,二是展品档次和首次亮相的新车、概念车一流,三是场馆面积和配套设施一流,四是主办方服务质量一流,五是国内外记者范围、观众数量和专业水平一流。人们都说巴黎时装展是世界一流的时装展,是因为它代表了世界时装业发展的潮流;五大国际车展之所以世界知名,也是因为它们代表了世界汽车工业发展的潮流。

这五大车展当中,历史最短的东京车展也在50年左右。撇开带给汽车爱好者和观众们的激情与快乐,这些车展都对世界汽车工业与汽车市场的发展起到了极大的推动作用,在世界汽车历史长河中有着不可磨灭的功绩。彰显自己鲜明的个性,是这些著名车展的共同特点。比如,法兰克福所在的德国作为汽车工业的发源地之一,尤其重视传播汽车的文化性;日内瓦所在的瑞士因为没有自己的汽车工业,可以为各大汽车厂商提供公平竞争的舞台;北美车展则充满美国人的娱乐精神,吃喝玩乐无处不在,一应俱全;东京车展上众多匪夷所思的"概念车"和最新科技的展示,也是吸引观众眼球的卖点。

一、北美车展

一年一度的北美国际汽车展的前身是美国底特律国际汽车展览会,至今已经有近百年的历史,是美国创办历史最长的车展之一。它由底特律汽车经销商协会主办。1900年11月,纽约美国汽车俱乐部召开了第一届世界汽车博览会,1907年转移到底特律汽车城,当时会场设在贝乐斯啤酒花园,小小的展示区中参加的厂商只有17家,车辆不过33辆。1957年,欧洲车厂终于远渡重洋而来,首次出现了沃尔沃、奔驰和保时捷的身影,获得了美国民众的高度重视,底特律车展的"王旗"正式树起。从1965年起,展览移师Cobo会议展览中心。1989年,底特律车展更名为北美国际汽车展,每年1月举办。北美车展每年总能出现四五十辆新车。众多人被吸引到车展的原因,除了对汽车的兴趣外,还因为车展办得像个大的假日集会,吃喝玩乐,热闹非凡。而密歇根州近年来每次车展都能进账5000万美元以上。

二、巴黎车展

作为浪漫之都的巴黎,它的车展如同时装,总能给人争奇斗艳的感觉。该展起源于1898年的国际汽车沙龙会,直至1976年每年一届,此后每两年一届,在9月底至10月初举行。1998年10月,巴黎车展恰逢百周年,欧洲车迷期待很久的巴黎"百年世纪车展"以

"世纪名车大游行"方式,让展车行驶在大街上供人观赏。法国的汽车设计一向以新颖独特著称于世,富于浪漫和充满想象力的法国人,总是在追求最别具一格的车型、风一般的速度和最舒适的车内享受。这些法国人的嗜好,都在巴黎车展中显露无遗,使得巴黎车展始终围绕着"新"字做文章。与此同时,巴黎车展也是概念车云集的海洋,各款新奇古怪的概念车常常使观众眼前一亮。第一届巴黎车展共有14万人参加。2000年,观展人数增长了10倍,达到了140万人,其中包括来自81个国家的8500名记者。2002年,法国巴黎国际车展持续16天,迎来世界5000多名记者和125万观众。

三、日内瓦车展

日内瓦车展素有"国际汽车潮流风向标"之称,是欧洲唯一每年举办的车展,在位于日内瓦机场附近的巴莱斯堡国际展览中心举行,总面积达7万平方米。日内瓦车展创始于1924年。从1931年起,一年一度在瑞士日内瓦举办。其展会多在每年的3月举行,以展示豪华车及高性能改装车为主,展品比较个性化。在五大车展中,瑞士是唯一一个没有汽车工业的国家,但却承办着世界上最知名的车展之一,它每年总能吸引着几十个国家900多辆汽车参展,是世界上举足轻重的车展之一。从日内瓦车展大厅望去,所有展位都尽收眼底,这是因为瑞士的展览规则详尽细致,不允许有过大的公司标牌和展位阻挡视线。

四、法兰克福车展

德国是世界最早举办国际车展的地方。法兰克福车展前身为柏林车展,创办于1897年,1951年移至法兰克福举办,每年一届,轿车和商用车轮换展出。法兰克福车展是世界规模最大的车展,有"汽车奥运会"之称。法兰克福国际车展一般安排在9月中旬开展,为期两周左右。参展的商家主要来自欧洲、美国和日本,尤其以欧洲汽车厂商居多。法兰克福地处德国,唱主角的自然是德国企业,这似乎与底特律车展、东京车展的地域性同出一辙。德国是现代汽车的发祥地,是奔驰、宝马和大众等老牌汽车公司的老家,法兰克福车展正是它们一展身手的好机会。

五、东京车展

东京车展是五大车展中历史最短的,被誉为"亚洲汽车风向标",创办于20世纪50年代,逢单数年秋季举办。第一次东京国际汽车展举办于1954年。东京对于世界汽车市场有较深的影响,对于亚洲汽车市场更有着重要的意义。该展在日本东京近邻的千叶县举行,其各类电子三维展示装备让车展的参观者有"头晕目眩"的奇妙感。1999年的东京车展创下了参观人数达140万的世界纪录,足见它的热闹程度。与其他西方大型车展相比,日本车展更具有亚洲的东方风韵,日本厂商的多款造型小巧精美、内饰高档的车总能成为车展的主角。

本 章 小 结

本章主要介绍了世界各大汽车赛事以及汽车车展各类活动。赛车运动分两大类,分别是场地赛车和非场地赛车。国际车展是国际厂商的集体实力秀,也是刺激眼球经济的最好形式。目前，国际公认的有五大国际车展，按一年中举办的先后顺序分别为北美车展、日内瓦车展、法兰克福车展、巴黎车展和东京车展。

【思考与习题】

1. 赛车运动主要分为哪几种类型？各项比赛的规则是什么？
2. F1 叫一级方程式赛车，为什么叫"方程式"？
3. 赛车的由来是什么？谁是最早的赛车手？
4. 分析现代赛车与汽车市场之间的关系。

第五章

现代汽车科技与未来汽车

【学习目标】
1. 认识现代汽车新技术，了解汽车的电子化、智能化、网络化。
2. 了解未来汽车的发展趋势，认识未来汽车材料、汽车的环保、自动驾驶与无人驾驶汽车技术。

第一节 汽车发动机新技术

现代汽车发动机上的新结构、新技术，主要是采用电子控制技术进行一系列功能可变的控制方法。例如，要提高发动机的动力性能，可从提高发动机的进气系数入手，采用可变进气系统和可变配气相位等新技术；开发了现代缸内汽油直喷发动机，采用稀薄燃烧技术；此处还有可变压缩比技术、可变工作气缸技术、发动机自动起停技术等，使得现代汽车不仅动力性能大大提高，废气排放也有很好的改善。

一、缸内汽油直喷技术与分层燃烧

目前，大多数普通电喷汽油发动机上所用的汽油电控喷射系统，是将汽油喷入进气歧管或进气道中，与空气混合成混合气后再通过进气门进入气缸燃烧室内被点燃做功。但是，由于喷油器离燃烧室有一定的距离，并且微小的油颗粒会吸附在进气管道壁上，而且汽油与空气的混合受进气气流和气门关闭影响较大，所以希望喷油器能够直接将燃油喷入气缸。在对能源和环保要求日趋严格的今天，缸外喷射已不能满足人们的要求，于是更为精确的燃油喷射技术诞生，那就是缸内直喷技术。

1. 缸内直喷技术

缸内直喷技术，顾名思义就是在气缸内喷注汽油，将喷油器安装于气缸内，直接将燃油喷入气缸内与进入的空气混合。采用类似于柴油发动机的供油技术，通过一个高压泵提供所需的10兆帕以上的压力，将汽油提供给位于气缸内的电磁喷油器，然后通过控制单元控制喷油器将燃料在最恰当的时间直接注入燃烧室。关键是考虑喷油器的安装，必须在气缸上部留给其一定的空间。由于气缸顶部布置了火花塞和多个气门，已经相当紧凑，所以将其布置在靠近进气门侧，如图5-1所示。由于喷射压力的进一步提高，使燃油雾化更加细致，真正实现了精准地按比例控制喷油并与进气混合，并且消除了缸外喷射的缺点。同时，喷嘴位置、喷雾形状、进气气流控制，以及活塞顶形状等特别的设计，使油气能够在整个气缸内充分、均匀地混合，从而使燃油充分燃烧，能量转化效率更高。

要实现缸内直喷并获得很好燃烧质量，就要求燃油与空气较好地混合，这就必须要提高喷油压力，能够获得较高喷油压力的关键部件是高压油泵，图5-2所示为缸内直喷高压供油系统。

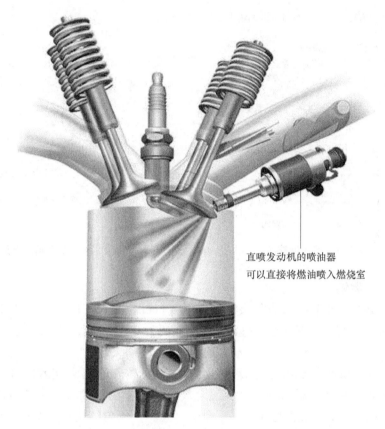

图 5-1 气缸内燃油直接喷射示意图

一个可以产生 10 兆帕以上压力的活塞泵，装在供油系统的低压油泵和喷油器之间，所以缸内直喷系统包括低压油路和高压油路，低压油路采用电子无回油系统。高压油路组成如图 5-3 所示，主要由高压燃油泵、燃油压力调节阀、高压油轨、高压燃油压力传感器、喷油器和高压油管组成。高压燃油泵靠进气凸轮轴短的四方凸轮来驱动，它的行程是 3 毫米，限压阀在高压油泵内，这样就可以把油轨到低压端的回油管取消了。

高压燃油泵的控制原理也发生了改变。在高压泵工作初期，限压阀关闭，油压直接到达油轨，这样的好处就是冷起动时，油压建立得更快，图 5-4 所示为高压燃油泵的控制原理。

图 5-2 缸内直喷高压供油系统

供油系统采用缸内直喷设计的最大优势，就在于燃油是以极高压力直接注入于燃烧室中，因此除了喷油器的构造和位置都异于传统供油系统，在油气的雾化和混合效率上也更为优异。加上近年来车上各项电子系统的控制技术大幅进步，计算机对于进气量与喷油时机的判读与控制也愈加精准，因此再搭配上缸内直喷技术可使得发动机的燃烧效率大幅提升，除了发动机得以产生更大动力外，对于环保和节能也都有正面的帮助。

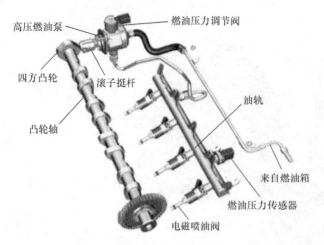

图 5-3 高压油路组成

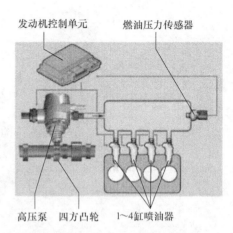

图 5-4 高压燃油泵的控制原理

2. 分层喷射与燃烧

缸内直喷发动机一般采用燃油分层喷射技术（Fuel Stratified Injection，FSI）。根据直喷式汽油发动机的原理特点，理论上一般可以实现两种不同的燃烧方式：分层燃烧和均质燃烧。

分层喷射是指在靠近火花塞的内层空间混合气偏浓，在远离火花塞的外层空间（靠近气缸壁与活塞顶部）混合气则偏稀。这样混合气就形成了由内及外、由浓到稀的状态，只有这样才为下一步的分层燃烧做好了准备。那么，这种不均匀的混合气又是如何形成的呢？

如图 5-5 所示，发动机在进气行程活塞下行时，发动机控制单元（ECU）会控制喷油器先进行一次少量的喷油，使气缸内形成稀薄混合气，此时混合气的空燃比 $\lambda > 1$。而在压缩行程，活塞上行时会进行第二次喷油，利用活塞顶部的特殊结构或者喷油器的喷射角度让火花塞附近出现混合气相对较浓的区域（$\lambda < 1$），然后利用这部分较浓的混合气来引燃气缸内的稀薄混合气，保证了在顺利点火的情况下尽可能地实现稀薄燃烧，这也正是分层燃烧的精髓所在。分层燃烧应该是 FSI 发动机的精髓与特点，要实现分层燃烧，必须基于缸内直喷，对于缸外喷射的发动机，是无法实现分层燃烧的。机内的活塞顶部一半是球形，另一半是壁面，空气从气门冲进来后在活塞的压缩下形成一股涡流运动，当压缩行程行将结束时，在燃烧室顶部的喷油器开始喷油，汽油与空气在涡流运动的作用下形成混合气，这种急速旋转的混合气是分层次的，越接近火花塞越浓，易于点火做功。分层燃烧的好处在于热效率高、节

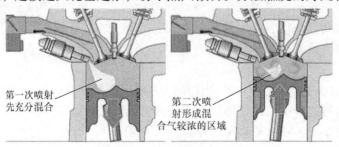

图 5-5 分层喷射与燃烧示意图

流损失少，有限的燃料尽可能多地转化成工作能量。

FSI技术可采用两种不同的喷油模式，即分层喷油和均匀喷油模式。发动机低速或中速运转时采用分层喷油模式。此时节气门为半开状态，空气由进气管进入气缸撞在活塞顶部，由于活塞顶部制作成特殊的形状，从而在火花塞附近形成期望中的涡流。当压缩过程接近尾声时，少量的燃油由喷油器喷出，形成可燃气体。这种分层喷油方式可充分提高发动机的经济性，因为在转速较低、负荷较小时，除了火花塞周围需要形成浓度较高的油气混合物外，燃烧室的其他地方只需空气含量较高的稀混合气即可，而FSI使其与理想状态非常接近。当节气门完全开启，发动机高速运转时，大量空气高速进入气缸形成较强涡流并与汽油均匀混合，从而促进燃油充分燃烧，提高发动机的动力输出。ECU不断地根据发动机的工作状况改变喷油模式，始终保持最适宜的供油方式。燃油的充分利用，不仅提高了燃油的利用效率和发动机的输出，而且改善了排放。

二、发动机稀薄燃烧技术

所谓稀薄燃烧，是指通过提高发动机内混合气的空燃比，让混合气在空燃比大于理论空燃比数值的状态下燃烧。说得直白一些，就是让汽油在很稀的混合状态下燃烧。设计缸内直喷的主要目的是实现稀薄燃烧，因此稀薄燃烧技术是随着缸内直喷技术的发展而迅速发展的，而发动机的稀燃技术就是为了让混合气更加充分燃烧，达到减低油耗和排放的目的。

我们知道，理论空燃比是发动机的一个基本参数，即14.7:1，普通发动机是不能随便改变空燃比的，而稀燃发动机空燃比可达25:1以上。按照常规，这样的混合气是无法点燃的，那如果要让发动机实现稀薄燃烧，就必须具备很强的点火能量。这一点很好理解，混合气里面汽油的比例小了，混合气被点燃就需要更大的能量。因此，有的发动机（如本田飞度i-DSI发动机）采用双火花塞设计，就能很好地满足这一需求。

本田飞度使用的双火花塞点火系统，是在半球形燃烧室两侧对称布置两个同型号火花塞，这两个火花塞与燃烧室中心的距离相等，两个火花塞同时点火，不仅火焰传播距离缩短了一半，而且两个火花塞处同时着火爆炸燃烧，急速形成较强烈的涡流，大幅度加快了火焰的传播速度。

1. 智能双火花塞直接点火系统的工作原理

1）本田飞度采用智能双火花塞直接点火系统，其点火器（ICM）和点火线圈制成一体，直接压装在前后火花塞上，无高压漏电损失，点火能量大，电磁干扰小。

2）大功率晶体管在电控单元中用来控制点火线圈初级绕组电路的通断，在点火线圈次级绕组产生30~40千伏的高压电，ECU和点火器配合处理各种信号，完成判缸顺序、点火反馈控制、点火提前角及闭合角修正控制和过载保护控制。

3）自感电动势不仅在切断一次侧电流时产生，在导通时点火线圈次级绕组也会产生1000伏的反向电动势。为此在点火线圈次级绕组中串联一个高压二极管，它能反向截止因导通产生的反向电动势，防止误点火。

4）ECU根据发动机工况变化，利用转速信号、节气门位置信号、进气压力信号和车速信号，逻辑分析最佳控制条件，自动调节前、后两个火花塞点火提前角的大小和时间差，实现动力性、经济性和净化性的最佳控制。

5）点火提前角的修正原则如下：

① 怠速工况以平稳性和净化性为主。
② 中等负荷以经济性和净化性为主。
③ 大负荷工况以最大转矩（动力性）为主，同时防止爆燃的产生。
双火花塞直接点火系统各工况的工作情况见表5-1。

表5-1 双火花塞直接点火系统各工况工作情况

发动机工况	前火花塞	后火花塞	目的
怠速工况	同时点火		加快燃烧速度，提高净化指标
低速、小负荷工况	提前点火	正常点火	改善燃烧条件，降低油耗，提高净化指标
低速、大负荷工况	提前点火	延迟点火	提高平均有效压力和转矩，减少爆燃
高速工况	同时点火		加快燃烧速度，改善动力指标

2. 本田飞度采用智能双火花塞直接点火系统的优势

1）双火花塞直接点火能缩短火焰传播的行程，提高可燃混合气的燃烧速度，改善动力性指标，降低油耗。

2）双火花塞直接点火有时间差，适应工况需要，可实现分层燃烧，改善净化指标和降低油耗。

3）双火花塞直接点火能改善燃烧条件，消除爆燃危害，延长相关部件的使用寿命。

4）双火花塞直接点火能提高点火系统的可靠性，不易出现"缺缸"故障。

5）双火花塞与双点火线圈的使用，使同样转速下单位时间内通过点火线圈的电流小，点火线圈不易发热，可以加大点火线圈一次电流和导通时间，能在9000转/分的转速以内提供足够的点火能量。

由于智能双火花塞直接点火系统采用了智能化软件系统，使该车的动力性、经济性和净化性得到了提高，从而简化了硬件系统的结构。

此外，稀薄燃烧技术需要空气能跟汽油充分混合。汽油在混合气中的比例减小了，对于空气与燃油的混合要求就更高了。如果燃油不能与空气充分混合，当火花塞点火的时候，遇到混合不均匀的混合气中汽油更少的部分，点火将更加困难。本田给这款发动机采用了传统的2气门设计，因为2气门发动机能在混合气进入气缸以后获得较强的涡流，让汽油跟空气有更多混合的机会。

3. 实现稀薄燃烧的关键技术

目前，各大公司都拥有自己的稀燃技术，其共同点都是利用缸内涡流运动，使聚集在火花塞附近的混合气最浓，先被点燃后迅速向外层推进燃烧，并有较高的压缩比。汽车汽油发动机实现稀燃的关键技术归纳起来有以下三个主要方面。

（1）提高压缩比

采用紧凑型燃烧室，通过进气口位置的改进，使缸内形成较强的空气运动旋流，提高气流速度；将火花塞置于燃烧室中央，缩短点火距离；提高压缩比至13:1左右，促使燃烧速度加快。

（2）分层燃烧

如果稀燃技术的混合比达到25:1以上，按照常规是无法点燃的，因此必须采用由浓至稀的分层燃烧方式。通过缸内空气的运动，在火花塞周围形成易于点火的浓混合气，混合比达到12:1左右，外层逐渐稀薄。浓混合气点燃后，燃烧迅速波及外层。因此，稀燃发动机的喷油过程共分以下两个阶段。

1）辅喷油阶段。在发动机运行进气行程时，发动机会进行一次喷油，这次喷油是辅喷油，喷油的数量不大，喷油的主要目的也不是点火燃烧。当一定数量的汽油在进气行程被喷射到气缸内的时候，这部分少量的汽油会汽化挥发。我们都知道，液体的汽化和挥发是会吸收热量的，这样就能降低气缸内的温度。气缸内的温度低了，气缸内可以容纳的气体密度就会自然增大。因此，这次喷油的后果在给气缸降温的同时，还可以提高进气密度，让更多的空气进入气缸，而且能确保汽油跟空气均匀地混合。

2）主喷油阶段。第二次喷射是主喷油过程，当活塞即将达到发动机压缩行程的上止点时，在火花塞点火之前，会有一定量的汽油再次被喷出，这次喷射被称为主喷油。此时，活塞的凹面会使混合气在火花塞周围形成一个浓度较高的区域，这种相对较浓的混合气能在火花塞点火的情况下被顺利点燃，而周围混合气较稀的区域是无法被火花塞的火焰直接点燃的，它只能在中心区域成功燃烧以后，利用燃烧产生的能量同时点燃。

为了提高燃烧的稳定性，降低氮氧化物（NO_x），现在采用燃油喷射定时与分段喷射技术，即将喷油分成两个阶段：进气初期喷油，燃油首先进入缸内下部，随后在缸内均匀分布；进气后期喷油，浓混合气在缸内上部聚集在火花塞四周被点燃，实现分层燃烧。

（3）高能点火

高能点火和宽间隙火花塞有利于火核形成，火焰传播距离缩短，燃烧速度增快，稀燃极限增大。有些稀燃发动机采用双火花塞或者多极火花塞装置来达到上述目的。

以上三点，只是对整体汽油发动机稀燃技术而言，具体到某种机型会有所侧重。因为各种汽油发动机稀燃方式的技术措施不完全一样，甚至同一台发动机在不同的工况下稀燃方式也会不完全一样。有些着重缸内气流运动及燃油分布的配合，重点在分层燃烧；有些着重加大点火能量、增快火焰传播速度和缩短火焰传播距离，重点在高能点火。

由于采用了上述设计，稀燃发动机能在40：1的超稀空燃比情况下正常运转，这样的好处是显而易见的。在这种稀薄燃烧的情况下，燃料可以更加充分地燃烧；与此同时，由于燃烧充分，可以大幅度减少未燃烧的气体从发动机里排出，从而获得更低的排放。

稀燃发动机分两段喷油，除了实现上述好处以外，还能有效减小爆燃的产生，从而可以采用更高的压缩比，获得更强劲的动力输出。我们都知道，爆燃的产生是因为气缸内温度和压力过高，从而导致混合气自燃。换句话说，就是当活塞行程还未达到点火提前角时，混合气就开始燃烧。由于汽油的燃烧特性，普通发动机的压缩比往往不能设计得太高，否则就很容易产生爆燃。由于稀燃发动机的喷射是分两个阶段进行的，第一阶段的预喷射能在汽油挥发的作用下带走大量缸内热量，降低气缸温度，所以能非常有效地减小爆燃的概率。因此，稀燃发动机可以采用高达12.5：1的压缩比设计，从而有效地提高了功率输出。

虽然稀燃发动机可以降低整体的废气排放污染，但是同时它有一个非常大的缺点，那就是氮氧化物的排放非常高。为了减少这类污染物的排放，需要采用有效的、有针对性的三元催化装置才能保证尾气的排放达到环保部门的要求。

三、缸内直接喷射技术的优势与主要问题

1. 采用缸内直接喷射技术的优势

1）节省燃油。现代发动机技术的趋势之一就是节约燃料，而缸内直喷技术可以大大提

升燃油的雾化程度及其与空气混合的效率。采用缸内直喷技术的车型燃油消耗水平可下降20%以上。

2) 减少废气排放。缸内直喷发动机的高压燃油泵能提供高达12兆帕的压力,确保燃料充分燃烧,最大程度地减少废气中的有害污染物,保护环境。

3) 提升动力性能。由于燃料的混合更充分,燃烧更彻底,使燃料转化为动能的效率提升,直接推动了发动机动力性能的提高,同排量下,最大功率可提高15%。

4) 减少发动机振动。由于缸内直喷技术燃烧稀混合气,缸内爆燃情况大大减少,高压缩比对降低发动机低速下的振动也有明显的效果。

5) 喷油量的准确度提升。缸内直喷技术的关键就是电控系统的精确控制。由于电控系统会感知发动机缸内的实际工作情况,并在瞬间完成对喷油量、喷油时间和压力的微调,保证发动机始终处于精确的喷油状态。

2. 缸内直接喷射的主要问题

1) 积炭问题。汽车燃烧必然产生积炭,就看量多不多。以往电喷发动机的油气混合在进气歧管中完成,流动的混合气在进入气缸内时能对气门进行清洁。但是缸内直喷发动机的燃油直接喷到气缸内,导致发动机没有了这项"自清洁"的能力,因此积炭更加严重。

2) 排放问题。由于缸内直喷发动机的喷油时间与点火时间的间距很短,造成油气混合不充分,碳氢化合物排放并不理想。

四、汽油机复合喷射技术

缸内直喷与进气歧管喷射各有优缺点,为了集中发挥这两种喷射方式的优点,实现更高的燃烧效率和更宽泛的良好动力性,把这两种技术结合起来诞生了复合喷射系统(双喷射系统)。

1. 复合喷射的基本结构

如图5-6所示,复合喷射系统是在缸内直喷的基础上,在进气歧管侧又增加了传统低压的多点喷射系统,根据发动机的不同工况,采取合适的喷射模式。每个气缸配备两个喷油器,即每个进油端口均配有一个喷油器。复合喷射系统将发动机每个循环需要的燃油量分两部分喷射:一部分是进气道喷射方式,由进气歧管进入缸内形成均质稀混合气分布整个燃烧

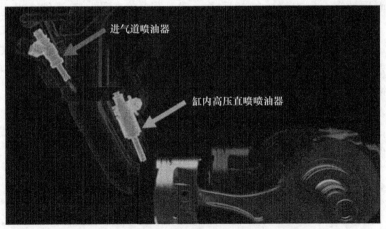

图5-6 复合喷射系统

室内；另外一部分由缸内喷油器直接喷入燃烧室，该部分将火花塞附近的混合气适当加浓，达到在发动机不同负荷下，实现最理想的空燃比。该系统将油滴的直径缩小了60%，提升了燃油雾化效率。

2. 复合喷射系统的工作原理

日本丰田公司的D-4ST歧管喷射+缸内直喷双喷射系统如图5-7所示，它并不是简单地相互切换，而是根据发动机运行状况、加速踏板变化等让两种喷射形式更复杂地配合工作。比如，在冷起动、怠速或者低负荷状态下，这套系统会使用单歧管喷射；车速提高后，在高负荷急加速的情况下，则由缸内直喷完全接管。而在复杂用车环境中或中等负荷时，两套喷射系统将协同工作，实现分层燃烧、均质燃烧的效果，让发动机的最大热效率可达36%（一般发动机热效率在30%~35%）。

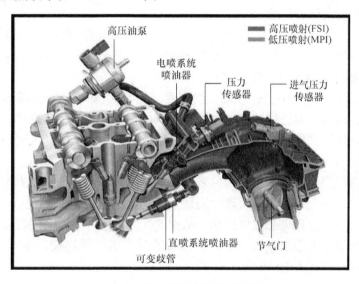

图5-7 复合喷射系统工作原理

五、可变压缩比技术

1. 可变压缩比的意义

压缩比是内燃机气缸总容积与燃烧室容积的比值。如图5-8所示，活塞处于下止点时，活塞顶上面整个空间的容积称为气缸总容积用V_1表示；活塞处于上止点时气缸内的容积称为燃烧室容积，用V_2表示。内燃机的压缩比$\varepsilon = V_1/V_2$。

压缩比对内燃机性能有多方面的影响，压缩比越高，热效率越高。

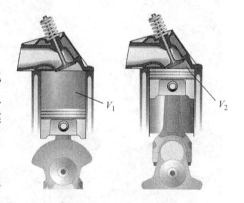

图5-8 压缩比示意图

为了进一步提升热效率，各大汽车厂商都在如何提升压缩比上下功夫。马自达第二代创驰蓝天技术把自然吸气发动机的压缩比提升至18∶1（已经接近柴油机的压缩比），要达成的热效率为50%。然而，这个50%的热效率并不是在所有工况下都能达到，在高转速工况下，这么高的压缩比会使得发动机气缸温度过高，爆燃问题将会一发不可收拾。这种不可控制的燃烧会损坏发动机，因此，随着压缩比的增高，热效率增长幅度会越来越小。

为了让发动机在全工况（各种转速和负荷）下都能有最合适的压缩比（尽可能高又能避免因爆燃导致的平顺性下降），可变压缩比技术应运而生。

传统的发动机是根据全负荷条件下避免发生爆燃来确定发动机的最大压缩比。如果压缩比过低，燃烧效率非常低，能产生的动力过少，高速性能不好。传统发动机的压缩比一旦选定制造好了，就无法改变，这样设计选定的压缩比必定是对各种可能工况下的压缩比的折中。许多汽车公司都在努力开发具有可变压缩比的汽油机，因为可变压缩比系统在各种况下都能表现出巨大的优点，油耗可以大幅下降，但不影响发动机的功率输出。小排量发动机通过增压技术和可变压缩比技术相结合，可以最大限度地挖掘发动机的潜力，有效提高热效率，进而提升发动机的综合性能。

20世纪80年代末，萨博开始研发可变压缩比技术，并在1990年取得相关的专利。萨博把其研发的可变压缩比技术称为"Saab Variable Compression"，简称"SVC"。

2. 萨博可变压缩比（SVC）技术简介

为理解萨博SVC发动机的工作原理，我们可以把SVC发动机分为两部分，其中一部分为气缸盖和缸筒，两部分通过橡胶密封件连接，可以在一定程度上实现相对运动。另一部分为曲轴、活塞、连杆等部件。萨博可变压缩比发动机采用改变曲轴与气缸顶端的间距方法实现可变压缩比，如图5-9所示。

萨博可变压缩比实现方法：缸盖结构采用一种全新的集成式气缸盖方案，将缸盖和缸体通过液压构件连接在一起，而不是用螺栓刚性连接，上半部分还可以进行偏转，这样一来，气缸与活塞之间的相对位置也会发生变化，从而改变燃烧室体积，实现可变压缩比。

气缸盖和气缸体是动态连接在一起的，两者通过一组摇臂连接，摇臂能在ECU的控制下改变一定的角度，如图5-10所示。

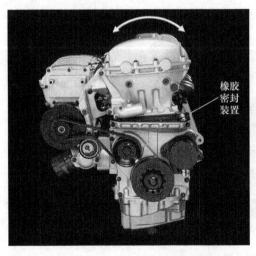
图5-9 萨博可变压缩比发动机

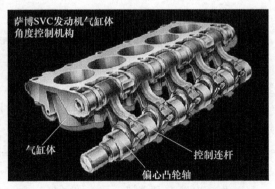
图5-10 萨博的SVC气缸盖与气缸体接摇臂

气缸盖与缸筒这部分与一根连杆连接，带偏心凸轮的控制轴通过其自身的转动改变连杆的位置，从而改变气缸盖和缸筒部分的布置角度。缸筒布置角度的改变，使其与活塞连杆机构的相对位置发生变化，从而改变了燃烧室的体积，实现压缩比的改变，如图 5-11 所示。

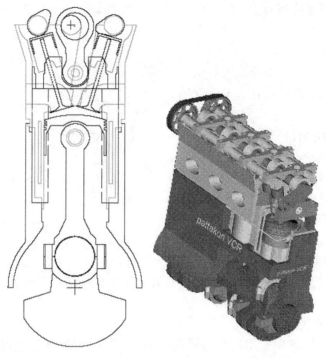

图 5-11　可改变气缸体与气缸盖位置的示意图

为实现缸筒的有限度运动，必须为缸筒设计一套独立的冷却系统，这就导致系统结构变得复杂起来。此外，驱动整个气缸盖和附件需要很多动力，而且萨博 SVC 发动机相互运动的两部分采用橡胶密封件连接，高温以及反复受力使密封件耐久性受到极大的考验，或许这也是萨博 SVC 发动机无法实现量产的原因。

3. 日产公司的可变压缩比技术

日产公司的可变压缩比技术，被称为"Variable Compression Ratio"，简称"VCR"。VCR 发动机采用了曲柄销杠杆来实现压缩比的改变，如图 5-12 所示。

图中标识为 1 的部件是曲柄销杠杆。曲柄销杠杆的中央与曲轴上的轴径 2 连接，一端与连杆 3 下端相连，另一端与控制杆 4 上端相连。控制杆下端与 5 相连。偏心轴的转动会使控制杠杆上下运动，由于杠杆的作用，连杆会产生与偏心轴相反方向的运动，从而改变压缩上止点的活塞位置，实现压缩比的改变。

六、发动机可变气缸技术

可变气缸技术是指能够根据道路情况或者驾驶人驾驶状态对发动机工作状态进行调节的一项节能技术，一般适用于多气缸大排量车型，如 V6、V8、V12 发动

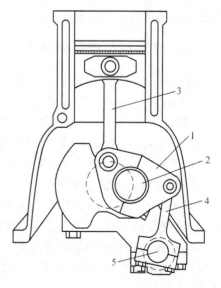

图 5-12　日产可变压缩比（VCR）示意图

机。因为日常行驶中大多数情况下并不需要大功率的输出,所以大排量多气缸就显得有点浪费,于是可变气缸技术应运而生。它可以在不需要大功率的输出时,控制关闭一部分气缸,以减少燃油的消耗。

1. 变缸基本原理

要想让气缸正常工作,必须给气缸供应两种物质:燃油和空气。因此,要想让气缸不工作,也可以从这两种方法下手——停止供油和停止供气。"停止供油"对于现在的电喷发动机来说,相对简单。因为燃油喷嘴其实是电磁阀,电磁阀通电则喷油,不通电就不喷油,所以只要发动机控制单元不发出喷油信号,就可实现"停止供油",如图5-13所示。

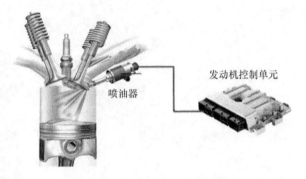

图5-13 停止供油控制示意图

"停止供气"相对"停止供油"要复杂。因为发动机的进、排气门是气体进入、排出气缸的必经之路,所以,只要让进、排气门不打开,就可以实现"停止供气"。对此,各厂商有着各自的办法。

2. 可变气缸管理(VCM)

可变气缸管理(VCM)是本田公司研发的一种可变气缸技术,它可通过关闭个别气缸的方法,使3.5升V6发动机可在3、4、6缸之间变化,使得发动机排量也能在1.75~3.5升之间变化,从而大大节省燃油。车辆起步、加速或爬坡等任何需要大功率输出的情况下,该发动机将会把全部6个气缸投入工作;在中速巡航和低负荷工况下,将运转一个气缸组,即3个气缸;在中等加速、高速巡航和缓坡行驶时,发动机将会用4个气缸来运转。

通过本田的VTEC系统关闭进、排气门,以中止特定气缸的工作,与此同时,由动力传动系控制模块切断这些气缸的燃油供给。非工作缸的火花塞会继续点火,以尽量降低火花塞的温度损失,防止气缸重新投入工作时因不完全燃烧造成火花塞油污。

七、发动机自动起停技术

发动机自动起停技术是一套可以自动控制发动机熄火和点火的系统,英文称为Stop&Start,简称STT。搭载自动起停技术的车辆,在车辆行驶过程中临时停车(例如等红灯)的时候,自动熄火;当需要继续前进的时候,系统自动起动发动机。其核心技术在于自动控制熄火和起动,这样可以效降低发动机怠速空转的时间,这在城市走走停停的交通状况下可以一定程度降低排放,提高燃油经济性。

1. 起停系统的工作原理

当车辆因为拥堵或者路口停止行进,驾驶人踩下制动踏板,停车挂空档,这时STT系统自动检测:①发动机空转且没有挂档;②防锁定系统的车轮转速传感器显示为0;③蓄电池传感器显示有足够的电量进行下一次起动。满足这三个条件后,发动机自动停止转动。而当信号灯变绿后,驾驶人踩下离合器踏板,随即就可以激活STT系统,并快速地起动发动机。

2. 博世公司的起停技术

博世（BOSCH）的起停系统如图 5-14 所示，也就是在传统发动机上配备具有怠速起停功能的增强型起动机，并采用分离式起动机和发电机。该起停系统的起动机和发电机是独立设计的，发动机起动所需的功率是由起动机提供，而发电机则为起动机提供电能。系统包括增强型起动机、增强型蓄电池、可控发电机、集成起动/停止协调程序的发动机 ECU、蓄电池传感器、离合器开关和空档开关等（图 5-15）。

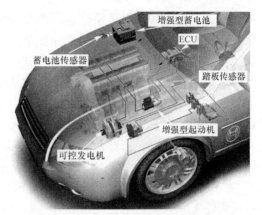

图 5-14 博世公司的发动机自动起停系统

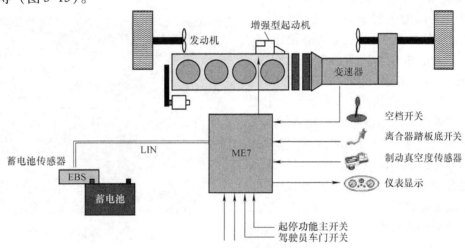

图 5-15 博世公司自动启停系统控制原理图

第二节 汽车底盘新技术

随着汽车技术的飞速发展，计算机在汽车上的应用越来越广泛，汽车底盘新技术不断涌现，可电动调节的底盘控制系统、各种主动安全装置等的电子化、智能化已经成为汽车发展的主要趋势。新型的变速器、智能四驱系统、四轮转向以及主动制动系统等新技术不断涌现，这些系统集成融合在一起，成为综合的汽车底盘电子控制系统。各控制功能通过 CAN 总线实现信息共享、资源综合利用，从而大大提升了车辆整体控制水平。

一、变速器新技术

（一）无级变速器（CVT）

汽车的手动变速器（MT）主要由齿轮和轴组成，通过不同的齿轮组合产生变速变矩，每一个档位都有固定的传动比。而自动变速器（AT）是由液力变矩器、行星齿轮和液压操纵系统组成，通过液力传递和齿轮组合的方式来达到变速变矩。

自动变速器（AT），是将变矩器和行星齿轮机构组合的自动变速器技术，但这种组合传动比不连续，能实现的只是分段范围内的无级变速，靠液力传递动力，靠增加换档执行元件和行星排数量来实现多档速比，扩大速比范围，又使得其结构很复杂，造成维修困难。

而无级变速器（CVT）能根据车辆行驶条件自动连续变化速比，使发动机按最佳燃油经济曲线，或最佳动力性曲线工作，是一种理想的传动方式。无论负载如何变化，CVT 工作时总能找到与发动机完全匹配的速度点，速度变化一定是连续的，这是其他变速器无法实现的优良特性，是人们一直追求的真正意义的无级变速器。由于传动系统与发动机工况的最佳匹配，显著提高了燃料经济性和动力性能，同时环保（排放降低 10% 以上）、节能（比 AT 节约燃油 10%~20%），改善了驾驶人的操纵方便性和舒适性，不再有普通变速器换档时的"停顿"的感觉，而且结构简单体积小，既没有手动变速器众多齿轮，也没有自动变速器复杂的行星齿轮组，只需两组变速滑轮和一条钢带，就能实现无数个前进档位的无级变速，因此它是一种理想的动力传递装置。经近年研究发展，CVT 技术在逐步走向成熟，目前装备了 CVT 变速器的车型也逐渐增多。

无级变速器的关键部件是速比变速器（图 5-16），它由两组可变直径链轮组成，每组链轮由两个相对的 20 度圆锥轮盘组成，形成 V 形凹槽，钢带位于两个圆锥之间的凹槽中。CVT 的结构如图 5-17 所示，主要包括主动滑轮组、从动滑轮组、金属带和滑轮控制模块（主要有液压油缸）等基本部件。主动滑轮组和从动滑轮组都由可动锥盘和固定锥盘组成，固定锥盘与轴做成一体，可动锥盘通过花键联接与轴同步旋转，油缸靠近的一侧可动锥盘可以在轴上滑动，另一侧则固定。发动机输出的动力首先传递到

图 5-16　无级变速器的关键部件

CVT 的主动轮，然后通过 V 形传动带传递到从动轮，最后经减速器、差速器传递给车轮来驱动汽车。工作时，通过主动轮与从动轮的可动盘作轴向移动来改变主动轮、从动轮锥面与 V 形传动带啮合的工作半径，从而改变传动比。

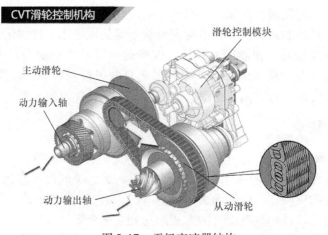

图 5-17　无级变速器结构

其实，无级变速器技术已经有 100 多年的历史。德国奔驰公司是在汽车上采用 CVT 技术的鼻祖，早在 1886 年就将 V 形橡胶带式 CVT 安装在该公司生产的汽油机汽车上。1958 年，荷兰的 DAF 公司研制了双 V 形橡胶带式 CVT，并装备于 DAF 公司制造的 Daffodil 轿车上。但是，橡胶带式 CVT 存在一系列的缺陷：功率有限（转矩局限于 135 牛·米以下）；离合器工作不稳定；液压泵、传动带和夹紧机构的能量损失较大。因此，它没有被汽车行业普遍接受。

进入 20 世纪 90 年代，汽车界对 CVT 技术的研究开发日益重视，特别是在微型车中，CVT 被认为是关键技术。全球科技的迅猛发展，使得新的电子技术与自动控制技术不断被应用到 CVT 中。

1. CVT 的特点

1）绝佳燃油经济性。CVT 与发动机完美匹配，使发动机始终在经济油耗状态下工作，油耗比传统的 AT 节省约 15%。

2）零换档冲击、零时差加速感。通过"无级的"速比转换，实现敏锐、顺畅的换档及快速、有效的加速，带来更大的驾驶愉悦感。

3）智能化控制，实现人车合一的理想状态。CVT 能根据驾驶人的意图和不同路况，切换至适当的速比，使驾驶更加顺畅、迅捷。

4）独特的高抗拉强度钢带结构及变速器油终身免更换，带来极佳的耐久可靠性。CVT 由高抗拉强度钢片制造，并采用独特的带状结构，实现了极佳的耐久性。

2. CVT 与传统 AT 在不同路况对比

1）在一般平稳路况下：普通 AT 车型换档时，在齿轮切换时发动机转速会突然下降，产生顿挫感；CVT 车型行驶时，实现无缝加速，发动机转速能平滑上升，不会产生顿挫感。

2）在过弯路段：连续过弯时，CVT 通过连续改变速比，有效利用发动机回转制动，因而不需要频繁制动，操控更加顺畅且省油；而 AT 无法自动调整速比，无法有效利用发动机制动，只有靠频繁地踩制动踏板降低速度，从而增加不必要的油耗。

3）在上下坡的路段：上坡时，CVT 能感知路况，迅速切换到最适合的速比，使发动机维持在固定的转速，不会像普通 AT 一样需要周期性地重复加减速，不停地升档、降档，在增加操控难度的同时也增加了油耗。下坡时，CVT 能自动连续改变速比，从而自动利用发动机制动，因而不需要频繁制动；而传统 AT 无法自动调整速比，难以自动利用发动机制动，只有频繁地踩制动踏板降低速度，这就增加了不必要的额外油耗。

4）在加速超车的路况下：CVT 能感知驾驶人踩加速踏板的力度，从而迅速提高发动机转速，获得迅捷顺畅的加速效果。变线时放松加速踏板后，通过改变速比自动利用发动机制动，从而不需要因踩制动踏板减速而增加不必要的能量损失；普通 AT 在变线超车时只能通过踩制动踏板降低速度，增加操控难度且增加能量损失。

（二）双离合变速器（DCT）

双离合变速器（DCT）又称为直接换档变速器（Direct Shift Gearbox，DSG）。

1. 双离合变速器的发展

离合器位于发动机与变速器之间，是发动机与变速器动力传递的"开关"，它是一种既能传递动力，又能切断动力的传动机构。它的作用主要是保证汽车能平稳起步，变速换档时减轻变速齿轮的冲击载荷并防止传动系过载。在一般汽车上，汽车换档时通过离合器分离与接合实现，在分离与接合之间就有动力传递暂时中断的现象。这在普通汽车上没有什么影响，但在争分夺秒的赛车上，如果离合器掌握不好，动力跟不上，车速就会变慢，从而影响成绩。

为了解决这个问题，早在20世纪80年代，汽车工程界就设计出了一种可直接换档的变速器，仅装配在赛车上，能消除换档离合时的动力传递停滞现象。它最早的实际应用是在80年代初的保时捷962C和奥迪sport quattro S1 RC赛车上，通过使用双离合器，从一个档位换到另一个档位，时间不会超过0.2秒。

双离合变速器起源来自赛车运动，但是因为耐久性等问题，当时并没有普及。直到2003年，大众公司率先推出了首款6档双离合变速器（其注册商标DSG是德语缩写）并实现了量产，这种双离合变速器就从当初只用于赛车，广泛应用到一般家用轿车上，成为首次将这一技术应用到主流消费市场的车企，而大众也是目前发展双离合变速器最为成功的公司。

对于双离合变速器，不同的生产商有不同的命名。例如，大众称其为DSG，奥迪叫S-tronic，保时捷叫PDK，福特叫Powershift，等等，而比较规范的叫法则是DCT。

中国国内在售的装备双离合变速器的车型已经越来越多，具代表性的是大众旗下的迈腾、GTI、EOS以及尚酷，装配双离合变速器的速腾及朗逸也已经上市。此外，沃尔沃S40也有双离合版本，而保时捷的众多车型也都采用了双离合变速器。

2. 双离合变速器的基本原理

双离合变速器的优势很明显，但其内部结构相对来说非常复杂，如图5-18（见彩插）所示。首先，它有两组离合器分别由电子控制并由液压系统推动，而两组离合器分别对应两组齿轮机构，这样传动轴也相应地被分为两部分，中心的实心传动轴负责一组齿轮，而空心传动轴负责另一组。由此可见，双离合变速器的内部构造几乎彻底颠覆了传统的变速器形式。

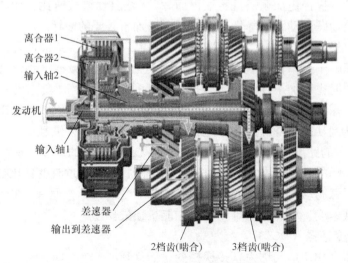

图5-18 双离合变速器的结构原理

双离合变速器的工作原理可以简单理解为一个离合器对应奇数档，另一离合器对应偶数档。当车辆挂入一个档位时，另一个离合器及对应的下一个档位已经处于预备状态，只要当前档位分离就可以立刻接合下一个档位,因此双离合变速器的换档速度要比一般的自动变速器甚至手动变速器还快。此外,双离合变速器虽然内部复杂,但实际体积和重量相比自动变速器而言有明显优势,并没有比手动变速器增加多少,因此装备双离合变速器的车型不会增加过多的负载。

奥迪这种双离合系统变速器是一个整体,有6个档位,离合器与变速器装配在同一机构内,两个离合器互相配合工作。这好比一辆车有两套离合器,正驾驶员控制一套,副驾驶员控制另一套。正驾驶员挂上1档松开离合踏板起步时,这时副驾驶员也预先挂上2档但踩住离合踏板;当车速上来准备换档,正驾驶员踩住离合踏板的同时副驾驶员即松开离合踏板,2档开始工作。这样就省略了档位空置的一刹那,动力传递连续,有点像接力赛。双离合系统两套离合器传动系统,通过ECU控制协调工作。

当汽车正常行驶的时候,一个离合器与变速器中某一档位相连,将发动机动力传递到驱动轮,ECU根据汽车速度和转速对驾驶员的换档意图做出判断,预见性地控制另一个离合器与另一个档位的齿轮组相连,但仅处于准备状态,尚未与发动机动力相连。换档时第一个离合器断开,同时第二个离合器将所相连的齿轮组与发动机接合。除了空档之外,一个离合器处于关闭状态,另一个离合器则处于打开状态。

两根传动轴分别由第一、第二离合器控制与发动机动力的连接与断开,分别负责1、3、5档和2、4、6档的档位变换。考虑到零件使用寿命,设计人员选择了油槽膜片式离合器,离合器动作由液压系统来控制。

DSG变速器主要是要满足消费者对驾驶感觉和车辆节油的双重要求,为喜欢手动变速器的消费者提供了最佳选择。配备DSG的发动机由于快速的齿轮转换能够马上产生牵引力和更大的灵活性,加速时间比手动变速器更加迅捷。

3. 双离合变速器的结构组成

双离合变速器主要由离合器、液压控制系统和换档机构等组成。双离合变速器有两套离合器系统,一个控制1、3、5档,一个控制2、4、6档(以6速DSG为例进行介绍)。

我们将两套离合器各自负责的部分假想成两个变速器,如图5-19所示。当一个变速器工作时,另一个处于空转状态。通过两个离合器间的切换实现两个变速器的交替工作(当车辆在奇数档位行驶时,可预先挂好偶数档),在保证动力不间断的情况下,实现各档位间的平稳变换。

(1)离合器

DSG的独特之处在于它的离合器,根据离合器工作环境不同可分为干式和湿式两种类型,而它们最大的区别就是散热方式,干式离合器采用是风冷,而湿式离合器采用的是水冷。在高速下可能还不能看出端倪,但在走走停停的城市道路中行驶时,频繁起步长期处于半离合状态,干式离合器的热量散发不出去,就容易导致故障。

干式离合器如图5-20所示,依靠空气进行冷却。

湿式离合器如图5-21(见彩插)所示,它工作于油液当中,靠油压实现动作的完成,且依赖油液进行冷却。

工作流程如图5-22所示,离合器K1压力腔充油→K1活塞移动→K1内外片压合→转矩通过离合器外壳、离合器片1、输入轴1传递→K1泄油腔工作→离合器K1分离→碟形回位弹簧将K1活塞回位→转矩中断。在离合器K1分离的同时,离合器K2压力腔开始充油。整个工作过程与K1相同,从而保证离合器始终处于结合状态。

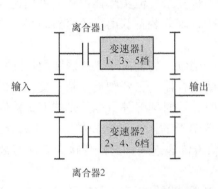

图 5-19 两套离合器工作示意图

图 5-20 干式离合器

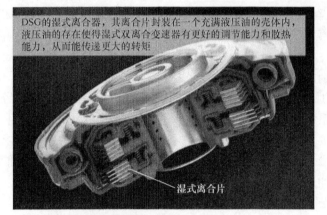

图 5-21 湿式离合器

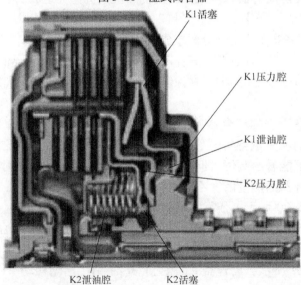

图 5-22 工作流程示意图

离合器动作总图如图 5-23 所示。

图 5-23　离合器动作总图

一档时离合器动作详情如图 5-24 所示。

图 5-24　一档时离合器动作

二档时离合器动作详情如图 5-25 所示。

图 5-25　二档时离合器动作

离合器的优点包括：①摩擦力更大，动力传递更直接；②传动效率高，体积小；③结构简单；④制造成本较低。其缺点包括：①散热性能较差；②摩擦片易磨损。

换档前后，传动比会发生突变，从而产生扭转振动冲击，造成换档冲击感。为减少这种现象的发生，采用扭转减振器进行吸振控制和滑摩控制。

（2）扭转减振器

由于没有液力变矩器，在 DSG 系统中通常采用双质量飞轮式扭转减振器来吸收整个过程中的扭转振动冲击。图 5-26 所示为双质量飞轮式扭转减振器。

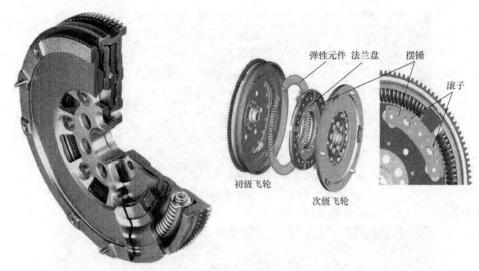

图 5-26　双质量飞轮式扭转减振器

(3) 离合器控制阀

在换档过程中，离合器控制阀的控制电流与离合器转矩之间必须进行不断的调整和适应，所以离合器经常被控制在大约 10 转/分的微量打滑状态。

(4) 液压控制系统

液压控制系统主要包括供油部分、双离合部分和换档拨叉控制部分。图 5-27（见彩插）

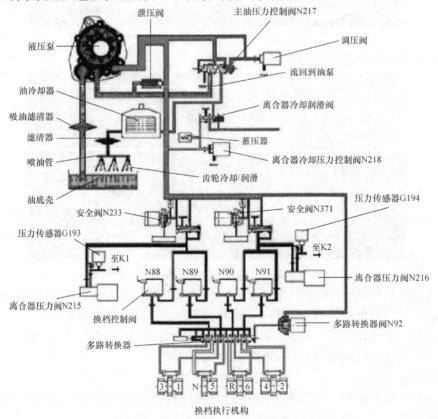

图 5-27　6 速 DSG 变速器液压系统结构

所示为6速DSG变速器液压系统结构。

二、汽车行驶稳定控制系统

1. 电子稳定程序（ESP）作用原理

ESP（Electronic Stability Program）是德国博世公司开发的一套汽车行驶车身稳定程序。要了解ESP对车身稳定性能的影响，首先要了解影响汽车行驶稳定性的因素。开过车的人都能体会，车辆在转弯时，车身会向转弯的反方向发生侧倾。转向角度越大，侧倾越厉害，车速加快侧倾也会随之加大，当侧倾的角度超过极限值的话就会发生翻车事故。同样道理，如果车速过快或转向角度过大，超过抓地力的极限，则车辆的横向加速度就会突然减小，让车辆偏离原有运动轨迹，严重时会使整车失控，这种情况在雨天和冰雪路面更容易发生。

ESP的作用就是当驾驶员操纵汽车超过极限值后，ECU自动介入修正驾驶。ECU控制车辆运动的手段有两个：第一个手段是控制节气门减小开度，衰减汽车动力，让速度降下来；第二个手段是对某些车轮进行制动，让汽车的速度能够减小到极限值以内。那么ECU怎样知道车辆的运动状况是否接近极限呢？这就需要两套传感器为ECU收集信息：一套是转向盘转向角度传感器；一套是车轮转速传感器（每个车轮上都装有一个）。前者用来收集驾驶员的意图，后者用来监测车辆运动状况。当转向盘转向角度传感器监测到驾驶员的转向角度以后，就会通知ESP；与此同时，各个车轮转速传感器测得的车轮转速信息也会传递到ESP。ESP可以根据各个车轮的转速计算出车辆的实际运动轨迹。如果实际运动轨迹跟理论运动轨迹有区别，或者检测出某个车轮打滑（丧失抓地力），电脑就会首先通知节气门，减小节气门开度（收油），然后通知制动系统对某个车轮进行制动，来修正轨迹。当实际运动轨迹与理论运动轨迹（驾驶员意图）相一致时，ESP自动解除控制。

有了这套系统，无论晴天还是雨天，驾驶员都能放心大胆地踩加速踏板，因为一切都在ESP系统的辅助之下得心应手。车辆在湿滑路面情况下失控的可能性大大降低，整车的主动安全性也更高。

在汽车行驶过程中，ESP系统传感器会实时监测车辆的状态信息，包括驾驶员转弯的方向和角度、轮速、横摆角、侧倾速度这些信息，一旦ESP的电控单元感知到车辆状态异常，将及时介入车辆辅助控制系统，调节发动机转速、车轮制动力、转向盘转向角，修正车辆的转向特性，防止汽车发生侧滑。这套系统主要对车辆纵向和横向稳定性进行控制，保证车辆按照驾驶员的意识行驶。电子稳定控制系统的基础是ABS制动防抱死功能，该系统在汽车制动情况下轮胎即将抱死时，1秒内连续制动上百次，有点类似于机械式"点刹"。如此一来，在车辆全力制动时，轮胎依然可以保证滚动，滚动摩擦的效果比抱死后的滑动摩擦效果好，且可以控制车辆行驶方向。另一方面该系统会与发动机ECU协同工作，当驱动轮打滑时通过对比各个车轮的转速，电子系统判断出驱动轮是否打滑，立刻自动减少节气门进气量，降低发动机转速从而减少动力输出，对打滑的驱动轮进行制动。这样便可以减少打滑并保持轮胎与地面抓地力之间最合适的动力输出，此时无论怎么踩加速踏板，驱动轮都不会发生打滑现象。

如图5-28左侧所示，车辆前轮侧滑，车辆出现转向不足。此时，ESP通过制动器对内后轮施加一定的制动力，由此产生一个逆时针的力矩，改进车辆转向能力。

如图5-28右侧所示，车辆后轮侧滑，出现车辆甩尾和过度现象。此时，ESP通过制动器对外前轮施加一定的制动力，由此产生一个顺时针的力矩，保证车辆的稳定性。

ESP系统主要在大侧向加速度、大侧偏角的极限工况下工作。它利用控制左右两侧车轮制动力或驱动力之差产生的横摆力矩来防止出现难以控制的侧滑现象，保证车辆的路径跟踪能力，提高

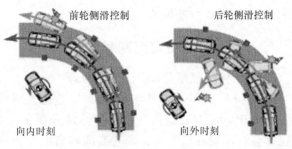

图 5-28　ESP在极限工况下工作

了车辆在高速行驶时的安全性。而且该系统在保证车辆横向稳定性方面体现在当系统通过转角传感器、横向加速度传感器及轮速传感器的信号发现车辆发生了转向不足或过度时，系统会控制单个或是多个车轮进行制动，来调整汽车变换车道或在过弯时的车身姿态，使汽车在变换车道或是过弯时能够更加平稳而安全，如图5-29所示。

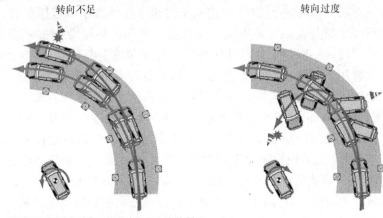

图 5-29　ESP在极限工况转向不足和转向过度时的调整

ESP还可以修正车辆，特别是突然出现障碍物的紧急避让，如图5-30所示。ESP在发

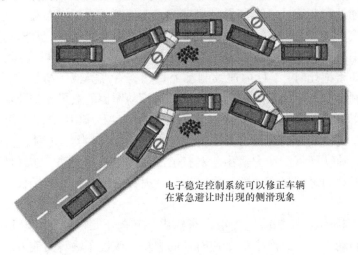

图 5-30　ESP紧急避让时修正车辆

生紧急情况下通过 ECU 来判断危险情况，并且快速做出补救措施。因为人脑多多少少都会有一定的反应时间，短短的零点几秒可能就会错过最佳的补救时机。

研究估计 ESP 降低了 30%～50% 的轿车单车致命事故和 50%～70% 的 SUV 单车致命事故。

2. 技术应用情况

各品牌的命名不尽相同，通常人们说的 ESP 其实是博世公司的注册商标。目前，世界范围内主要供应电子稳定控制系统的供应商有六家，分别是博世、天合、电装、爱信精机、大陆、德尔福。众多汽车厂家的系统也基本都是从这几家公司采购而来，再冠以不同的名字。不过，即使是同一系统在不同车型上的功能也会有不同，这里我们只说最基本的功能。

博世是第一家把电子稳定程序（ESP）投入量产的公司。因为 ESP 是博世公司的专利产品，所以只有博世公司的车身电子稳定系统才可称为 ESP。在博世公司之后，也有很多公司研发出了类似的系统，如通用的 ESC、丰田的 VSC 和宝马的 DSC 等。ESP 包含制动防抱死系统（ABS）及汽车行驶防滑转系统（ASR），是这两种系统功能上的延伸。

虽然名称不同，但各厂家车辆稳定系统的原理基本一致。如丰田（皇冠）的 VDIM 和宝马 DSC 系统与其他厂家就有些许的不同，VDIM 系统加入了对转向系统的干预，使驾驶员对行车轨迹的修正变得更轻松；在宝马上的 DSC 系统则加入了可调功能，减少了对驾驶乐趣的影响。此外，ESC 系统并不是孤立的，还可以以它为基础延伸出一系列主动安全和方便驾驶的功能。表 5-2 所列为常见品牌车辆的稳定系统名称。

表 5-2 常见品牌车辆稳定系统

名称	应用品牌
ESP	奥迪、大众、铃木、菲亚特、克莱斯勒、奔驰、标致、雪铁龙、福特（国产）等
VSA	本田、讴歌
VDC	日产、英菲尼迪、斯巴鲁
DSC	宝马、捷豹、路虎、马自达、MINI 等
VSC	丰田（锐志）
VDIM	丰田（皇冠）、雷克萨斯
ESC	通用（国产车型）
StabiliTrak	通用（进口车型）
ADVANceTrac	福特锐界
VSM	现代

当今在欧洲和美国，每 2 辆新出生产的乘用车和轻型商用车中就有 1 辆装备了 ESP。美国和欧洲的立法者最近都做出决定，要求强制装备 ESP。美国所有 4.5 吨以下车辆都必须装备 ESP。现在欧洲所有乘用车和轻、中、重型车辆都要求装备 ESP。

目前我国 20 万元以上新车配备 ESP 的比例大幅提高，像别克新君越、日产新天籁、本田雅阁等都装备了 ESP。相信随着我国车市的进一步发展，电子稳定控制系统一定会如同 ABS 一样，成为我国汽车的一个标准安全配置。

3. ESP 结构组成与原理

ESP 系统由车轮速度传感器（如图 5-31a 所示，监测各个车轮的转动速度）及转向传感器（如图 5-31b 所示，监测转向盘的转向角度）、横摆角速度传感器（如图 5-31c 所示，或称侧滑传感器，监测车体绕垂直轴线转动的状态）、横向加速度传感器（监测汽车转弯时的离心力）、电子控制单元（图 5-31d，根据传感器信号计算出将在何时并如何进行干预）等组成。控制单元通过这些传感器的信号对车辆的运行状态进行判断,进而发出控制指令,液压单元(图 5-31e)负责在各个制动器中建立并减小制动压力。

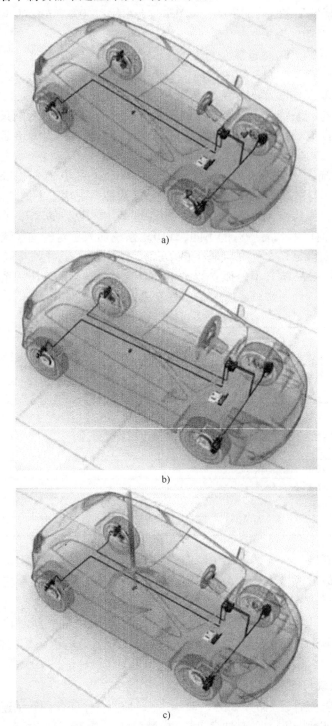

图 5-31 ESP 结构组成及功能
a)车轮速度传感器 b)转向传感器 c)横摆角速度传感器(侧滑传感器)

第五章　现代汽车科技与未来汽车

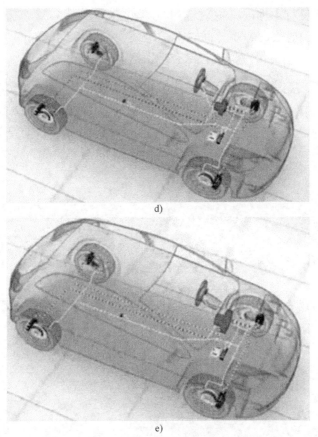

图 5-31　ESP 结构组成及功能（续）
d）电子控制单元　e）液压单元

当突然遇到障碍物时，驾驶员会左打方向，转向传感器会将此信号传给 ESP 控制单元，但是横向加速度传感器会传出转向不足的信号，也就是说车辆会径直冲向障碍物，ESP 在瞬间对左后轮进行制动，这样就产生了所谓的反向制动力，使得车辆按照驾驶员的意图行驶，如图 5-32 所示。

图 5-32　突然遇到障碍物时的控制

157

避让障碍物之后反打方向时，有转向过度的危险，如图 5-33 所示，即车尾甩向左侧，向右的力矩大于驾驶员想要的力矩。此时 ESP 会将左前轮制动，如图 5-34 所示，力矩就会减小，由于 ESP 的干预车辆保持稳定，没有进入侧滑状态。

图 5-33　避开障碍反转向时有转向过度的情况

图 5-34　ESP 会将左前轮制动

有 ESP 与只有 ABS 及 ASR 的汽车，它们之间的差别在于 ABS 及 ASR 只能被动地做出反应，而 ESP 则能够探测和分析车况并纠正驾驶的错误，防患于未然。ESP 对过度转向或不足转向特别敏感，例如汽车在路滑时左拐过度转向（转弯太急）时会产生向右侧甩尾，传感器感觉到滑动就会迅速制动右前轮使其恢复附着力，产生一种相反的力矩而使汽车保持在原来的车道上。图 5-35、图 5-36 所示为车辆行驶时出现转向过度和转向不足情况时无 ESP 与有 ESP 的比较。

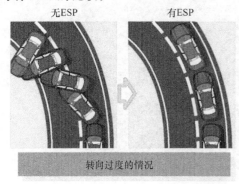

图 5-35　转向过度有无 ESP 行驶情况比较

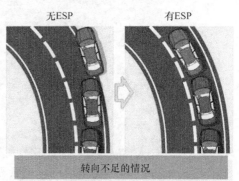

图 5-36　转向不足有无 ESP 行驶情况比较

宝马公司 DSC 系统的性能类似博世公司的 ESP，它可以确保车辆行驶的稳定性，并在起动或加速时保证所有车轮的牵引力。它能探测到过度转向或不足转向的最初迹象，DSC 将做出动作，防止车辆发生甩尾现象。

当然，任何事物都有一个有效的范围，如果驾车员盲目开快车，那么现在的任何安全装置都难以保证其安全。

三、汽车智能全轮驱动控制系统

（一）传统的四驱系统

传统汽车一般采用两轮驱动（即 2WD）的形式，在汽车刚出现时，以两轮驱动形式为主。但有时在无路或泥泞的路面上，常出现汽车驱动轮陷入沙坑或水坑，导致汽车抛锚（打滑）现象（图 5-37）。为提高通过能力，出现了四个轮均为驱动轮的车型（即 4WD）。

四轮驱动系统顾名思义，就是汽车 4 个车轮都能得到驱动力。这样一来，发动机的动力被分配给 4 个车轮，遇到路况不好时才不易出现车轮打滑，汽车的通过能力得到相当大的改善。

四轮驱动系统分为两个大类别：主动与被动。但是，目的只有一个，就是

图 5-37 汽车抛锚（打滑）现象

把动力从空转打滑的轮子移走，然后再重新分配到抓地力较大的轮子上。这就好比车轮打滑，我们要用石块木板等东西塞在打滑的轮子下面一样。当两轮（前轮或者后轮）驱动的汽车发生轮胎空转打滑的时候，补救措施只有一个，就是减小发动机的驱动力，而驾驶人只有通过轻踩加速踏板才能达到这个目的，或者 ECU 控制节气门的开度减小。

被动式的四轮驱动系统，采用的是机械式的分动装置，如图 5-38 所示。

变速器后面装有手动分力器，前后车轴各装一个称为驱动桥的部件。变速器输出的转矩通过分动器和传动轴，分别传递到前后车轴上的驱动桥，再通过驱动桥将转矩传递到轮子上。

根据四驱的原理，在转弯的时候，四个车轮之间的转速肯定是有差异的。如果驱动力分配给所有车轮而没有转速差，那车辆根本无法前进。差速器装置就是吸收车轮转速差的，几乎所有的四驱车都有前、中央、后差速器装置。

凡事有利有弊。虽然差速器能让四驱车顺利转向，可当车轮有打滑的时候，另一侧的车轮也要失去驱动力，而打滑的车轮徒劳地空转却无法前进。这时候就需要差速器锁来锁定打滑的车轮，而把驱动力全部传送到尚未打滑的车轮上，使得车辆脱离险境。

分时四驱是一种驾驶人可以在两驱和四驱之间手动选择的四轮驱动系统，由驾驶人根据路面情况，通过接通或断开分动器来变化两轮驱动或四轮驱动模式，这也是越野车和一些 SUV 较为常见的驱动模式。

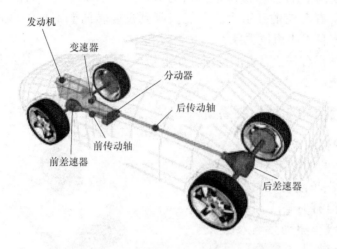

图 5-38　机械式四轮驱动分动装置示意图

这种四驱是固定分配动力的，前后各占 50% 不可变，后来人们希望可变，就出现了分时四驱（图 5-39）。

图 5-39　机械式四轮驱动分动装置结构图

它的优点是结构简单，稳定性高，坚固耐用，但缺点是必须车主手动操作，有些甚至结构复杂，不止是一个步骤，同时还需要停车操作。这样不仅操作起来比较麻烦，而且遇到恶劣路况不能迅速反应，往往错过了脱困的最佳时机；另外因为有的分时四驱没有中央差速器，所以不能在硬地面（铺装路面）上使用四驱系统，特别是在弯道上不能顺利转弯。

现代汽车常见的四驱形式为三大类：全时四驱、分时四驱、适时四驱。

1. 全时四驱

车辆在整个行驶过程中一直保持四轮驱动的形式，发动机输出转矩以固定的比例分配到前后轮，此时汽车前后轴以 50∶50 的比例平均分配动力。这种驱动模式能随时拥有较好的越野和操控性能，但不能够根据路面情况做出转矩分配的调整，并且油耗较高。它设有前、中央、后差速器装置。

2. 分时四驱

分时四轮驱动系统是一种可以在两驱和四驱之间手动切换的系统，由驾驶员根据路面情况，通过接通或断开分动器来变化两轮驱动或四轮驱动模式，这也是越野车或四驱 SUV 最常见的驱动模式。动力输出的转矩基本是以同样的大小传递给前后轴，当在附着力良好的路面行驶至弯道时，由于前后轴的转速不同，如果分时驱动的前后轴之间没有中央差速器，就会发生一侧轮胎产生了制动的感觉，所以不能在硬地面（铺装路面）上使用四驱，特别是在高速急转弯时，这种弯道制动有可能造成车辆失控。由于汽车转向时，前轮转弯半径比同侧的后轮要大，路程走得多，因此前轮的转速要比后轮快，以至四个车轮走的路线完全不一样，只可以在车轮打滑时才挂上四驱；一回到摩擦力大的铺装路面应马上改回两驱，不然的话，轮胎、差速器、传动轴、分动器都会损坏。在驾驶分时四驱车时必须小心，其四驱功能有可能不可以在硬路面（铺装路面）上使用，下雨天也不可以用；有冰或雪地则可以用，而一旦离开冰雪路面应马上改回两驱。

3. 适时四驱

单纯从字面来理解，就是指只有在适当的时候才会用四轮驱动，而在其他情况下仍然是两轮驱动的驱动系统。这个名称是有别于需要手动切换两驱和四驱的分时四驱，以及所有工况下都是四轮驱动的全时四驱而来的。

而适时四驱则是由 ECU 控制两驱与四驱的切换，在正常路面，车辆以两轮驱动模式行驶，遇到越野路面或者车轮打滑时，ECU 将探测并自动将动力分配到另外两轮。对于适时四驱模式而言，控制程序的优劣会影响到驱动形式切换的智能化。

（二）智能全轮驱动控制系统

典型的智能全轮驱动系统是 BMW 推出 xDrive 系统。图 5-40（见彩插）所示为 xDrive 系统的组成，在前后轮之间采用可变驱动转矩分配，通过电控多片式离合器进行控制，正常行驶下按40：60的比例，将动力分配至前后桥，特殊路面可将动力实现 0～100% 动力无级分配调整。

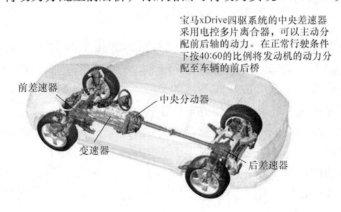

图 5-40　宝马 xDrive 系统的组成

图 5-41 所示为宝马 xDrive 系统的中央分动器和多片离合器。通过步进电动机，可以调节中央分动器中的多片式离合器，离合器片上的压力越高，传送至前轮的动力越强；当离合器完全开启时，所有动力传送至后轮。电子控制系统能够在瞬间改变转矩的分配，可在 0.1 秒内将动力传递至附着力最好的车轮。

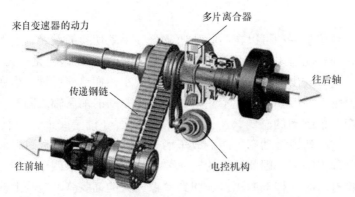

图 5-41　宝马 xDrive 系统的中央分动器和多片离合器

在宝马的 X 车型上通过链传动驱动轴传递动力，而在 3 系、5 系和 7 系轿车的所有全轮驱动车型上则通过齿轮系统进行动力传递，如图 5-42 所示。

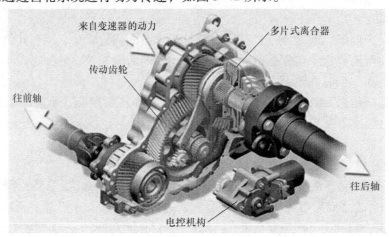

图 5-42　xDrive 系统的齿轮传动系统

传统全轮驱动系统只有当至少一个车轮已打滑时才做出响应，而 xDrive 甚至能够提前识别牵引力的早期损失。例如，通过快速分析车辆动态参数的范围，xDrive 能够随时探测到在高速转弯时是否存在转向过度或转向不足的风险。如果转向不足，则立即将更多的驱动力传送至后轮，这样使得过弯时转向更加灵敏。换句话说，xDrive 在驾驶人毫无察觉的情况下提高了车辆稳定性。同样，通过将剩余驱动力传送至前轮，系统的主动功能可以在最早阶段矫正转向过度的趋势。这意味着在实际发生牵引力损失之前，即可发挥全轮驱动的优势。

智能全轮驱动的优点是更易在泥潭和崎岖不平的路面脱困，因为四个轮胎都有独立驱动力，操控及抓地力均衡良好。用在轿车上的优点就是操控性高，而用在越野车上则是通过性更强。

由于动力分配前后不一致，没有桥间差速器，所以车辆拐弯和行驶时离合器一直是打滑状态下工作，分动器没有散热系统，没有强制润滑系统，所有部件都靠飞溅润滑，这就注定离合器的寿命不会太长。因此宝马四驱车型经常会出现拐弯和中低速行驶时车辆耸动的故障。此外，该系统还有以下缺点：①费油，由于每个车轮都会承担动力输出，所以费油那是必然的；②养护成本高，四轮驱动系统结构复杂，保养和维修费用较高。

四、汽车四轮转向技术

四轮转向（4 Wheel Steering，4WS）是指除了传统的以前轮为转向轮，后两轮也是转向轮的转向系统，在 20 世纪 80 年代中期开始发展。目前，四轮转向技术被很多公司采用，其中大多应用在大型车辆上，也有一些 SUV 和跑车具有四轮转向的功能。图 5-43（见彩插）所示为四轮转向汽车示意图。

图 5-43　四轮转向汽车示意图

四轮转向（4WS）的目的是提高汽车在高速行驶或在侧向风力作用时的操作稳定性，改善在低速下的操纵轻便性，以及减小在停车场停车时的转弯半径。

如图 5-44 所示，在窄小的停车场地转弯时，停车是否容易取决于转弯半径的大小。由四轮转向的几何运动关系可知，低速行驶时 4WS 车辆的转弯半径小得多。

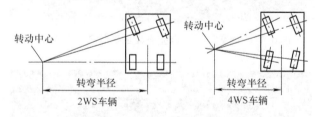

图 5-44　四轮转向的几何运动关系

四轮转向主要有两种方式：当后轮转向与前轮转向方向相同时，称为同相位转向；当后轮转向与前轮转向方向相反时，称为逆相位转向（图 5-45）。

在低速行驶时采用逆相位转向，使车辆的转弯半径减小；中高速时为同相位转向，以提高在高速时车道变换时的操纵稳定性。

1. 四轮转向技术发展历史

四轮转向技术最初出现在 1912 年澳大利亚生产的拖拉机上（图 5-46），然而这并不是世界上公认的最早使用四轮转向功能的汽车。首先，它并不是一辆汽车，并且也没有实现大规模的量产。那么，第一辆采用四轮转向系统的汽车是由谁制造的呢？

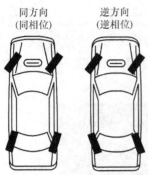

图 5-45　四轮转向的两种方式

图 5-46　1912 年澳大利亚生产的四轮转向拖拉机

1937 年，梅赛德斯-奔驰开发了采用四轮转向系统和双车轴设计的 G5 车型，获得不错的市场响应，成为当时最受欢迎的车型之一，如图 5-47~图 5-49 所示。

图 5-47　梅赛德斯-奔驰开发的四轮转向汽车 G5

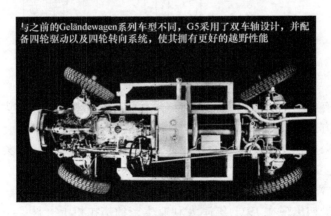

图 5-48　梅赛德斯-奔驰的双车轴设计

图 5-49　G5 成为当时最受欢迎的车型之一

从 20 世纪 80 年代末期至今，日本汽车制造商一直延续着采用四轮转向的传统。但是，四轮转向受到了电子稳定控制系统和横向偏摆控制系统的竞争，这两种装置都能够像四轮转向系统一样纠正转向不足或转向过度，而不会导致成本和重量增加过多的不利影响。

1987 年，本田推出搭载四轮转向系统的第三代 Prelude（图 5-50），从那个时期开始，日本和欧洲的一些汽车厂商纷纷开始研究四轮转向系统，并很快就推出了相应车型。

2. 四轮转向系统的结构

本田第三代 Prelude 上应用的采用了一套纯机械式的四轮转向系统（图 5-51）。后来的四轮转向系统又发展为由计算机控制的系统，如图 5-52 所示。

图 5-50　本田第三代 Prelude

图 5-51　第三代 Prelude 四轮转向系统的外部机构

四轮转向技术极大地提升了大型车辆的操纵性、稳定性、安全性和舒适性，是一项与防抱死制动系统（ABS）和牵引力控制系统（TCS）相媲美的具有划时代意义的汽车技术革命，并有望于未来成为大型车辆最受欢迎的选装件之一。图 5-53（见彩插）所示为具有四轮转向的大型工程车，四轮转向技术的优势显而易见。

3. 四轮转向的优点

汽车应用了四轮转向技术会有以下优点：

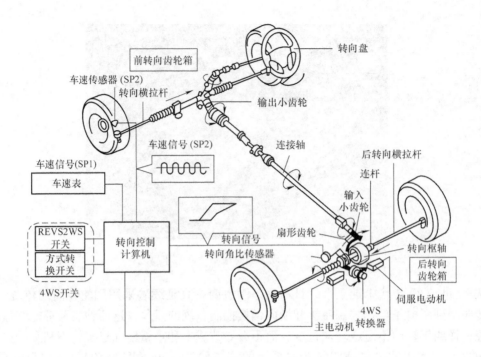

图 5-52 计算机控制四轮转向系统

1) 提高了汽车在高速行驶在滑溜路面的转向性能。
2) 驾驶员操纵转向盘反应灵敏，动作准确。
3) 在不良路面和侧向风的作用下高速下，汽车也具有较好的方向稳定性。
4) 减小低速行驶的转弯半径，便于窄路 U 形转弯。

五、电动式电控动力转向系统

电动式电控动力转向系统（Electric Power Steering，EPS）是一种直接依靠电动机提供辅助力矩的动力转向系统，与传统的液压助力转向系统（Hydraulic Power Steering，HPS）相比，EPS 系统具有很多优点。EPS 主要由力矩传感器、车速传感器、电动机、减速机构和电子控制单元（ECU）等组成，如图 5-54 所示。

图 5-53 工程车四轮转向状态

图 5-54 电动式电控动力转向系统

1. 电动助力转向技术发展概况

汽车通常采用的动力转向系统,它是利用一定的动力助力方式,帮助驾驶员执行转向操作的总成,是在机械转向系统中增设的一个动力装置,按传动介质的不同分为气力式、液力式和电力式3种。

转向系统经历了四个发展阶段:从最初的机械式转向系统发展为液压助力转向系统,然后又出现了电子控制液压助力转向系统,最终出现电动助力转向系统。

(1) 机械液压助力转向系统

机械液压助力是我们最常见的一种助力方式,它诞生于1902年,由英国人Frederick W. Lanchester发明,而最早的商品化应用则推迟到了半个世纪之后,1951年克莱斯勒把成熟的液压转向助力系统应用在了Imperial车系上。由于技术成熟可靠,而且成本低廉,得以被广泛普及。机械液压助力系统的主要组成部分有液压泵、油管、压力流体控制阀、V形传动带、储油罐等,如图5-55所示。这种助力方式是将一部分发动机动力输出转化成液压泵压力,对转向系统施加辅助作用力,从而使轮胎转向。

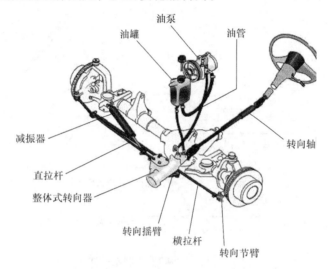

图5-55 机械液压助力转向系统

(2) 电子控制液压助力转向系统

由于机械液压助力需要大幅消耗发动机动力,所以人们在机械液压助力的基础上进行改进,开发出了更节省能耗的电子液压助力转向系统。这套系统的转向油泵不再由发动机直接驱动,而是由电动机来驱动,并且在之前的基础上加装了电控系统,使得转向辅助力的大小不光与转向角度有关,还与车速相关。机械结构上增加了液压反应装置和液流分配阀,新增的电控系统包括车速传感器、电磁阀、转向ECU等。但是无论机械液压助力还是改进的电子液压助力,都有它们各自的弊端。

1) 液压助力转向系统无法兼顾车辆低速时的转向轻便性和高速时的转向稳定性,并且消耗发动机动力,因此在1983年日本公司推出了电控液压助力转向系统。

2) 电控液压助力转向系统可以随着车速的升高提供逐渐减小转向助力,但是结构复杂、造价较高,而且无法克服许多缺点(易漏油、维修不便等)。

1990年,日本公司采用了自主研发电动助力转向系统,从此揭开了电动助力转向在汽车上应用的历史。

（3）电动助力转向系统（EPS）

EPS 是用电动机直接提供助力，助力大小由电控单元（ECU）控制。

EPS 的基本原理是：力矩传感器与转向轴（小齿轮轴）连接在一起，当转向轴转动时，力矩传感器开始工作，把输入轴和输出轴在扭杆作用下产生的相对转动角位移变成电信号传给 ECU；ECU 根据车速传感器和力矩传感器的信号决定电动机的旋转方向和助力电流的大小，从而完成实时控制助力转向。因此，它可以很容易地实现在车速不同时提供电动机不同的助力效果，保证汽车在低速转向行驶时轻便灵活，高速转向行驶时稳定可靠。

2. 电动助力转向（EPS）结构和特点分析

如图 5-56 所示，EPS 利用电动机产生的动力协助驾驶员进行动力转向，一般是由力矩（转向）传感器、电子控制单元、电动机、减速器、机械转向器以及蓄电池构成。汽车在转向时，力矩（转向）传感器会"感觉"到转向盘的力矩和转动的方向，这些信号会通过数据线发给电子控制单元（ECU）。

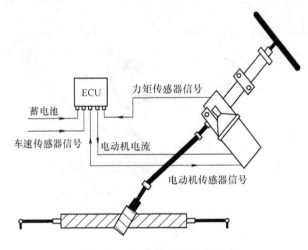

图 5-56 电动助力转向系统图

电控单元会根据传动力矩、拟转的方向、车速等信号，向电动机控制器发出动作指令，从而电动机就会根据具体的需要输出相应大小的转动力矩，从而产生了助力转向。如果不转向，则本套系统就不工作，处于休眠状态。

由于电动助力转向的工作特性，驾车者会觉得方向感更好，高速时更稳不发飘（路感）。又由于它不转向时不工作，而且只需电力不用液压，与传统动力转向系统相比，在各种行驶条件下均可节能 80% 左右，提高了汽车的运行性能。近年该技术迅速推广，成为今后助力转向系统的发展方向。

电动助力转向系统具有以下优点：

1）只在转向时，电动机才提供助力，可以显著降低燃油消耗。传统的液压助力转向系统由发动机带动转向油泵，不管转向或者不转向都要消耗发动机部分动力。而电动助力转向系统只是在转向时才由电动机提供助力，不转向时不消耗能量。因此，电动助力转向系统可以降低车辆的燃油消耗。与液压助力转向系统对比试验表明：在不转向时，电动助力转向可以降低燃油消耗 2.5%；在转向时，可以降低 5.5%。

2）转向助力大小可以通过软件调整，能够兼顾低速时的转向轻便性和高速时的操纵稳定性，回正性能力好。

3）在低速时，电动助力转向系统可以提供较大的转向助力，随着车速的提高，转向助力可以逐渐减小，这样驾驶员就感受到明显的"路感"，提高了车辆稳定性。

六、汽车主动制动系统

汽车主动制动系统顾名思义就是在驾驶人驾驶车辆时，在不使用自适应巡航等功能的情况下，车辆监测前方道路情况，在监测到即将要发生碰撞时，汽车会主动制动减速，并且发出警报提示驾驶人，如图 5-57 所示。

图 5-57　主动制动系统车辆监测前方

主动制动功能是车辆在非自适应巡航的情况下正常行驶，如遇到突发危险情况时，能自身主动产生制动效果让车辆减速（但具备这种功能的车辆并不一定能够将车辆完全制动停止）从而提高行车安全性的一种技术。目前各个汽车厂商对这项技术的命名并不统一，例如，丰田的叫作"预碰撞安全系统"（Pre – Collision System，PCS）；本田的叫 CMBS（Collision Mitigation Brake System）；奔驰的叫 pre – safe 系统。

主动制动是在检测到前方出现障碍物的情况下，才会实施主动制动措施。那么，汽车是如何来监测障碍物的呢？在一般情况下，汽车会在后视镜的后方，或者车前部格栅等位置安装探测器，在车辆行驶时实时监测前方一定范围内的车辆和行人等物体，根据系统设定的距离来进行制动和报警。

配备此类系统的车辆中，有的可以自动减速至停止，有的只能使车辆减速到一定的速度值，比如有的车型在车速低于 30 千米/时的情况下系统会起作用，而有的则需要在车速超过 30 千米/时主动制动才会管用。这是由于每个厂家的主动制动系统不同，在程序的设定上各有千秋，而且在制动的设定上也有着一定的差距。

其中，城市安全系统（City Safety）是由沃尔沃汽车公司推出的防撞技术。城市安全系统作为一项最新的主动安全技术，能够帮助驾驶人避免城市交通常见的低速行驶时的追尾事故。沃尔沃汽车公司估计，这项技术能够避免一半的追尾碰撞事故，也可以最大程度避免损失。

有数据统计表明，75%的追尾事故都发生在大约 30 千米/时的车速下，而沃尔沃的这项"城市安全"系统，则正是这些事故的克星：当车速达到 30 千米/时，这套系统就会自动起动，通过前风窗玻璃上的光学雷达系统监视交通状况，尤其是车头前 6 米内的情况（图 5-58）。当前车制动、停止或者有其他障碍物的时候，这套系统首先会自动在制动系统上加力，以帮助驾驶人在做出动作前缩短制动距离；或者它还可以通过调整转向盘，来改变车辆行驶路径，以避开障碍物。当然，如果距离障碍物已经很近，这套系统会自动紧急制动而不需要驾驶人的操作。

图 5-58　自动监测车头前 6 米内的情况

城市安全系统的分析计算速度达到大约每秒 50 次，可以根据距离和车速等方面准确地分析出需要在什么时候制动才能够避免事故的发生。而且，这套系统在白天和夜间都可以正常使用。不过，和其他一些雷达装置一样，该系统在雨、雪、雾等天气时都会受到一定的限制。

第三节　汽车智能化新技术

现代汽车新技术主要体现在汽车电子化，无论是发动机、传动系统、安全配置的改进和升级，都依赖于电子控制技术和智能化新技术。

汽车电子产品归纳为两类。一类是汽车电子控制装置，它要和车上机械系统进行配合使用，即所谓"机电结合"的汽车电子装置。它们包括发动机、底盘、车身电子控制，例如，电子燃油喷射系统、制动防抱死控制、防滑控制、牵引力控制、电子控制悬架、电子控制自动变速器和电子动力转向等。

另一类是车载汽车电子装置，它是在汽车环境下能够独立使用的电子装置，和汽车本身的性能并无直接关系。它们包括汽车信息系统（行车电脑）、导航系统、汽车音响及电视娱乐系统、车载通信系统及上网设备等。

新技术在汽车上的广泛应用，不只是为了提升动力，更是为达到安全、舒适和环保的要求。在汽车的排放限制方面，从最早提倡的欧Ⅰ到如今的欧Ⅵ，汽车的排放标准在不断提高。对于欧Ⅵ排放标准来说，只有采用增压技术、缸内喷射技术、二次空气喷射技术、三元催化技术和多路氧传感器等，才有望达到排放要求。在安全方面，主动安全系统和被动安全系统的组合运用，提高了车辆的安全性。如今的汽车已经不再是普通的代步工具，新技术让它有了"灵气"，驾驶也真正成为一种享受。

一、汽车安全和舒适智能新技术

随着电子信息技术的飞速发展，形形色色的智能技术在汽车上得到广泛应用，充分体现出其安全、舒适、方便和快捷的优越性能。

越来越多的汽车厂家把竞争焦点转移到新技术和高科技配备上，汽车也演变成了一个容纳先进技术的平台，几乎所有正在流行和将要流行的东西都有可能被汽车收罗进来，成为它的一部分。从以前简单的添加一个CD播放器，到现在几乎把所有个人电脑有的功能都可以应用在车上，GPS卫星导航、OBDII行车数据显示、手机控制、WiFi/5G无线上网、外国最流行的XM卫星电台、远红外线夜视系、自动泊车系统和自动驾驶等，功能不计其数。聪明的汽车厂商用各种各样的高科技汽车产品吸引着消费者的眼球。

（一）汽车智能避撞系统

汽车避撞技术，首先解决的问题是汽车之间安全距离。汽车与汽车之间超过了这个安全距离，就应该能自动报警，并采取制动措施。测定汽车之间安全距离的方法有超声波测距、微波雷达测距和激光测距等。

1）超声波测距。超声波发生器不断地发射出40千赫的超声波，当遇到障碍物后反射回反射波，超声波接收器接收到反射波信号，并将其转换成电信号。

2）微波雷达测距。微波雷达测距就是利用目标对电磁波反射来的三维信息，发现目标并测定其位置。

3）汽车避撞雷达。其主要功能为测速测距，对前方100米内危险目标提供声光报警；紧急情况下可以自动制动（图5-59）。

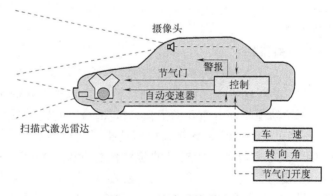

图5-59 汽车避撞雷达

装有避撞雷达的汽车上了高速公路以后，驾驶人就可以启动车上的避撞雷达系统。雷达选定好跟随的汽车以后，被跟随的汽车就成了后面汽车的"目标车"，无论是加速、减退，还是停车、起步，后面的汽车都能在瞬间之内予以模仿。如果前车在行驶一段时间之后，不再适合于自己的"目标车",驾驶人可以重新选择另一辆"目标车"。

在跟车距离小于安全距离或前车有转弯等紧急情况时,避撞系统会向驾驶人发出警报,提醒注意并采取减速或制动措施。这样可以有效地预防碰撞事故的发生,对降低交通事故发生率和确保道路行车安全有着非常重要的意义。

(二)汽车智能轮胎

汽车智能轮胎是在轮胎内装有计算机芯片或将芯片与轮胎相连接,计算机芯片能自动监控并调节轮胎的行驶温度和气压,使轮胎在不同条件下都能保持最佳的运行状况,既提高了安全系数又节省了开支。更先进的智能轮胎能在探测出结冰的路面变软,使牵引力更好;在探测出路面的潮湿程度后,还能自动改变轮胎的花纹,以防打滑。

普利司通公司开发了一种具有三个气室(轮胎内部作为压力容器的小间部分)的多气室轮胎。所谓"多气室轮胎",就是通过分别调节中央部位的主气室以及主气室两侧的副气室的气压,可改变胎面及侧面的刚性平衡。在各种状况下,轮胎均能与路面保持理想的接触状态,可以实现稳定且舒适的驾驶。另外,还可以根据需要来调节使用该轮胎的乘坐舒适性及运动性等性能。由于三个气室是相互独立的,即使遇到扎胎情况,一个气室的气压降为零,剩余气室也能够支撑车重行驶一定的距离,确保安全。

吉利汽车公司成功研发并发布了一项新技术——爆胎监测与制动系统(BMBS),能让高速行进中的车辆在发生爆胎后,按照正常的轨迹运动,从而避免由爆胎引发的交通事故。

BMBS集机械、计算机、电子控制与液压控制于一体,能够对行驶中汽车轮胎的胎压进行实时监测和预警:当出现爆胎等紧急情况时,轮胎气压监测采样单元能够即刻采集到这一信号,并将这一信号立即传递给中央控制单元,中央控制单元马上发出指令给制动器总成,制动器总成瞬间爆发出强大的制动力,在极短时间内(0.2~0.5秒,即从爆胎发生到产生制动的时间)促使汽车产生紧急制动并安全减速,实现短时间内车速降至20~30千米/时的安全车速甚至停车。

吉利不仅拥有该技术的自主知识产权,还获得了国家发明专利,并为该项技术在全球141个国家进行了专利申请,通过了公安部交通安全产品质量监督检测中心的鉴定,而且已经在公安、武警等重要领域开始使用。吉利将把这项先进的汽车安全技术装备到全系车型上,提升车辆的技术安全性。

(三)触摸屏式无线导航系统

车辆导航系统融合了汽车、交通计算机和通信系统科学领域的技术。

全球定位系统(GPS)是车辆导航系统的基础。最初的方案是由24颗卫星组成,并分布在3个轨道平面上,每个轨道平面分布8颗卫星,按照这一布置,地面上任一位置都能收到6~9颗卫星信号。安装在车辆上的GPS接收机就能提供连续的实时定位信息:精度、纬度、速度和方向。将GPS全球定位系统所提供的位置信息匹配在数字道路地图上,从而实现车辆的动态引导实时调度等。与数字地图有关的功能包括地图显示、地址匹配、地图匹配、路径规划和路径引导,其中地图显示是车辆导航系统的重要组成部分,它构成了人机接口的基础。

触摸屏式无线导航系统的亮点是基于DVD的地图导航,以及与卫星数字音频兼容的AM/FM/CD无线电。该系统包括一部与全球定位系统(GPS)互动的车载计算机及汽车传感器和地图数据库,以提供道路信息并帮助旅行者到达目的地。

由德尔福研发的这一系统的特点在于地图浏览、交叉路口浏览、地址簿和旅游景点全部集中在一张 DVD 光盘中。触摸屏式的菜单系统使导航系统便于操作，而语音提示功能则可以使驾驶人始终将注意力集中在道路上（图 5-60）。一旦驾驶人错过了一个转弯，导航系统便自动生成新的路线图。导航系统内集成了拥有多种功能的娱乐系统，具体包括 DVD 视频、收音机、交通数据、蓝牙、语音录入器和媒体播放器。其语音激活系统可以在全球范围内提供 11 个语种和 15 种地区方言的路线向导。

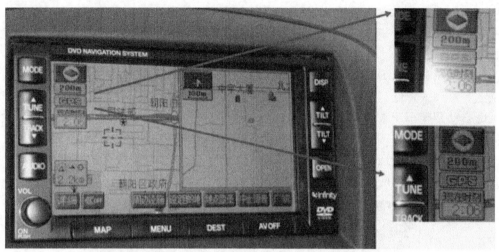

图 5-60　触摸屏式无线导航系统

（四）自适应巡航控制系统

汽车自适应巡航控制系统（ACC）是在早期的汽车巡航控制系统基础上发展起来的一种自动控制系统。

1. 早期汽车巡航控制系统

（1）作用

巡航控制系统的设置，使驾驶人可以将车速设定在一个固定值上，车辆准确地按照所设定的速度行驶。驾驶人可以不必踩加速踏板，从而大大减轻长途驾车的疲劳，同时匀速行驶也可以减少燃油的消耗。

（2）优点

1）无论风力和道路坡度变化引起的汽车行驶阻力怎样变化，只要在发动机功率允许的范围内，汽车行驶速度均可保持不变。

2）长期在高速驾车过程中，驾驶人需要长期将右脚踏在加速踏板上以维持较高的行驶速度，而巡航控制系统的发明大大减轻了驾驶人的负担，提高了行驶的舒适性。

3）巡航控制系统可使汽车燃油的供给与发动机功率间的配合处于最佳状态，有效降低燃油消耗，减少有害气体的排放。

（3）缺点

由于车速设定在一个固定值上，车辆虽然准确地按照所设定的速度行驶，但交通路面来往车辆频繁，遇到前车减速的情况驾驶人就需要频繁操作，甚至一旦操作时机错过或失准，就会产生碰撞事故。

2. 汽车自适应巡航控制系统

在早期的巡航控制技术的基础上，经过进一步智能化升级，安装在车辆前部的车距传感器（雷达）持续扫描车辆前方道路，同时轮速传感器采集车速信号。当与前车之间的距离过小时，ACC 控制单元可以通过与制动防抱死系统、发动机控制系统协调动作，使车轮适当制动，并使发动机的输出功率下降，以使车辆与前方车辆始终保持安全距离。自适应巡航控制系统在控制车辆制动时，通常会将制动减速度限制在不影响舒适的程度，当需要更大的减速度时，ACC 控制单元会发出声光信号通知驾驶人主动采取制动操作。

ACC 不但可强化车辆安全性，还可提高驾驶人的舒适度。现在，很多车型上已经使用这种技术。

沃尔沃公司在它的 S80 豪华轿车上应用了自适应巡航控制系统，在那些交通流量不稳定的道路上，可大大降低驾驶人的驾车强度和提高驾车安全性。ACC 通过雷达反馈回来的信息，及时自动调整车速来保证与前车足够的安全距离（图 5-61）。驾驶人只需简单地设定一下最高巡航车速（30~200 千米/时）和与前车的间隔时间，即可安心享受安全的旅程。与前车的间隔时间有 5 种选择，分别在 1~2.6 秒之间。当雷达发现前车的速度减慢时，会自动调整车速，以保持相应的安全车距。

图 5-61　自适应巡航控制系统

（五）车道偏离预警系统

虽然人们采用各种方法来保证驾驶人的安全，但是如何避免事故发生，才是我们对于未来车辆安全的讨论重点。因为只有最大程度地减少事故发生率，才能更好地体现车辆安全。在车辆高速行驶的状态下，有效避免非正常偏离车道的问题，将会大大地降低事故率。

车道偏离预警系统（LDW）及驾驶警示系统可通过车内警示音，提醒驾驶人车辆已偏离行驶车道或可能发生碰撞事故。目前，已有多家公司对这一技术进行研发并应用。

Iteris 公司宣布已经在美国和欧洲市场推出其车道偏离预警系统第二代产品。该产品的特点是"单线追踪"，它只需一条车道线就能准确追踪车辆保持在车道内，否则将发出报警。该系统能够追踪车道中线和边线，这对于许多只设有中线的美国道路和只有"雾线"的欧洲道路来说增加了实用性。同时，该产品进一步提高了对车道追踪的准确性，其中包括道路的窄弯处，误报警率明显减少。

沃尔沃公司也开发了类似的系统，通过 1 台摄像机来检测车辆在车道线之间的位置。假

如驾驶人在行车过程中跨越原来的车道,但没有转向的操作(如打转向灯),该系统会发出警示音(图5-62),可帮助驾驶人预防由于偶然分神而偏离车道所造成的严重交通事故。沃尔沃公司的研究人员估计,在车速为70~100千米/时,车道偏离警示系统可使这类事故减少30%~40%。

图5-62 车道偏离警示系统

(六)无钥匙系统

一种新型的"免钥匙"智能卡技术有望在今后成为市场主流,它采用的正是近年来刚刚兴起的射频技术和GPS技术。

这种系统被称为"驶向未来的钥匙"。使用这种技术,在驾驶人靠近汽车1米范围以内,不需要钥匙和按钮,系统就能辨识驾驶人身份并将车门由锁死改为自由状态,驾驶人只需拉动把手就可打开车门。而上车后,驾驶人也只需一个按键动作,即可起动点火开关(图5-63)。

图5-63 无钥匙系统

这种智能钥匙还可以作为一个信息的终端,读取和存储包括车辆已行驶的里程、油箱中的剩余油量、下次检修时间和当前胎压等车况信息。如果驾驶人忘记了汽车的停放地点,利用手机软件来读取钥匙上记录的汽车GPS坐标,就可以帮助驾驶人找到车辆停放的位置。

时代在发展,科技在进步,越来越多的高科技进入汽车技术领域中,像无钥匙系统这种人性化装备有望成为汽车的标准配置。

(七) 睡眠驾驶报警系统

驾驶人疲劳驾驶是引发交通事故的一个很重要的因素，对于世界各国的交通部门而言，疲劳驾驶一直是令人头痛的问题。

对于行驶过程中疲劳驾驶人会出现打瞌睡的现象，很多技术都在试图解决这一问题，只是所用方法不同。但目的只有一个，判断驾驶人是否进入疲劳状态，提示其保持清醒，这是各种睡眠驾驶报警系统的核心。

该系统可防止驾驶人在睡眠（意识低下）状态下发生事故。它通过监视转向操作和驾驶人心跳状态以感知睡眠（意识低下）特有的现象，以判断驾驶人是否开始瞌睡。若认为是轻度瞌睡，则发声及闪亮警告灯，提醒驾驶人采取措施。如果驾驶人未觉察仍继续瞌睡，则此装置会振动驾驶人的座椅，以唤醒驾驶人采取措施。如果警告后驾驶人继续处于睡眠（意识低下）状态驾车行驶时，系统会控制节气门和制动系统，使车辆自动停止，这对防止驾驶人在瞌睡状态下操作非常有效（图5-64）。

图5-64　睡眠驾驶报警系统

(八) 智能照明与夜视辅助系统

黑暗是汽车行驶安全的大敌。为了保证驾驶人在各种环境下的最佳视野，人们创新性地发明了智能照明系统，它使驾驶人拥有了一双无惧黑暗的"火眼金睛"。智能照明系统配合夜视辅助系统，让行车过程远离黑暗，更加安全。

智能照明系统是一种根据实际情况进行控制，具有5种不同照明功能的前照灯控制系统。其包含有乡间公路照明模式、高速公路照明模式、增强型雾灯模式和主动弯道照明模式等多种功能，通过复式氙气前照灯和可多角度调节的前照灯电动机，就如同人类的双眼一样，使车辆的智能前照灯照明能满足驾驶人在任何环境下对于照射角度和亮度的要求。

其中，乡村公路照明模式和高速公路照明模式可以根据设定参数、行车速度等环境的变化，对照明范围的长度、宽度、亮度和角度进行自动调整。通过这些调整，驾驶人可以更清晰地观察到乡村公路边横穿马路的行人，也可以更及时地发现高速公路上远处停滞着的故障车辆。

增强型雾灯是智能照明系统的又一特色。在视线不清的雨、雾天中，车头的左侧复式氙气前照灯可以向外摆动大约8度，并及时地向下降低光锥。这种加宽雾灯的效果会使车道中间一半部分被照得更亮，这样就改善了驾驶人在这个范围内的视距。

除此之外，夜视辅助系统则可以让驾驶人在黑暗中更加放心。当车速超过15千米/时，驾驶人就可以启动夜视辅助系统。将前照灯打开，然后只需按下仪表板上的一个按钮，显示速度的显示器就被切换为摄像机图像的状态。这项研发成果能够提供更大的视野范围，但不会让逆向的车辆感到晃眼，如图 5-65（见彩插）所示。

图 5-65　使用夜视辅助系统的视野

（九）行人保护系统

汽车的安全性不仅体现在对车内乘员的保护上，同时也要体现在对行人的安全保护方面。目前，保护车内乘员安全的技术被广泛采用，保护车外行人安全的技术在我国还没有得到足够重视，而欧盟国家已开始要求新生产的乘用车应安装行人保护系统。

行人保护系统是在汽车发动机舱内设置安全气囊，当碰撞传感器确认车辆同行人发生碰撞时，该安全气囊便在车前张开，以减少行人同车碰撞后造成的伤害程度。

汽车与行人发生碰撞时，如果速度很快的话，行人就会被撞得飞起，然后头部撞在发动机舱盖或风窗玻璃上。发动机舱盖下面就是坚硬的发动机，如果直接相撞的话，会对行人造成非常严重的伤害。因此，要想保护好行人的头部，发动机舱盖和发动机之间就必须有足够的缓冲距离。但是，这个距离很高的话会增加发动机舱的高度，影响整车的风阻系数。

一些车型就采用了一种弹升式发动机舱盖技术。其原理是在前保险杠内安装碰撞传感器，如果检测到撞到行人了，就会启动发动机舱盖弹升控制模块；接着爆炸式弹射装置便可瞬间将发动机舱盖提高，以减小碰撞下对行人造成的伤害（图 5-66）。弹升式发动机舱盖技术不仅对行人防护有利，也能让汽车设计师得以在车头造型上取得更大的发挥空间，在美学及安全性上取得平衡。在欧洲 NCAP 的测试中，弹升式发动机舱盖技术取得了非常好的成绩。相信随着行人安全性被普遍关注，这项技术会被越来越多的车型所采用。

（十）电磁减振器系统

电磁减振器系统使车辆悬架对于路面的反应状态可以做无级调整。其创新的技术在于减振器油，通过加入金属微粒，使之对磁性很敏感，这样就可以通过一个电磁场控制油的黏

图 5-66 行人保护系统

度,实现纯粹电子控制的减振器。它可以根据相应的传感器迅速对路面变化做出反应。电磁减振装置通过这一原理保证减振器在各种行驶条件下都能够提供合适的减振效果,从而最大限度地提供驾驶的舒适性以及动态操控性。而装备了传感器的计算机技术,能够在数毫秒内判断驾驶情况,驾驶人可以选择两种驾驶程序:高度运动型(可将电磁调校到比较低的黏稠水平)或是进行相反的调校来达到高舒适性的水平。

凯迪拉克车型在原来的德尔福公司开发的电磁减振器系统上,增加了一个路面感应式连续可调立柱。新的改进型减振器系统对路面波动的响应速度比原来提高了5倍,并显著地改善了汽车的操纵性、舒适性和安全性。

和传统的半主动悬架不同,该系统没有电子液压伺服阀,而是代之以具有磁性流体的元件 MR(Magnetic Ride),其前悬架装有 MR 立柱,后悬架装有 MR 缓冲块。系统的传感器有测量悬架控制臂和车身之间相对位移的位移传感器、车身侧向加速度传感器和转向盘转角传感器,系统中还有 CAN 总线下的控制器和测量水平度的压力传感器。

(十一)夜视系统

在夜间行驶的时间虽少但出事故的概率却很大,毕竟视野范围减小了许多,在路况、照明不好的路段更是要多加小心,除了行人、宠物外还要当心路上的障碍物。不过,不用担心,随着汽车技术的飞速发展,会让黑夜变成白昼,汽车新技术将给你一双慧眼,让夜间驾驶变得更轻松。

一些汽车制造商正在开发让夜间驾驶变得更轻松的夜视系统。其中宝马公司经过对比研究和仔细考察,选择了更富有创新意义的红外技术(FIR),也就是热感相机。宝马工程师们利用在热感成像相机上的成像来提高黑暗中的安全,他们认为红外技术在黑夜中检测行人、动物、物体等的效率更高。

当在黑夜中驾驶时,夜视系统提供了一种新的视觉方式。在驾驶员借助灯光系统看不清前方路况之前,热感成像相机在黑夜中可以探测到车辆前方的人、动物和一些物体。热感相机另一项功能是将图像增加亮度,然后将增亮的图像传送到控制中心显示,显然,人和动物等目标都会变得更清晰(图5-67)。

尽管宝马的夜视仪显示屏上的成像并不清晰,但是通过捕捉热放射体的方式使得成像的明暗突出非常鲜明,因而也更容易发现前方的危险。除了黑夜,它也是对付大雾的一个好方法。

宝马夜视系统对驾驶员的好处体现在非公路驾驶时、通过狭窄的小路时、在进入黑暗的地下车库时,显著提升了夜间驾驶安全性。红外技术使用了热感相机利用人、动物、物体发出的温度,提高了成像清晰度。FIR 有意地不去呈现出交通状况的全部细节,避免前方的主

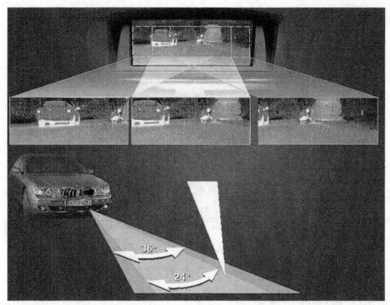

图 5-67　宝马汽车的夜视系统

要物体没有引起你的注意。换句话说，无关紧要的细节被删除了，避免过多分散驾驶员的注意力。FIR 在仪表台中部驾驶员的控制显示屏中呈现一种高对比度的夜景图像。驾驶员只需简单地察看显示屏就能获得路上目标，所以观察方便的宝马夜视系统就像看后视镜一样。图 5-68 所示为宝马汽车的夜视仪显示。

图 5-68　宝马汽车的夜视仪显示

　　FIR 让驾驶员看得更远，涵盖范围最远到车前方 300 米。FIR 可以看到的距离是其他系统的 2 倍远，驾驶员可以更早地注意到危险，在 100 千米/时的车速下可以提前 5 秒发现目标。FIR 另一特点是成像中对向驶来车辆的前照灯、街道路灯、交通信号灯、交通标志的强反光等不会使驾驶员产生眩晕（图 5-69），安装 FIR 的车辆之间也不会互相产生干扰。超出 FIR 技术的出发点，宝马还在为它增加进一步的功能：随着车速的增加，道路上的图像还能够通过镜头焦距的改变使得远距离的目标被放大，使目标更清晰。

　　这套新系统还不够完善。考虑到了驾驶员眼睛所主要观察的视野，试验显示结合实物和真实影像会致使驾驶员感到不耐烦，也许这还不是最好的解决方案。另外，宝马夜视系统的

图 5-69　成像中对向驶来车辆的前照灯、街道路灯、交通信号灯、
交通标志的强反光等不会使驾驶员产生眩晕

摄像机镜头安装在前保险杠上（图 5-70），这个位置就会受到一些外界因素的影响，如路上的泥泞、雨水会使镜头容易变脏，变脏的镜头就会影响到车内显示屏上的图像。

图 5-70　夜视系统的摄像机镜头被安装在前保险杠上

在漆黑的夜晚驾驶时，行人、动物和路上遗落的障碍物都会成为驾驶员注意不到的风险。夜视技术虽还不够完善，这项技术对提升夜晚行车的安全性和舒适性还是会有很大帮助。作为驾驶员辅助系统的一项创新，夜视系统已经安装在宝马的 2008 款 5 系轿车、5 系运动旅行车、6 系跑车上。

（十二）倒车显示屏系统

该系统在行李舱盖或后保险杠上装摄像机，并将拍摄到的画面传递到驾驶人前方的电子屏幕上，驾驶人只要看眼前的电子屏幕就能知道车后的情况（图 5-71）。这一技术目前已有应用，并解决了反向和夜视等问题。

倒车显示屏系统与倒车雷达系统相比，具有确切判断距离的优点，这是由于对车后方的水沟、山崖、凸出的钢筋、竹竿等超声波是无法感应，这也是后者在倒车安全上的死角。同时，由于目前汽车上视听系统越来越完善，更为前者的广泛应用奠定了基础。

通用公司应用了 Donnelly 公司生产的以摄像机为基础的后视镜系统。该系统用一个内后视镜和两个外后视镜采集汽车周围的景象，三个景象合成一个全景图像在中控台的视屏上显

第五章 现代汽车科技与未来汽车

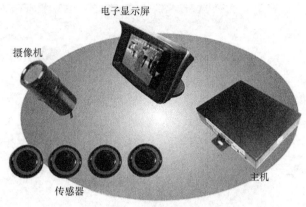

图 5-71 倒车显示屏系统

示出来，还用文字说明来传达信息。摄像机也可在倒车时使用，当车后近处有消防栓等障碍物时，就及时让驾驶人知晓。

沃尔沃公司推出的 SCC 车型上采用了"主动式后视镜和后向式摄像机"技术，实质是数字技术和可视监控（倒车电子屏）技术的综合，采用嵌上车门的后视镜和后保险杠中的传感器，可通过视频信号提醒驾驶员注意从车侧后方"盲点"处驶来的车辆。当险情加剧时，驾驶员还会收到由视频和音频信号共同组成的警报。作为车门后视镜的补充，车两侧后视镜处配置了"向后式摄像机"，它拍摄的画面以视频图像的方式出现在仪表板上的一台显示监视器中。必要时，驾驶员可借助它观察情况。同时，车上还配置了一种红外光增强器，它利用红外技术延长并拓宽了驾驶员在夜间的视野。

（十三）自动泊车系统

对于许多驾驶人而言，顺列式停车是一种痛苦的经历（图 5-72）。大城市停车空间有限，将汽车驶入狭小的空间已成为一项必备技能，很少有不费一番周折就停好车的情况，停车可能导致交通阻塞、神经疲惫和保险杠被撞坏，而这会给汽车留下难看的凹坑和划痕。

技术的发展为之提供了解决之道，这就是自动泊车功能。设想一下，驾驶人找到了一个理想的停车地点，不必再来回折腾，而只需轻按启动按钮、坐定、放松，其他一切即可自动完成。自动泊车技术有助于最终实现汽车的自动驾驶。

丰田公司的雷克萨斯 LS 460L 轿车是世界上

图 5-72 许多地方只允许顺列式驻车

第一款采用了自动泊车技术的量产车型，该技术通过车身周围的传感器来将车辆导向停车位（也就是说驾驶人完全不需要手动操作）。如图 5-73～图 5-76 所示，在自动泊车开始前，驾驶人需要找到停车地点，把汽车开到该地点旁边，并使用车载导航显示屏告诉汽车该往哪儿走。停车位需要比车身长 2 米，接下来的步骤由系统自动完成。自动泊车系统是无人驾驶技术的一大成就，汽车通过该系统可以像驾驶人那样观察周围环境，及时做出反应并安全地从 A 点行驶到 B 点。

181

图 5-73 雷克萨斯 LS 460L 自动泊车流程

图 5-74 雷克萨斯 LS 460L 轿车仪表

图 5-75 车载导航显示屏 1

图 5-76 车载导航显示屏 2

目前，其他公司也有很多此类产品投入应用，包括大众、沃尔沃和西门子等。不同的自动泊车系统采用不同的方法来检测汽车周围的物体。有些在汽车前后保险杠四周装上了感应器，它们既可以充当发送器，也可以充当接收器。这些感应器会发送信号，当信号碰到车身周边的障碍物时会反射回来，然后车上的计算机会利用其接收信号所需的时间来确定障碍物的位置。还有一些系统则使用安装在保险杠上的摄像头或雷达来检测障碍物。但最终结果都是一样的，汽车会检测到已停好的车辆、停车位的大小以及与路边的距离，然后自动驶入停车位。

自动泊车不等同于自动驾驶。自动驾驶原本是未来主义者的梦想，但随着技术的发展，已经慢慢接近成为现实。

二、汽车环保新技术

汽车尾气中包含的主要污染物有一氧化碳（CO）、氮氧化合物（NO_x）、碳氢化合物（HC）、铅（Pb）和苯并芘（BaP）等。它们对环境的污染主要表现为产生温室效应、破坏臭氧层、导致酸雨和黑雨等现象；它们对人体的危害主要表现为造成各种疾病，严重损害呼吸系统，并且具有很强的致癌性。

汽车从1886年，也就是它的发明之初，就有尾气排出，污染大气，而那时汽车少之又少，所以那点尾气并没有引起大家的重视。现在，随着汽车保有量的增多，汽车尾气污染愈发严重，令人担忧。此外，在汽车的生产和报废处理等环节，也会产生环境问题。

现在，汽车是人们生活中必不可少的交通工具，如果没有了这种便捷的交通工具，那我们的生活会是怎样？没有人敢想象。关键是汽车公司研发什么样的汽车。那些低油耗、低排放、使用清洁能源的汽车才应该是汽车公司的研发方向。这些未来环保型汽车包括纯电动汽车、太阳能汽车、氢燃料汽车、压缩天然气汽车和混合动力汽车等。研究开发所有这些新车型的共同意义在于，汽车工业界正在为保护人类赖以生存发展的环境而积极探索。

（一）环保汽车的发展方向

清洁能源、环保动力作为未来汽车的发展走向，这是当今汽车业内一个敏感的话题。在现今燃料价格节节攀升，能源与环保危机临近的情况下，环保或相对环保的汽车的研发成为世界各大汽车巨头明争暗斗的焦点。从某种意义上来说，车用环保技术的发展水平代表了一个汽车企业的技术研发实力，谁如果在这个领域占据了先机，那么它将在很大程度上引领未来市场的发展方向。

目前，全球各汽车制造巨头都有着自己的清洁能源与环保动力研究发展计划。而新能源、新动力技术的多样性，也使得各汽车巨头在此领域的发展计划呈现不同的走势。其中，宝马公司的氢动力内燃机技术、通用公司的氢燃料电池技术以及丰田公司的油电混合动力技术，是几个比较有代表性的发展方向。

1. 氢动力内燃机技术

这项技术的代表车型是宝马氢动力7系轿车（图5-77）。

在宝马7系轿车基础上研制的宝马氢动力7系轿车，是汽车业氢内燃动力领域的领军者。它的动力系统即12缸的内燃发动机，可以使用氢和汽油两种燃料。因此，宝马氢动力7系轿车拥有两个燃料箱，分别可存储7.99千克的液态氢和74升的汽油。

宝马氢动力7系拥有一个双重模式的电动机组，能够快速便捷地从氢驱动转换到传统的汽

图 5-77 宝马氢动力 7 系轿车

油驱动。无论采用哪种模式运行，宝马氢动力 7 系的动力性能曲线都要完全一样，以保证行车安全及驾驶习惯。不过，6 升排量的 V12 缸发动机只能输出约 191 千瓦的最大功率，比 730Li 的约 170 千瓦的最大功率稍高，但与 760Li 的约 327 千瓦相差甚远。同时，为了安装液氢罐而使车身重量增加了将近 260 千克，动力的损失换来的是两种燃料模式间的完美协调。

2. 氢燃料电池技术

这项技术的代表车型是通用 Sequel 氢燃料电池车（图 5-78）。

与氢内燃机动力技术类似，氢燃料电池动力技术也是以氢为能量源。不同的是，氢内燃机动力技术将氢直接作为燃料在发动机中燃烧以获得动力，而氢燃料电池则将氢先在燃料电池中经化学作用转化为电能，然后靠电动机来驱动汽车。在此领域，通用公司是技术领先者，其代表作就是通用 Sequel 氢燃料电池车。

图 5-78 通用 Sequel 氢燃料电池车

与之前的燃料电池车相比，通用 Sequel 氢燃料电池车在可驾驶性方面取得了突破性的进步，其动力表现与驾驶特性都可与目前使用汽油燃料的汽车产品相媲美。

通用 Sequel 氢燃料电池车通过采用线控技术，不仅提高了车辆安全性，简化了维护程序，拓展了设计自由度，而且也更环保。其几乎所有的驱动和控制组件都安装在 280 毫米厚度的底盘结构上，几乎每个方面的性能表现都比现有的传统燃油汽车更胜一筹——更迅速、更平稳、更便于操控、更便于生产，而且更美观也更安全。最重要的是，它只排放水蒸气，完全没有污染。

3. 油电混合动力技术

这项技术的代表车型是雷克萨斯 LS600hL（图 5-79）。

油电混合动力技术可以说是目前市场上最成熟的环保动力技术。因为油电混合动力技术是基于现有内燃机技术和电动技术基础上开发的,所以相比氢内燃机技术和氢燃料电池技术,其市场应用最广,车型也是最多的。在此领域,丰田公司无疑是当之无愧的"领头羊"。此前,丰田旗下的混合动力车型普锐斯已经在市场广受欢迎,而目前丰田的混合动力最高端车型当属雷克萨斯LS600hL。

图5-79 雷克萨斯LS600hL

虽然同为油电混合动力产品,但是雷克萨斯LS600hL却丝毫没有普锐斯那种独特醒目的外观。纯正雷克萨斯车系的设计,使雷克萨斯LS600hL的外观和内饰并没有太大的变化,而它的内在动力系统却发生了彻底的变化。

作为雷克萨斯的旗舰新款,LS600hL也是全球第一款搭载V8发动机的混合动力全驱车型。LS600hL的混合动力系统是以5升V8汽油发动机为基础,配合高输出的电机组和最新研制电压为288伏的大容量电池组共同组成的。其配备的2UR-FSE发动机是在新款LS460上搭载的4.6升V8发动机(1UR-FE)的基础上开发而来的。可以这么说,LS600hL的混合动力驱动系统所提供的动力性能可与6升排量的发动机相媲美,可以使LS600hL在6.3秒内毫不费力地将车速从0千米/时提高到100千米/时。雷克萨斯LS600hL的油电混合动力系统显示屏如图5-80和图5-81所示。

图5-80 雷克萨斯LS600hL的油电混合动力系统显示屏1

(二)福特将建全球最大汽车回收中心

福特公司计划在5年内建成全球最大的废旧汽车回收中心,把废旧汽车零部件回收使用率提高到95%。

美国每年有1100万辆汽车由于老旧或交通事故而报废,而报废汽车零部件的回收使用,主要靠分布在全国的一万多家作坊式修理厂。福特公司拟通过建立回收中心的方式,统领这些小修理厂,利用福特公司的制造技术加工二手车零部件,将其资料输入计算机,供所有修

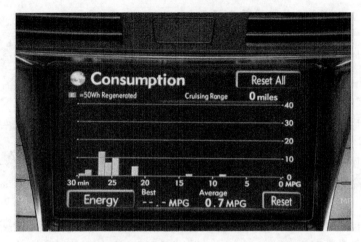

图 5-81　雷克萨斯 LS600hL 的油电混合动力系统显示屏 2

理厂上网查询；利用福特公司的销售运输网络，及时输送和供应二手车零部件。福特的目标是建成世界上首屈一指的汽车回收中心，力争在 5 年内使二手零部件的年销售额超过 10 亿美元。

福特公司特别希望从保险公司收购因交通事故而报废的汽车，因为这些汽车许多还是新的，零部件回收使用率更高。而保险公司也很愿意与福特公司合作，因为这有可能大幅度降低保险公司目前支出的高昂修车费用。

(三) 开发高效、环保的涂装新技术

减少涂装公害和降低涂装成本，这一直都是汽车涂装技术发展的主题。福特汽车公司新开发了高效、环保的涂装新技术，这项新技术能有效地将汽车涂装过程中所特有的挥发性有机化合物、二氧化碳的排放分别降低 10% 和 20%。而且，每辆车的制造成本也将降低 7～11 美元。

汽车涂装技术的发展趋势应是从材料、工艺和设备等方面不断地追求更高的质量和效率、更少的材料和能源消耗、减少直至消除"三废"排放，在此基础上降低成本。

除新的涂装材料使典型汽车车身涂装工艺不断优化外，涂装材料厂家近几年逐渐开始重视联合汽车厂家和相关行业，着眼于更大幅度地简化汽车涂装工艺和降低成本，创造了一些新技术概念。例如，NIPPON PAINT 的新色数字化概念，是基于通用型颜料和色浆，借助于数字化和网络技术，不但可以大大缩短新颜色面漆的开发周期，而且可使新车生产到售后修补整个体系的新颜色在质量一致的前提下实现完全统一，将使根据汽车用户需要立即供应新色面漆成为可能；PPG 和汉高公司都相继开发了可满足汽车车身要求的卷板前处理和防腐涂料，使应用预涂钢板制造汽车车身成为可能，这将大大简化汽车车身制造工艺，可能使汽车车身涂装实现零排放。

欧美一些汽车公司在某些车型上应用高性能塑料，可将塑料件直接装在白车身上，同金属车身一起涂装。例如，可耐 200 摄氏度高温的塑料翼子板，在电泳前或中涂前安装到白车身上，中涂面漆一体喷涂。另有一种技术路线，是开发可低温（80～90 摄氏度）固化的高性能中涂和面漆，不但可以达到上述目的，同时可以取消保险杠涂装线，降低烘干能耗，减少二氧化碳排放。

（四）大豆聚醚发泡材料的应用

世界著名汽车座椅供应商李尔公司在工艺座椅生产技术方面获得突破。李尔公司生产基于大豆聚醚发泡材料的汽车座垫靠背，已经应用于新款福特野马汽车之中。

大豆聚醚发泡材料具有优良的环保性能，是传统聚醚的优秀替代材料。但是，因为软泡产品对技术要求高，很多植物聚醚难以满足需求。李尔公司大豆聚醚发泡材料座椅的正式应用和推出，将成为汽车座椅材料应用领域一个具有里程碑意义的事件。

（五）节能踏板技术

节能踏板技术，是日产汽车全球首创。

很多驾驶人都有猛踩加速踏板的习惯，这会导致汽车油耗增加。日产公司推出了节能踏板技术（ECO PEDAL），通过加速踏板给驾驶人的脚一个回力，加速踏板变得稍稍沉重，提醒驾驶人减轻加速踏板的压力，帮助正确使用踩踏加速踏板的力量，那汽车也就减少5%～10%的油耗。对于喜欢高速驾驶的驾驶人来说，可以关闭这一系统，超车时也就不计较油耗了。该系统开启后，不仅培养了省油的驾驶习惯，同时还可以减少二氧化碳的排放。

"节能踏板技术"具备灯光提醒功能。在转速表的右上方有一个发着绿光的小条带，就是"ECO-P"灯，根据它的颜色变化就可以知道驾驶习惯是否符合节能环保的要求（图5-82）。节能踏板侧面构造与一些具备主动驾驶功能的智能踏板相同，右下方贴有"NISSAN"封条的部分嵌有电动机。

图5-82 灯光显示和提醒

早前日产的量产车上已经具备了智能踏板，可以通过雷达判断与前方车辆的车间距离，和前面的车接近时，反推加速踏板，如果你抬起踩着加速踏板的脚，就会进行制动以保证安全。智能踏板具备在需要制动、但却踩下加速踏板时进行反推加速踏板的功能，还有利用导航仪信息，根据转弯幅度的大小来控制车速的功能。配备智能踏板的车辆通过追加软件可具有节能踏板的功能（图5-83）。

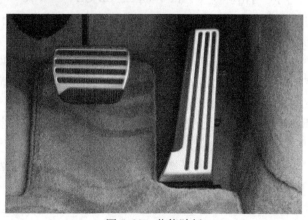

图5-83 节能踏板

第四节 未来汽车

未来汽车，可能是这个样子：没有发动机，没有转向盘，没有制动踏板。而且，它不用汽油或柴油，而是利用混合动力、乙醇、燃料电池或电力等汽车替代燃料，没有污染。

未来汽车可能是一辆海、陆、空通用的交通工具，是科学技术的新突破。它的外壳是用钛金属制成，可以承受空气和海水的压力，飞行在天空中时它是一架小型飞机，行驶在公路上时它是一辆小型汽车，航行在水面时它是一艘小游艇。

未来汽车还有一个导航系统，当驾驶人太累或无法知道目的地的方向时，只需将目的地的有关信息输入汽车的电脑中，汽车就自动启动智能系统，驾驶到指定目的地，非常方便。

未来汽车还有两个可变速的发动机，它能以接近火箭般的速度前进，还能对近距离的物体作出快速反应，就好像蝙蝠一样。这样，就能避免海、陆、空任何一处的交通意外，既安全又快捷。

汽车本来是以汽油为动力的车辆。当混合动力、动力电池和氢等新能源动力开始普及之后，汽车不但动力改变了，就连车身结构都发生了翻天覆地的变化。那么，未来的汽车还叫汽车吗？让我们拭目以待。

一、自动驾驶的开端

现代科技改变着汽车，发生变化的汽车改变着人们的生活。现在，越来越多的消费者愿意为汽车的高科技买单。根据一项调查数据显示，有近85%的消费者认为，购买科技含量高的汽车是生活品质的体现。

随着汽车保有量的迅猛增长，消费者对汽车生活的功能性需求也越来越多，这一切对传统的汽车技术提出了挑战，以人为本的科技元素成了汽车的新卖点。汽车已经不仅仅是单纯的代步工具，而是一个充满科技元素的综合性空间，车上应该延伸出相应的娱乐系统、通信系统和导航系统等车载系统。

智能化汽车将是未来汽车发展的必然方向，也必将完全改变人类的汽车生活。

（一）网格自由测距（FROG）技术

网格自由测距（Free Ranging On Grid，FROG）技术，被应用于自动导向车系统，而自动导向车就属于自动驾驶车（图5-84）。该技术与前文介绍的自动泊车系统类似，但比它更先进。

FROG车配备了车载电脑，包含该车运行区域的地图。该车从已知地点出发，然后通过该地图决定从起点到目的地的路线，通过计算车轮旋转圈数来得出已经行驶的距离（就好像你通过数自己走的步数来计算走了多远）。该车还可通过行驶区域的各种校准点（为FROG车准备的电子路标）来确认自身位置。某些码头已经采用了这项技术。FROG车可以用来装货，并自动运送到卸货区域。

FROG还可以用于公共交通枢纽。乘客来到站台按下按钮——就跟呼叫电梯一样。FROG车到达后，乘客上车并通过按钮选择目的地——同样像是电梯中的操作。通过使用车载电脑、地图和校准点，FROG车就可将乘客送到他们想去的地点。

FROG技术的问题在于其只能应用于有限的区域之内。自动化高速公路被认为是可将无

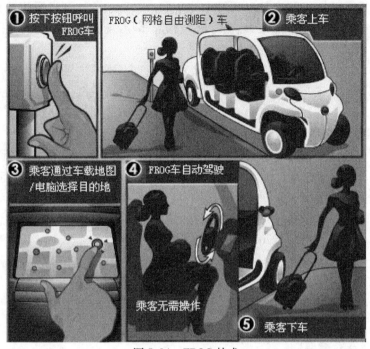

图 5-84　FROG 技术

人驾驶技术扩展到更大区域的方式。虽然人们正在测试各种方案，但其核心内容基本不变，即自动化高速公路要与智能汽车协同工作。这种智能汽车一般拥有类似自适应巡航控制系统的高级系统，高速公路先不断将速度、路面状况、障碍物和方向等信息告知车辆，然后车辆会解读这些信息并做出反应。

（二）"目光信息"驾驶新技术

日本一家名为"未来车辆研究中心"的机构宣布，他们已开发出采用"目光信息"操控驾驶的"驾驶模拟器"，这项新技术有望帮助手脚不便的残障人实现驾车梦想，还可以提高驾驶的安全性。

新开发出的模拟器能够驾驶汽车在宽 6 米的道路上以 40~60 千米/时的车速行驶。该研究小组认为，利用目光反应比利用大脑指挥运动反应速度快，而且也更容易应用到驾驶中去。

这项技术利用目光信息在脑电波投影显示的原理，在脸的右前方和左前方投射闪灭间隔不同的光线，根据脑电波仪显示频率的不同来判断视线的方向。

（三）"第六感"汽车

通用汽车公司开始试验一种"第六感"汽车。通过配备简单的天线、计算机芯片和全球定位系统等车载通信设备，该汽车就可以敏锐感知 400 米内其他车辆的所在位置，同时也能通知附近其他车辆自己的移动方向。同时，计算机系统将解读所有信息，预见可能出现的交通情况，并做出相应的反应，通过铃声、可视图标和座椅振动等方式提醒驾驶人。如果驾驶人没有对提醒做出反应，通过计算机控制，车辆还能自动停下，确保驾驶人与道路安全。

该技术的另一大进步就是彻底解决了困扰许多驾驶人的盲点问题。通过传感器，汽车能敏锐感知其他车辆的位置，无论其位置是在驾驶人的视野盲点内，还是视线不达处。一旦感知盲点内存在危险,汽车能开启侧后视镜内的小灯,以琥珀色的灯光提醒驾驶人在盲点范围内的车辆。如果驾驶人在此情况下开启转向信号灯,侧后视镜内的小灯将不断闪动,座椅也会轻微地振动,以告知驾驶人潜在的危险情况。

同时,它还能减少汽车追尾碰撞的可能性。它一旦发现后方汽车的行驶速度过快时,它将自动利用尾灯来警告该车的驾驶人。同时,它也会通过可视图标和座位的振动来提醒本车的驾驶人。如果汽车上的计算机一旦发现有发生碰撞的可能性,它将自动踩下制动踏板。

(四)汽车智能"黑匣子"

汽车智能"黑匣子"能够客观地记录车辆发生车祸前驾驶人的操作过程,可有效地提供驾驶人在事故发生前做出的种种反应。据称,交通事故处理部门安装这种系统后,可随时对行驶在各条公路上的所有汽车进行实时监控,一旦发生车祸,离事故发生地点最近的交通事故处理中心可以在几秒内获取撞车时的驾驶速度、车内乘员伤亡情况等信息。这种黑匣子与普通烟盒差不多大,构件包括可以储存、收集和传输数据的蜂窝电话装置和外部的保险装置。车祸发生后,黑匣子会自动打开,利用传感器记录下汽车的行驶速度以及出车祸时汽车的撞击位置,然后将这些信息传输给中央通信系统。黑匣子内部嵌有全球定位系统,该系统负责数据处理与传输功能。这种技术的应用,将使汽车事故处理更加及时、科学,使人员生命和财产损失降到最低点。

(五)未来汽车智能照明

目前,汽车照明系统正在经历着重要变革,不仅高压气体放电灯(High Intensity Discharge,HID)和LED光源得到了更广泛的应用,而且汽车照明系统也日益智能化,并且其智能化的范围不断延伸。例如,前照灯甚至可以转至任意角度,以便驾驶人看到偏僻的角落,不过这还取决于汽车的行驶速度。还有智能化尾灯,可以改变形状和亮度,提高安全性。另外,汽车内部的照明系统对汽车内环境也有着重要的影响,设计师和工程师们也正努力地使这一系统与内环境更为融合。

1. 汽车转弯视觉增强系统

在夜间、恶劣天气情况、车辆转弯、进入或离开交叉口以及倒车等特殊情况下,仅靠驾驶员的视力是无法保证安全的,因此,车辆配备有视觉增强功能,确保车辆及其他交通参与者的安全。

如图5-85所示,在未来我们可以看到先进的照明系统:①前灯可以旋转;②前灯光束形状随周围环境的变化而变化,甚至在汽车开始拐弯以前就已经可以照到周围的拐角。该系统将会在驾驶员转弯和曲线路段行驶时起到重要的作用。

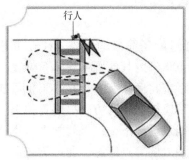
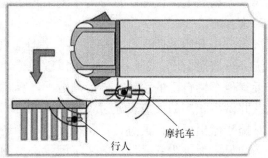

图5-85 转弯视觉增强、盲区视觉增强

汽车生产商积极开发转弯灯,称之为"Bending Light",它采用了机械化的前照灯,旋转的角度由转向角、轮速传感器和GPS系统的输入信息确定。

如图5-86a所示,旋转的前照灯可以明显扩展夜间的可视范围,该前照灯能够在水平150度的角度之内摆动,这时的转弯近光灯照亮区域比传统照明扩大了一倍,使驾驶员在交叉路口得以视觉增强,帮助驾驶员更好更快地适应转弯道路况。

目前已经有技术可以消除视野盲区,如通过复杂的电子摄像装置来采集驾驶员无法看到区域的图像(图5-86b),然后显示在驾驶员能看到的地方即仪表板上。这样一套视觉增强设备给驾驶员和车前车后的路人,多了一份安全保障。

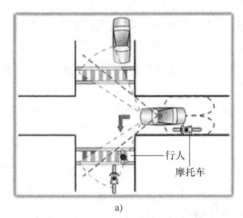
a)

b)

图5-86 交叉口视觉增强、倒车视觉增强

2. 智能化尾灯

智能化尾灯就是使汽车尾灯自动地执行工作,改善与其他道路使用者之间的交流功能。例如,如果频繁忘记关闭或者误用雾灯就会自动由尾灯取代,不过这还要取决于具体天气条件。

用于照明系统中的传感器会探测透镜周围的环境状况、污染物,甚至速度和交通信息。当有汽车尾随时,输入信息经分析后,尾灯的工作方式自动改为"有雾"状态,减少尾灯的亮度,避免车祸的发生。通过采用脉冲宽度调整LED,尾灯的亮度可以很轻易地以低成本的方式实现在很大的范围内的改变。

通过采用LED矩阵,尾灯的形状和亮度可以相应改变。这种方法还提供白天和夜间的model-to-model改变及软件驱动改变。

如果LED矩阵用于尾灯,现在尾灯已确定的形状将来可能不会再延续下去,其形状可以由软件命令来确定和改变,这有可能取决于法律的规定(制动灯和指示灯)。例如,制动灯与倒车灯可以变成不同形状。

此外,制动灯的点亮范围也可以由汽车行驶速度的快慢来决定。宝马在概念车X-Coupe上已经采用了该技术,在开始制动时,制动灯只有外围亮;随着踏板压力的不断增加,点亮的范围逐渐向内延伸;全力制动时,整个区域被点亮。

3. 内部照明

随着消费者对汽车舒适性要求的提高,汽车制造商不断开发新技术以缓解汽车行驶中的驾驶员和乘客的心理压力，内部照明技术也随之更加先进。奥迪 A8 在门套、把手（内、外）、门饰及驾驶员放腿脚的搁脚空间等地方都安装了相应的照明灯。

奔驰和沃尔沃已经安装外部照明入口，当遥控车门时可以打开相应的照明系统。这样便捷的辅助照明系统，目前已经普及到其他车型上。

与此同时，光纤导光管也开始在汽车内部照明系统中使用。

考虑到内部照明系统对驾驶员和乘客的心理方面的影响，奥迪车型在晚上和较黑的环境中行驶时，设置内部照明系统营造出一种安宁的氛围；当汽车在夜间停止行驶和驾驶员离开汽车时，可以朦胧地照射车门。

这种所谓的"心理"方式已经在奔驰 SL 系列车型上开始应用，其中包括：照亮驾驶员和乘客搁脚空间，产生一种广阔空间的舒适感觉；车门把手凹陷的夜间照明灯点亮，有助于黑暗中乘客打开车门；汽车后视镜中央安装有综合照明灯，可以发出温和的光。

为了确保良好的状态，SL 系列车型上装有一个特别的传感器来探测周围光的亮度，测定的信息传送到控制模块，最终决定内部的光亮强度。

综上所述，将来的汽车照明系统的前景是令人兴奋的。先进的前照灯、可变亮度的尾灯和更人性化的内部照明系统是全新的汽车照明技术，我们已经看到它们的应用。

（六）智能安全气囊

汽车智能安全气囊是在普通安全气囊的基础上增加某些传感器，并改进安全气囊电子控制单元的程序实现。增加的乘员重量传感器能感知座位上的是大人还是儿童；红外线传感器能探测出座椅上是人还是物体；超声波传感器能探明乘员的存在和位置等。安全气囊电子控制单元则能根据乘员的身高、体重、所处的位置、是否系安全带以及汽车碰撞速度和碰撞程度等，及时调整安全气囊的膨胀时机、膨胀方向、膨胀速度和膨胀程度，以便安全气囊对乘员提供最合理和最有效的保护。

（七）智能化仪表

未来汽车仪表拓宽功能，将不局限于现在的车速、里程、发动机转速、油量、冷却液温度和转向灯指示，可能增添一些功能。比如，带 ECU 的汽车仪表能指示安全系统运行状态，包括轮胎气压、制动装置、安全气囊和安全带等。这些信号传输形式，将不再是简单的开关接通和断开直流信号，而是包含反映这些安全装置工作状态较多信息的调制信号，供 ECU 读取，以便 ECU 能准确地综合判断这些安全装置的工作状态，并给出故障显示提醒驾驶人，或指导维修人员排除故障。将防盗系统纳入汽车仪表 ECU 的监管下，如车门、行李舱等处防盗锁指纹识别开启系统、防撬振动报警装置和防盗点火起动装置等。

未来的汽车仪表系统，正向"综合信息系统"的方向发展。这种仪表系统以液晶显示器为基础，车内通信与互联网相连，乘员舱内各操纵件通过语音进行控制。汽车收音机、DVD 播放机和音响设备等构成乘员舱舒适配置；构成信息通信系统的主要部件有漫游器、移动电话、电子邮件和国际互联网终端、视频或电子游戏中控台等。系统的主要功能有导航、音响、通信、远程微机通信和信息处理等。

二、未来汽车的新材料

（一）智能汽车玻璃

智能汽车玻璃有许多种类，包括防光防雨玻璃、电热融雪玻璃、影像显示玻璃、防碎裂安全玻璃和调光玻璃以及光电遮阳顶篷玻璃等。防光防雨玻璃采用新材料和新表面处理方法制造，雨水落到玻璃上会很快流走且不留水珠，不用刮水器刮水。其玻璃内表面反射性低，仪表板及其他饰物不会反射到风窗玻璃上，驾驶人视线不受干扰。具有影像显示功能的玻璃，是在风窗玻璃上的某一部分涂上透明反射膜，在膜片上可根据需要显示从投影仪传来的仪表板上的图像和数据，便于驾驶人观察，驾驶人在行车时不必低头察看仪表。影像显示智能玻璃如果与红外线影像显示系统配合，可使驾驶人在雾天看清前方 2 千米左右的物体。光电遮阳顶篷玻璃则是在汽车行驶或停车时，能自动吸收、积聚和利用太阳能来驱动车内风扇，还可对蓄电池进行连续充电。

其中，大众汽车公司进行了电子遮阳玻璃的研究，开发出了一种电子防耀眼系统，这个系统可以利用由 ECU 控制的玻璃中的电子矩阵来挡住阳光。ECU 可以计算出哪个方位的太阳光会照射到驾驶员的眼睛，据此将前风窗玻璃的相应部分的颜色加深，以避免阳光照射到驾驶员的眼睛。

这个系统中有两个感应器，一个是用来感应太阳的状态的，另一个用来感应驾驶员的眼部方位。这两个感应器都将信号传输到 ECU，然后 ECU 会计算出阳光进入驾驶员眼睛的视角和照射点，然后 ECU 就可以在风窗玻璃中的电子矩阵中制造出一个黑点来挡住射向驾驶员眼睛位置的阳光（与后视镜自动变暗的原理类似）。当汽车的行驶方向变动时，那些黑点的位置也会相应变动。现在，这项技术还不能应用于所有的玻璃，但是它已经是一项巨大的进步了。图 5-87 所示为大众公司的电子遮阳玻璃。

图 5-87　电子遮阳玻璃

（二）未来汽车生产平台将采用胶黏剂新技术

胶黏剂技术的快速发展，能够让设计师设计出车体更轻的汽车，并且也能让汽车制造商使用更薄的钢板。现在，一些汽车生产新平台已经开始采用胶黏剂新技术。

汽车工业的挑战是在提高安全性、提高性能和让用户能买得起的同时，来提高车辆的燃油效率。如果能够在汽车规模的应用上，可靠地预测黏结性能并且能开发出更快装配的胶黏剂，则结构型胶黏剂的重大技术突破就会出现。

福特公司通过在车身上部使用抗冲撞耐久结构胶，使福特福克斯车型的重量有一定的减少。通用汽车公司的工程师们也正在着眼于增加使用新型强力胶。通过使用抗冲撞加强型胶黏剂，而不用铆接、热连接、搅拌摩擦焊等其他类似方式，能减轻重量，而且能减少汽车生产过程中的二氧化碳排放量。

三、未来汽车的智能网联化

（一）车-车通信技术

在未来，我们有希望看到这样一套无线通信系统：道路上行驶的车辆与路边单元构成通信网络，这套无线通信系统可以随时向驾驶人报告路面流量和交通拥塞程度、前方恶劣天气状况，以及道路管制状况和事故通报。

几乎所有的汽车制造商都在研究车-车（vehicle-to-vehicle，V2V）无线通信系统。这样的通信系统采用专用小范围通信技术（Dedicated Short-Range Communication，DSRC），可以在即将发生碰撞之前发出预警。相关的管理机构甚至已经为此划定了特定的无线电频段，其技术标准规范代号为802.11p，工作在5.9吉赫的频段上。

DSRC的工作原理是这样的：车辆顶部的GPS天线接收定位信息和车内100多个不同数据点的资料，包括行驶速度、制动信息和转向灯信号，由车载计算机系统把这些信息发送出去。在约0.4千米范围内，其他配备相同系统的车辆都可以接收到这些信息。为了保护车主的隐私权，这些信息不包含车辆的牌照号码等识别信息和车主信息。车载计算机中的软件一直不断地接收和处理这些信息，计算出这个范围内每辆车的位置和速度。

通用汽车公司已经在其量产车中对这套系统进行了测试，其中采用了自己专有的危险评估算法，可以收集和处理来自GPS、车内网络和其他车辆的信息，以便发出碰撞预警并采取防护措施（图5-88）。

图5-88 车-车通信技术

（二）交通堵塞预防系统

驾驶人每天所走的高速公路或许会因为一起交通事故而变成单车道行驶状态，这是非常让人沮丧的事情。那条路上的汽车必须转道行驶，因此驾驶人不可避免地必须在中途减速换到另外一条路上去。但是，这种减速情况是否是不可避免的呢？

德国政府赞助汽车企业进行了一项名为"ACTIV"的计划，计划的目的是充分利用技术进行车流量管理并最终实现自动化行车向导。作为这项计划的成果之一，大众汽车公司的工程师们进行了一项研究，显示出如何让道路上的汽车在合适的时候提速以减少交通堵塞。这基本上也是人们一直期望驾驶人能够做的事——加速让其他驾驶人插进来。

该系统是这样发挥出作用的：在发生交通堵塞时，不用让所有的车都减速，系统可以指示临近道路上的一辆正在接近堵塞点的汽车加速。这样的话，在那辆汽车和它后面的汽车之间就留出了一段空间，供堵塞车道上的汽车插进去。配备了摄像机和计算机来记录和分析路况的交通管理系统，可以提示汽车何时停下以及起动（图5-89）。

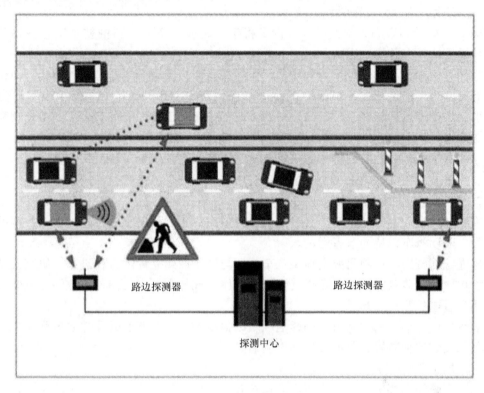

图 5-89　交通堵塞预防系统

（三）车上网络系统

现在，已经有多家汽车制造商向市场提供可在车上上网的配套装置。通用公司已经在车上装备其 Onstar 系统，只要按一个键，说一声"Onstar（启动）"，系统便连接到服务器上，然后驾驶人可以用语音指令要求播放天气预报、新闻、体育和交通状况，或者发电子邮件。更令驾驶人高兴的是，由于网络家电的大量普及，驾驶人可在车上指示家中的微波炉开始工作，一回到家便可饱餐一顿。

（四）卫星服务更上一层楼

现在，很多公司已经推出了以卫星通信为基础的汽车信息服务。例如，可以把各类交通相关信息呈现在车载导航系统的电子地图上，相关的设备已经首先应用在本田公司推出的 Acura RL 车型上，随后也装备于日产公司的 Altima 等车型。

通过与大众汽车公司合作，Google 推出的新一代导航系统可以呈现 3D 画面的卫星地图，并且带有触摸屏。由于这套系统可以与 Google Earth 相连接，因此可以提供更为丰富多样的交通服务。

Google 还与芯片制造商 NVIDIA 合作，根据卫星拍照的影像数据，通过信息处理技术呈现出更加逼真的地形地貌图形，而且可以提供实时的交通、天气信息和动态路径规划，以及丰富的个性化旅游观光和餐饮娱乐信息。利用这些图像和信息，驾驶人就可以对不良交通状况了然于胸，提早做出最佳判断。

四、未来汽车的新能源

（一）变生活垃圾为汽车燃料的技术

英国 INEOS 公司宣布，他们已经掌握了将生活垃圾转变为燃料的技术工艺，并已经计划大规模采用这项工艺生产燃料。

在生产过程中，加热垃圾产生气体，气体和某些细菌反应产生乙醇，乙醇经过净化变成燃料。经过这个生产工艺，1000 千克的垃圾可以生产出 400 升乙醇。与其他以粮食为原料的生物燃料的生产过程相比，INEOS 公司的生产工艺显现出巨大的优势，不必在食物和燃料之间作艰难选择。

由于一些国家生物燃料的生产主要以粮食为原料，这使得全球粮价快速上涨。而采用垃圾为原料，将有助于降低粮价，而且这个工艺还有助于减少温室气体的排放。

（二）利用尾气发电驱动汽车

现在，一向令人生厌的汽车尾气终于有了新用途。美国科学家研发的一项新技术可以利用尾气发电驱动汽车，从而节省燃油。

美国能源部资助的这项研究由通用汽车公司与俄亥俄州立大学合作进行。研究人员将一种特殊的电镀金属装置安装在汽车排气管上，利用尾气与空气间的温差导致的热电效应形成电流，再通过电机驱动汽车。

该装置可使一辆雪佛兰越野车的燃油利用率提高 5%，相当于每升燃油多跑 0.43 千米。小型车如果安装这种装置，节油效果会更明显。

（三）更清洁的燃料

大众汽车公司和德国其他的汽车厂商正在开发一种新型合成燃料，通过液化过程，并使用催化剂（通常使用铁或者钴），将固体（如煤炭和农业废物）转化成液体燃料或者将天然气转化成液体燃料。现在，他们还在研究用纤维素（稻草、木头和各种废物）而不是玉米或甜菜来生产乙醇，因为使用玉米或甜菜的话会对食品供应造成影响。

生物燃料被称为阳光燃料，因为从本质上来说它们是可再生的，它们的基本生产工艺与其他合成燃料的生产工艺是一样的。人们可以根据先进发动机工艺的具体要求，利用各种精确的燃烧特性来设计合成燃料。

（四）无线充电

在未来，电动汽车将被消费者广泛接受。通用、福特、大众、丰田和本田等汽车制造商都在积极研制可以利用无线电技术充电的小型电动汽车。电能将被转化成特殊的激光束或微波束，通过天线接收，人们不必停车补充能源就可以开车长途行驶。

（五）氢能源

目前，汽车产业以惊人的速度飞快发展着。随着汽车数量增多，它所带来的负面影响也是逐渐增大。由于全球气候越来越糟糕，各地政府对于汽车尾气排放和燃油消耗都有越来越严格的限制，全球的汽车厂商对此都不得不引起重视。

当今世界开发新能源迫在眉睫，原因是目前所用的能源如石油、天然气和煤，都属于不可再生资源,地球上存量有限,而人类生存又时刻离不开能源,所以必须寻找新的能源。目前,氢能源是人们谈论最多,也是人类期望最大的新能源,很多汽车厂家也是纷纷加紧对氢能源的研发。

氢能是一种二次能源,它是通过一定的方法利用其他能源制取的,而不像煤、石油和天然气等可以直接从地下开采。随着化石燃料耗量的日益增加,其储量日益减少,终有一天这些资源将要枯竭,这就迫切需要寻找一种不依赖化石燃料的储量丰富的新的合能体能源。氢正是这样一种在常规能源危机的出现和开发新能源的背景下,人们期待的新的二次能源。氢位于元素周期表之首,原子序数为1,常温常压下为气态,超低温高压下为液态。作为一种理想的新的合能体能源,它具有以下特点:

1)重量最轻的元素。标准状态下,密度为0.8999克/升,-252.7摄氏度时,可成为液体,若将压力增大到数百个大气压,液氢可变为金属氢。

2)导热性最好的气体。比大多数气体的导热系数高出10倍。

3)自然界存在最普遍的元素。据估计它构成了宇宙质量的75%,除空气中含有氢气外,它主要以化合物的形态储存于水中,而水是地球上最广泛的物质。据推算,如把海水中的氢全部提取出来,它所产生的总热量比地球上所有化石燃料放出的热量还大9000倍。开发自然界水中的氢极具发展潜力(图5-90)。

4)除核燃料外氢的发热值是所有化石燃料、化工燃料和生物燃料中最高的,为142351千焦/千克,是汽油发热值的3倍。

5)燃烧性能好。点燃快,与空气混合时有广泛的可燃范围,而且燃点高,燃烧速度快。

图5-90 极具发展潜力的氢能源

6)无毒。与其他燃料相比,氢燃烧时生成水和少量氮化氢外不会产生诸如一氧化碳、二氧化碳、碳氢化合物、铅化物和粉尘颗粒等对环境有害的污染物质,少量的氮化氢经过适当处理也不会污染环境,且燃烧生成的水还可继续制氢,反复循环使用。产物水无腐蚀性,对设备无损。

7)利用形式多。既可以通过燃烧产生热能,在热力发动机中产生机械功,又可以作为能源材料用于燃料电池,或转换成固态氢用作结构材料。

8)可以以气态、液态或固态的金属氢化物出现,能适应储运及各种应用环境的不同要求。

9)可以取消远距离高压输电,代以远近距离管道输氢,安全性相对提高,能源无效损耗减小。

10)氢取消了内燃机噪声源和能源污染隐患,利用率高。

11)氢可以减轻燃料自重,可以增加运载工具有效载荷,这样可以降低运输成本,从全程效益考虑,其社会总效益优于其他能源。

目前,世界各国正在研究如何能大量而廉价地生产氢。利用太阳能来分解水是一个主要研究方向,在光的作用下将水分解成氢气和氧气。在氢能利用方面,燃料电池发电系统仍是实现氢能应用的重要途径。燃料电池通过氢和氧生电,并且仅排放出水蒸气(图5-91),以此为基本原理造就氢燃料电池（图5-92）。

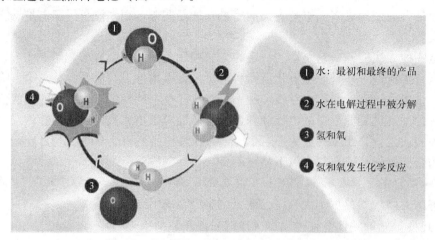

图5-91　氢和氧发生化学反应

储氢技术是氢能利用走向实用化和规模化的关键。根据技术发展趋势，今后储氢研究的重点是在新型高性能规模储氢材料上。国内的储氢合金材料已有小批量生产，但较低的储氢质量比和高价格仍阻碍其大规模应用。镁系合金虽有很高的储氢密度，但放氢温度高，吸放氢速度慢，因此研究镁系合金在储氢过程中的关键问题，可能是解决氢能规模储运的重要途径。近年来，纳米碳在储氢方面已表现出优异的性能，有关的研究国内外尚处于初始阶段，应积极探索纳米碳作为规模储氢材料的可能性。

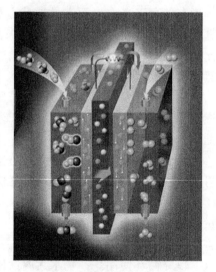

图5-92　氢燃料电池

五、智能汽车新发展与无人驾驶技术

每一次的科技进步，都会带来生产力的改变和人类生活方式某一方面的改变，借助人工智能实现无人驾驶是可预见的明天，是改变我们生活方式的序曲。

什么是智能化？智能化就是指由现代通信技术、计算机网络技术、智能控制技术和行业技术汇集而成的针对某一方面的应用。从感觉到记忆再到思维这一过程称为"智慧"，由智慧产生了行为和语言，将行为和语言的表达过程称为"能力"，两者合称"智能"。智能一般具有以下特点：

1）感知能力。感知外部世界、获取外部信息的能力，这是产生智能活动的前提和必要条件。

2）记忆和思维能力。能存储外部信息，并分析、计算、比较、判断、联想和决策。

3）学习能力和自适应能力。通过环境的相互作用，不断学习积累并能够适应环境变化。

4）决策能力。能对外界的刺激做出反应，形成决策并传达相应的信息。

具有上述特点的系统，就是智能化系统。随着汽车行业整体的发展，智能化技术将越来越多地得到应用。当今，我们正目睹"功能汽车"逐渐进化为"智能汽车"，成为整个社会关注的热点，也成为汽车未来发展的趋势之一。

（一）智能汽车（ADAS）——无人驾驶的开端

智能汽车配备了高级驾驶辅助系统（Advanced Driver - Assistance Systems，ADAS），通过感知周围环境和分析车辆所处环境，从而根据环境变化做出相应反应。智能汽车可以被看作实现无人驾驶汽车的过渡，也是传统车企主要的研发方向。

ADAS 主要由三大系统构成：负责环境感知识别的环境感知系统、负责计算分析的中央决策系统以及负责执行控制的底层控制系统。其中，负责感应的传感器主要包括摄像头、毫米波雷达、超声波雷达和夜视仪等；负责分析决策的主要是芯片和算法，算法是由 ADAS 向无人驾驶进步的突破口，核心是基于视觉的计算机图形识别技术；执行主要是由制动、转向等功能的硬件负责。由于智能汽车行驶在一个包括车辆、行人和设施等因素的复杂环境中，因此要做到完全自动驾驶就需要建立汽车与行驶环境中其他因素的信息交换，即 V2X（Vehicle to Everything）。

V2X 是未来智能交通运输系统的关键技术，它使得车与车、车与基站、基站与基站之间能够通信，从而获得实时路况、道路信息、行人信息等一系列交通信息，通过整合全球定位系统（GPS）导航技术、车对车交流技术、无线通信及远程感应技术从而提高驾驶安全性、减少拥堵、提高交通效率、提供车载娱乐信息等。V2X 就像把汽车变成驾驶人眼睛的神器，它可以在驾驶人注意到之前看见突然跑上公路的小鹿或者看见驾驶人难以注意到的拐角处的停车标志，然后提醒驾驶人。

简单来说，搭配了该系统的车型，在自动驾驶模式下，能够通过对实时交通信息的分析，自动选择路况最佳的行驶路线，从而大大缓解交通堵塞。除此之外，通过使用车载传感器和摄像系统，还可以感知周围环境，做出迅速调整，从而实现"零交通事故"。例如，如果行人突然出现，可以自动减速至安全速度或停车。

无人驾驶汽车是智能汽车的一种，在内、外部要求都被满足的前提下，自动驾驶才有可能实现，主要依靠车内的以计算机系统为主的智能驾驶仪来实现无人驾驶的目的。无人驾驶汽车是在网络环境下利用环境感知技术（传感器、激光雷达技术）、计算机信息技术和控制系统武装起来，有着汽车外壳兼具汽车性能的移动机器人。无人驾驶技术的实现，能帮助人们更方便、更快捷、更安全、更智能的出行，在无人操控的情况下，可以安全地搭载乘客到预先设定的目的地。无人驾驶汽车可以通过精确的算法、操控和调整，极大地减少交通事故，拯救无数人的生命，也会减少二氧化碳排放量，缓解交通拥堵问题。

（二）自动驾驶的技术分级与实现

由于人们对汽车的传统认知就是需要人驾驶，当众多厂商掌握并开发了智能化技术后，就有了自动驾驶、自动辅助驾驶和无人驾驶等称谓。为避免技术分级上的混乱，业内需要制定一个通行的标准。这就绕不开 SAE（美国汽车工程师协会）的自动驾驶分级。该分级将自动驾驶分为了可明显区分的 L0~L5 共六个级别：L0 代表没有自动驾驶加入的传统人类驾驶；L1~L5 则随自动驾驶的技术配置和成熟程度进行了分级，分别为辅助驾驶、部分自动驾驶、有条件自动驾驶、高度自动驾驶和完全自动驾驶，如图 5-93 所示。

L1 级别：又称"先进辅助驾驶"系统。相比完全依靠驾驶人自行操作车辆的 L0 级别，

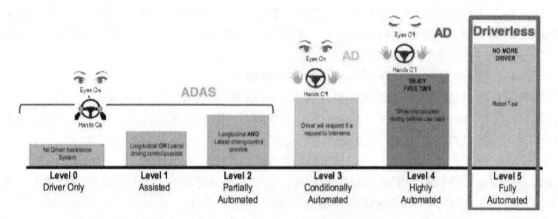

自动驾驶级别	自动驾驶能力	描述
L0	人工驾驶	无驾驶辅助系统,仅提醒
L1	辅助驾驶	可实现单一的车速或转向控制自动化,仍由人工驾驶(如定速巡航、ACC)
L2	部分自动驾驶	可实现车速和转向控制自动化,驾驶人必须始终保持监控(如车道中线保持)
L3	有条件自动驾驶	可解放双手(hands off),驾驶人监控系统并在必要时进行干预
L4	高度自动驾驶	可解放双眼(eyes off),在一些预定义的场景下不需要驾驶人介入
L5	完全自动驾驶	完全自动化,不再需要驾驶人(driverless)

图 5-93 自动驾驶分级示意图

L1 级的自动驾驶能给驾驶人一些驾驶支援。比如,早期沃尔沃载货汽车、奔驰一些车型所装配的自适应巡航功能,即能够通过雷达探测与前车的实时距离自动控制加、减速,从而保持与前车的安全距离。现阶段,该技术已经普及,在国内的很多车型上都有应用。

L2 级别:又称"部分自动化"的自动驾驶。它同时结合了车辆纵向控制和横向控制两方面。此阶段的自动驾驶是指自动系统能够完成某些驾驶任务,但驾驶人仍要双手双脚随时待命,以便在特殊情况下及时接管系统。L2 级别的自动驾驶仍需在限定的场景下运行。

2015 年,特斯拉发布了其自动驾驶系统。该系统协助车辆在车道内行驶,可以参考其他车辆自动调节速度,并自动换道。特斯拉仅推荐在高速公路上使用该系统。装有自动驾驶系统的特斯拉汽车还带有扫描停车位和自动泊车的功能,该自动泊车功能允许车主在 12 米范围内呼叫汽车,之后汽车会自动开出停车位,开向车主。该功能采用的是 1 个摄像头、1 个雷达和 12 个超声波传感器。图 5-94 所示为特斯拉在启动自动驾驶系统的状态下行驶在高速公路上。

图 5-94 特斯拉启动自动驾驶系统行驶

L3 级别：又称"有条件自动化"系统，即有限制条件的自动化驾驶。在 L3 级别的自动驾驶中，同时控制车辆纵向和横向，车辆能够在某个特定的驾驶交通环境下独立完成所有的驾驶操作，涵盖动态驾驶任务的所有方面，而且系统可以自动检测环境的变化，以判断是否返回驾驶人手动操作模式。这意味着驾驶人不再需要时刻注意驾驶环境，该系统对功能性的要求高很多，需要应对出行期间的所有情况，驾驶人不再负责监控驾驶环境，并且可以在乘坐时做其他事情，如使用移动设备或观看视频。然而，即使在这个级别，驾驶人仍然要对干预的请求做出回应，即在人工智能不能准确判断时仍需人工操作。驾驶人必须坐在驾驶位置上，确保出现情况时能在几秒内接手，但不需像 L2 级别那样要求立即接手。L3 级别的自动驾驶仍需在限定的场景下运行。

L4 级别：又称"高度自动化"系统。在 L4 级别，自动驾驶功能已经可以完全接管所有的驾驶操作，驾驶人可不必将注意力放在驾驶操作方面，甚至可以做其他与驾驶无关的行为，例如看手机或者是休息。但是，需要说明的是，L4 级别虽然已经达到高度自动化的标准，但还是受到场景的限制，不能完全适应所有场景。

在开发 L4 级别系统车辆方面，Google 领先于其他公司，2009 年就开始了这一项目，直到 2014 年推出无人驾驶汽车的全新原型车。该车没有转向盘、加速踏板和制动踏板，因此可称为是第一辆按照 L4 级别标准设计的高度自动驾驶汽车，2016 年将其更名为"Waymo"，图 5-95、图 5-96 所示为 Google Waymo。

图 5-95　Google Waymo

图 5-96　行驶在路上的 Google Waymo

L5 级别：又称"完全自动化"。车辆可实现所有驾驶模式，由智能系统独立地完成所有的驾驶操作，可以在所有合法的、人可以驾驶的地方行驶，有能力应对所有人类能够应对的天气状况及道路情况。L4 级别的自动驾驶仅适用于部分场景下，通常是路况非常简单且标准化的道路之上；而 L5 级别则要求自动驾驶汽车在任何场景下都可以做到完全驾驶车辆行驶，这意味着 L5 级别系统距离市场应用还有很长的路要走。

对于 L3 及 L3 以上级别的自动驾驶，核心的问题就在于汽车自动驾驶能力允许驾驶人释放双眼和双手。当汽车遇到危险之前，自动驾驶会有预警提示，如果汽车一旦出事故，车会负责任，而不是人负责。因此，这样对于汽车方面的安全要求会非常高。所以，无论是在安全方面还是在技术层面，L2 和 L3 差别较大，并且 L3 对技术的要求会有更高的要求。以转向系统为例，如果转向系统有一部分失灵了，需要有双备份的冗余转向系统和制动系统，这些关键的系统都是要有冗余的。

L3 和 L4 的差别在于，L3 是产业落地，跟车厂紧密合作，L4 当前主要在做技术开发和测试，让自动驾驶汽车能够在一些复杂的城市道路上也可以行驶，提升自动驾驶的整体技术水平，并将相应技术降维应用到 L3 或工具链的能力提升上。

理想中的 L4 及 L5 的自动驾驶的落地和实现，需要政府、互联网公司和车企这三方共同合作才能完成。因为它既有政策问题，也有技术问题，还有运营问题，融合在一起考虑的话，才能更容易去推广。

（三）自动驾驶基本原理

关于自动驾驶的基本原理，需了解三大关键词：传感器、数据融合（Data Fusion）和 100% 安全性决策。

1. 传感器

自动驾驶需要的传感器系统主要有三种类型：摄像头、雷达和激光雷达。

（1）摄像头

摄像头是自动驾驶必备的传感器，包括前视、后视和 360 度摄像系统。后视和 360 度摄像头主要提供 360 度外部环境呈现，前视摄像头主要用于识别行人、车辆、道路和交通标志等。图 5-97 为摄像头在车上的布置，图 5-98 为摄像头的原理。

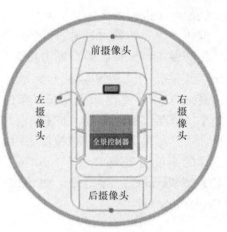

图 5-97　摄像头在车上的布置

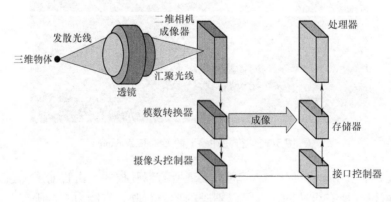

图 5-98　摄像头的原理

（2）雷达（RADAR）

雷达（无线电探测和测距传感器）最初是为航空电子应用开发的，1998 年才引入商用汽车，起初用于自适应巡航控制，后来前碰撞警告功能也被加入该系统。自动驾驶需要多个雷达传感器，其功能是无线探测和测距，主要用于盲点检测、防碰撞、自动泊车、制动辅助、紧急制动和自动距离控制等应用。目前的雷达系统主要基于 24 吉赫和 77 吉赫，在测量距离和速度时具有更高的精度和角分辨率，并且还具备天线尺寸小和干扰小等优点。

雷达传感器运行在微波频谱上，主要是 76.5 吉赫频谱，该频谱专为世界范围的汽车雷达应用而留。它通过天线发散定向能量，发射的能量从目标（前方车辆）反射回来后，再由雷达中的接收天线检测接收，反射能量的大小主要取决于目标的反射属性以及目标和传感器间的距离。当发射器/接收器方与反射方相对运动时，频率会发生变化，如果发射器/接收器方与反射方相向移动，频率增加；相反移动，频率减少。图 5-99 所示为雷达传感器工作原理。

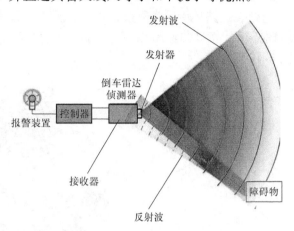

图 5-99　雷达传感器工作原理

（3）激光雷达（LiDAR）

LiDAR，即 Light Detection And Ranging 的缩写。它是一种基于激光的系统，除发射器（激光器）外，系统还具备高灵敏度的接收器。LiDAR 主要用于测量静止和移动物体的距离，并通过处理提供所检测物体的三维图像。

LiDAR 应用于自动驾驶所面临的挑战是，如何克服在雨、雪、雾及温度等环境影响下识别较远距离的物体，由于成本太高，目前不适合汽车领域的大规模部署。

如果激光雷达普及了，我们就能迎来无人驾驶吗？严格来说，不完全是！因为激光雷达的存在价值，主要是延长与拓宽车辆自主障碍检测范围，给予计算机更多判断与应变路况的时间。但是，对于突如其来的交通事件，例如闯红灯、乱变线等，只要人来不及踩制动踏板，自动驾驶系统也是一样的。

2. 数据融合（Data Fusion）

数据融合就是将不同传感器（如雷达、摄像头和激光雷达）数据进行智能化合成，实现不同信息源的互补性、冗余性和合作性，从而做出更好更安全的决策。比如，摄像头具有分辨颜色（识别指示牌和路标）的优势，可易受恶劣天气环境和光线的影响，但雷达在测距、穿透雨雾等方面有优势，两者互补融合可做出更精确更可靠的评估和判断。

3. 100% 安全性决策

一旦出现交通事故，严重的会导致人身伤亡。因此，自动驾驶对技术安全的要求相当苛刻，需实现接近 100% 的安全性。

简而言之，自动驾驶就是通过传感器收集全面的环境信息，再对信息融合处理，并作出接近 100% 安全性决策。

目前，多数人所说的自动驾驶，都是基于汽车本地端的传感器和数据融合来实现决策的。但是，这种单凭本地端实现的方式存在一些局限性。例如，当汽车横穿十字路口时，自动驾驶能预知从左侧高速驶来的货车吗？由于易受雨、雪、雾、强光等环境影响，摄像头能始终准确识别指示牌和红绿灯吗？

再举一个例子，当自动驾驶在高速路上以 130 千米/时行驶时，摄像机/雷达融合无法安全地检测到前方超过 120 米距离外的停车，这将触发加速度超过 5 米/秒^2 的紧急制动，这是无法接受的。

总之，道路环境异常复杂，雷达、摄像头和激光雷达等本地传感系统受限于视距和环境等因素影响，要实现 100% 安全性，自动驾驶需要弥补本地传感器所欠缺的感知能力（图 5-100）。

图 5-100　道路环境的复杂情况

简单地说，本地传感系统让汽车"看到很远"，但自动驾驶还需要能够"看到更远"，这就需要 C – V2X 闪亮登场。

（四）网联汽车

1. 车联网 C – V2X 的作用

C – V2X 中的 C 即 Cellular，V2X 就是 Vehicle – to – Everything，指车与外界的信息交换，它是基于蜂窝网络的车联网技术。

实际上，在车与车通信标准的确立上，一直存在两大阵营，一种是 DSRC 方案，即美国最早提出的适用于专用短程车路无线通信设施标准，简称为 DSRC，随后欧盟、日本推出自己的 DSRC 通信标准，但在使用方面存在差异；另一种是 LTE – V 方案。

LTE – V 是由中国的华为和大唐电信主导的通信方案，它基于 4.5G 技术实现车 – 车通信，以 LTE 蜂窝网络为 V2X 基础的车联网专有协议，为应对车辆主动安全、行车效率和车载娱乐多场景业务需求。

C – V2X 是从 LTE – V2X 到 5G V2X 的平滑演进，它不仅支持现有的 LTE – V2X 应用，还支持未来 5G V2X 的全新应用。它基于强大的 3GPP 生态系统和连续完善的蜂窝网络覆盖，可大幅降低未来自动驾驶和车联网部署成本。

与雷达、激光雷达等传感器不同，我们可以把 V2X 视为一种无线传感器系统的解决方案。它允许车辆通过通信信道彼此共享信息，可以检测隐藏的威胁，扩大自动驾驶感知范围，能预见接下来会发生什么，从而进一步提升自动驾驶的安全性、效率和舒适性。C – V2X 被认为是自动驾驶的关键推动因素之一。

(1) C-V2X 作用实例 1

如图 5-101 所示，道路前方弯道处停有一辆抛锚的汽车，但由于正好处于弯道，汽车本地的摄像头和雷达等传感器无法检测到，眼看一场车祸正要酿成悲剧。幸运的是，我们有 V2X。

V2X 通过通信网络共享信息，具有"看到更远"的能力，这时汽车显示屏上会提示前方有车辆，并自动减速和转向，从而得以安全通过。

图 5-101　前方弯道处停有一辆抛锚的汽车

(2) C-V2X 作用实例 2

如图 5-102 所示，前方的大车挡住了视线，而对面正驶来一辆汽车，这时要超车是非常危险的。

图 5-102　大车挡住了视线

当驾驶人刚打左转向灯准备超车时，C-V2X 通过显示屏立即提示前方有来车，不能超车，直到危险解除后才顺利超车，安全通过。

2. C-V2X 技术简介

V2X 主要包括 V2N（车辆与网络/云）、V2V（车辆与车辆）、V2I（车辆与道路基础设施）和 V2P（车辆与行人）之间的连接性，如图 5-103 所示。

2015 年，国内多家通信企业（华为、大唐、中兴）参与了 LTE-V 标准制定和研发。2016 年 9 月，首版涵盖了 V2V 和 V2I 的 V2X 标准发布；2017 年 6 月，进一步增强型 V2X 操作方案发布。

C-V2X 还将持续平滑演进到 5G V2X，将对功能进一步增强，以支持低延迟和高可靠性 V2X 服务。C-V2X 技术构架还包括 V2X 控制功能、边缘应用服务器和 V2X 应用服务器。

V2X 控制功能（V2X control function）位于核心网，其为实现 V2X 通信，向 UE 提供必要的参数，以执行相关网络动作。

V2X 应用服务器可部署于网络之外，由车企、移动运营商或第三方来运营，从而跨运营商跨车企，这也解决了过去车企担心的依赖 C-V2X 会导致自动驾驶业务被电信运营商所控制的问题。

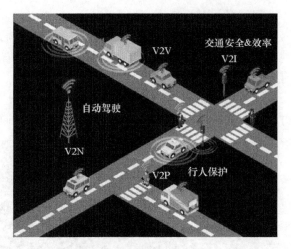

图 5-103　V2X 运行示意图

边缘应用服务器靠近数据源部署，解决了时延和网络负荷问题，将在许多 V2X 用例（比如实时高清地图更新等）中发挥重要作用。

3. 5G 对自动驾驶的作用

目前，基于 LTE 的 V2N 已经覆盖了很多车联网用例，比如交通信息提示、地图更新和 OTA 固件更新。未来，V2V 和 V2I 将广泛应用于车联网的低时延、远距离通信场景。

可以将 C-V2X 看作连接 V2N 和 V2V/V2I 的黏合剂，其依托于成熟的蜂窝网络生态，随着 4G 向 5G 的技术演进，将在未来自动驾驶领域发挥关键的作用。

（1）基于 5G 近实时的高清视频传输

如图 5-104 所示，通过 V2N 和 V2V 互补（V2N2V），让自动驾驶能"看得更远更清楚"，实现 100% 安全性。

（2）5G 网络切片技术

与互联网"尽力而为"的数据传输不同，网络切片可提供始终如一的低时延和高速率服务保障，这对于安全性要求极高的自动驾驶领域尤为关键。比如，当汽车行驶于网络拥塞区域（如演唱会、体育场附近），网络切片技术仍然能优先保障汽车通信的高速率和低时延性能。

4G 网络主要为智能手机而生。进入 5G 时代，我们将面临下一件大事——物联网。

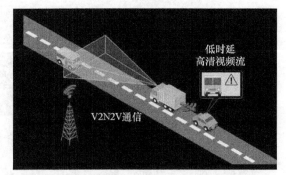

图 5-104　基于 5G 近实时的高清视频传输

无物不联的时代，将有大量设备接入网络，这些设备分属不同的工业领域，它们具有不同的特点和需求。换句话说，它们对于网络的移动性、安全性、时延、可靠性，甚至计费方式的需求是不同的。因此，5G 网络必须得像瑞士军刀一样灵活方便且具有多功能性。当 5G 应用于无人驾驶、远程机器人控制等领域中，则要求超低的端到端时延，这个时延比智能手机无线上网的时延要低得多，通常不能超过几毫秒。那么，我们要做的是，将一个物理网络分成多个虚拟的逻辑网络，每一个虚拟网络对应不同的应用场景，这就叫网络切片，如

图 5-105 所示。

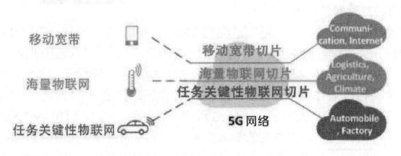

图 5-105 5G 网络切片技术示意图

为了实现网络切片，网络功能虚拟化（Network Function Virtualization，NFV）是先决条件。所谓 NFV，就是将网络中的专用设备的软、硬件功能转移到虚拟主机（Virtual Machines，VMs）上。这些虚拟主机是基于行业标准的商用服务器，它们是 COTS 商用现成产品，低成本且安装简便。简单地说，就是用基于行业标准的服务器、存储和网络设备，来取代网络中的专用网元设备。

（3）边缘计算是自动驾驶的未来

5G 核心网控制面与数据面彻底分离，NFV 令网络部署更加灵活，从而获得分布式的边缘计算部署。边缘计算将更多的数据计算和存储从"核心"下沉到"边缘"，部署于接近数据源的地方，一些数据不必再经过网络到达云端处理，从而降低时延和网络负荷，也提升了数据安全性和隐私性。

这对于时延要求极高、数据处理和存储量极大的自动驾驶领域而言，重要性不言而喻。未来对于靠近车辆的移动通信设备，如基站、路边单元等均将部署车联网的边缘计算，来完成本地端的数据处理、加密和决策，并提供实时和高可靠的通信能力。

（4）5G 自动驾驶面临的挑战

自动驾驶需要 5G，但说到最后，对于 5G 自动驾驶，依然存在以下的挑战。

1）频繁切换网络。5G 无线频率更高、覆盖范围小，未来城市的每个灯柱可能就是一个小基站，必然会带来基站间频繁切换的问题，从而影响自动驾驶能力。

2）天线太多。今天的 5G 手机面临的一大挑战，就是天线太多，手机空间太小。未来采用 5G 自动驾驶系统的汽车也将面临这样的问题。

3）厂商与用户的新矛盾。

一辆特斯拉 Model S 在被出售给客户后，特斯拉公司通过远程 OTA 更新禁用了其辅助驾驶功能，这引起了不小的风波。特斯拉公司声称，该用户从第三方经销商处购买了这辆 Model S，而公司在审核时发现，此车辆并没有支付自动辅助驾驶的额外费用，因此没有资格去使用该功能，于是通过更新推送，撤销了相关软件的访问权限。而用户则称，自己在线下购买时车辆已经拥有完整的功能。

尽管双方各执一词，但是特斯拉这种远程禁用的行为不免引起人们对其 OTA 安全性的质疑。因此以往的普通汽车的内置软件、应用等功能，都需要技术人员或机械师实际操作汽车来安装卸载。即使是我们常见的手机和电脑等高科技产品，功能的更新和撤销也都需要用户的同意。

（五）中国的自动驾驶技术

中国在自动驾驶方面的研究，可以追溯到20世纪80年代。当时，我国开始了智能机器人的研究，曾经国家立项"遥控驾驶的防核化侦察车"项目；"八五"期间由北京理工大学、国防科技大学等五家单位联合研制的ATB-1无人车，其行驶速度达到21千米/时。ATB-1的诞生，标志着中国无人驾驶行业正式起步，并进入探索期。"九五"期间，ATB-2较之ATB-1功能大大加强，速度达到76千米/时。随着ATB系列无人车的进一步完善，它代表了国内无人车自主研究的最高水平，引领了许多企业的研发。到了2015年12月初，百度无人驾驶汽车在北京五环路上进行全程自动驾驶测试，也曾轰动一时。

作为一个互联网龙头企业，百度在无人驾驶方面有其独到的核心竞争力。百度拥有的大数据基础和旗下精于数据分析、算法设计的软件团队，这赋予其在人工智能领域独一无二的开发优势。成熟的人工智能是自动驾驶技术发展到L4级别的必备条件。

百度无人驾驶汽车技术的核心是"百度汽车大脑"，包括高精度地图、定位、感知、智能决策与控制四大模块。其中，百度自主采集和制作的高精度地图记录完整的三维道路信息，能在厘米级精度实现车辆定位。

早在2013年，百度就开始探索自动驾驶。2015年12月百度自动驾驶事业部成立，代号L4，即研发L4级自动驾驶技术，终极目标是开放道路的全自动无人驾驶。在L4成立近一年后，Apollo智能驾驶开放平台成立，定位"自动驾驶的安卓"。

Apollo的架构清晰明了，就是三驾马车：自动驾驶、智能交通和车联网，分别负责聪明的车、智能的路，以及车的智能联网。相当于Apollo一边造车一边修路。自动驾驶汽车跟手机、芯片这样的独立科技产品很不一样，其应用十分依赖交通基础设施。

现在中国车路协同正在成为现实。中国更有能力建好"智能的路"，如中国各地城市对车路协同方案给予十分积极的支持，长沙建成了国内测试场景复杂程度最高、测试道路总里程最长、研发办公配套最齐全、5G覆盖范围最广的测试区——"国家智能网联汽车（长沙）测试区"；重庆高速宣布将选取在建的大内高速（重庆大足至四川内江）作为无人驾驶试点路段，并将在建设过程中为该条高速公路同步铺设5G信号，配建无人驾驶所需的设施。

实现智能网联具有三个境界：第一境界是交通基础设施的智能化，第二境界是限定场景的自动驾驶（比如自主泊车），第三境界即最终实现无人驾驶。因此，做自动驾驶，一定绕不开"交通基础设施"的改造升级。在2016年百度组建团队研发V2X车路协同技术，形成全线系统性研发能力，覆盖高速公路、停车场和城市道路三大场景。百度L4开放道路路测里程突破200万千米，多达300辆测试车组成的车队，在13个城市不停地跑着，保持着零安全事故的记录。图5-106所示为百度的测试车队。

人们有时也会在北京的街头遇上百度的自动驾驶汽车。图5-107所示为在北京亦庄公路上测试行驶的自动驾驶汽车。

百度完成全国首例L3及L4级别等多车型高速场景自动驾驶车路协同演示，同时也打造了全球自动驾驶及车路协同领域一个新的纪录——最多L3、L4级别车辆种类，在高速公路

第五章 现代汽车科技与未来汽车

图 5-106 百度的测试车队

图 5-107 北京公路上行驶的百度自动驾驶汽车

上亮相、测试。

自动驾驶与智能交通本身就是不可分割的,百度深知要实现 L4 和 L5 自动驾驶——即大众理念中的"无人车",绝非一朝一夕之功,这是 Apollo 的长远目标。智能网联的第三重境界是"最终实现无人驾驶为核心的智能交通体系",可以理解智能交通是百度自动驾驶汽车最终要完成的任务。

由百度和一汽红旗打造的中国首条 L4 乘用车前装生产线目前已经开始正式投产下线,首批量产的 L4 级自动驾驶乘用车将率先落地长沙,已实现从规模测试,到前装生产线,再到落地运营的完整链条,图 5-108 为百度红旗无人驾驶乘用车。同时,无人驾驶出租车项目"Apollo Go"也首次亮相(图 5-109)。

图 5-108 百度红旗无人驾驶乘用车

（六）自动驾驶的商用领域

1. 自动驾驶汽车到底离我们还有多远

尽管 Google 旗下自动驾驶项目 Waymo 已经在美国凤凰城试运行自动驾驶出租车的服务，但真正成熟可商用的民用全自动驾驶汽车，短时间内可能还难以实现，不过自动驾驶货车的商用可能会更快到来。

2019 年底自动驾驶货车公司智加科技（Plus.ai）宣布，其 L4 级的自动驾驶货车首次完成了一次长途货运任务，装载着 18 吨黄油在不到 3 天的时间内行驶了 4500 千米，完成了一次横跨美国东西海岸的长途运

图 5-109　百度无人驾驶"Apollo Go"车队

输。虽然运输的货车上仍配备了驾驶员，但这个驾驶员几乎不参与驾驶工作，只是为了符合联邦规定和进行加油，同时在有必要时接管。因此货车才能日夜不停地行驶，并在不到 3 天内走完 4500 千米的行程。图 5-110 所示为智加科技的自动驾驶货车在长途行驶。

不过智加科技并不是第一个实现 L4 级自动驾驶货车商业化运营的企业，另一家自动驾驶货车供应商图森未来在 2019 年 9 月就宣布已经在美国服务 18 个客户，并和快递公司 UPS 合作在亚利桑那州的凤凰城和图森市之间进行自动驾驶的货物运输。

图 5-110　智加科技的自动驾驶货车在长途行驶

2. 无人驾驶汽车在工程领域的作用

无人汽车得益于无人驾驶的优势，可以在很多重复性工作或者环境比较恶劣的地方进行驾驶和工作，首先是在工程领域，比如一些拉土车、挖掘机，这些工地上我们就可以利用它的特性进行往复性的拉土或者作业。这样就不用人来操作，为驾驶员的安全性提供了保障，人们只需要在后台进行监控或者进行程序的调控就可以实现灵活使用。

再就是城市街道一些扫地车的使用，这也是无人驾驶车非常好的应用落地。城市中的无人驾驶扫地车可以通过设定程序，让它在相应的路况进行往复性的工作，可以定时定点定量工作，这是一个非常简单的工作种类，完全不需要人来操控，而且我们只需要进行路况的监

测和监视就可以。由于无人驾驶扫地车的速度比较慢，所以这项应用落地的实现比较容易也比较安全。

还有就是物流行业。物流里面无人驾驶车是非常有必要的，因为物流里边需求量比较大，货物运送量也比较大，而且需要的车特别多，这样一来可以大大提高物流公司的运营效率，降低物流公司的运营成本。而且无人驾驶车可以自动规划路径躲避拥堵，使得送达货物的时间比较准确，也更能保障货物的完整性。

百度已为可量产落地的自动驾驶场景打造了多套成熟的自动驾驶解决方案，如针对城市开放道路的 Robotaxi 方案、城市 BRT 道路的 Minibus2.0（智慧公交）方案、自主泊车方案、低速低成本场景的低速微型车方案和自动驾驶云等。同时，百度首次开放了车路协同平台，该平台可应用于 6 大场景：智能信控、智能公交、自动驾驶、智能停车和智能货运等。图 5-111 所示是百度的无人驾驶挖掘机和运土车正在作业。

图 5-111　百度无人驾驶挖掘机

本 章 小 结

本章从汽车电子化、自动控制、汽车环保等方面介绍了现代汽车新技术内容，包括汽车智能轮胎、碰撞报警系统、触摸屏式无线导航系统、自适应巡航控制系统、车道偏离预警系统、无钥匙系统、睡眠驾驶报警系统、智能照明与夜视辅助系统、行人保护系统、电磁减振器系统、倒车显示屏系统、自动泊车系统等。

然后又从能源、材料、智能化、网络化、5G 无人驾驶等方面向人们展示了未来汽车的发展趋势。通过本章的学习达到扩大读者知识面，提高其赏车水平、掌握购车技巧以及学会科学用车的目的。

【思考与习题】

1. 现代汽车新技术的应用体现在哪些方面？
2. 汽车电子设备的成本占汽车售价的比例会越来越大吗？为什么？
3. 汽车的汽车电子设备是什么？为什么？
4. 你最看好的未来汽车燃料方式是什么？为什么？
5. 你认为中国的自主汽车产业在新能源汽车方面的发展机遇如何？

第六章

汽车造型色彩与时尚

【学习目标】

时至今日，历史进入了21世纪，中国人对汽车的认识也有了新的飞跃，人们也越来越多地在了解汽车、认识汽车和思考汽车。随着改革开放的深入，汽车开始走向中国普通百姓家庭。从汽车制造、汽车设计到汽车消费，汽车从来没有像今天这样受到人们如此的关注和青睐，中国的汽车热已经形成并还在不断地继续升温。这一章我们就从汽车造型的演变来追溯汽车的发展。

第一节 汽车的造型

确定汽车外形有三个基本要素，即机械工程学、人机工程学和空气动力学。前两个要素在决定汽车构造骨架时有重要意义，特别是设计初期受这两个要素的制约更大。

汽车要行走就必须安装发动机、变速器等传动装置，这些装置必须经过周密的设计之后才能确定大致的车身骨架；如果大批量生产则要降低成本，车身钣金件的冲压加工要简易化，同时兼顾到维修简便性，即使发生撞车事故，车身也要易于修复，这些都属于机械工程学的范畴。

其次，就是人机工程学要素。因为汽车是由人驾驶的，所以必须保证乘坐舒适、驾驶方便、视野宽阔，还要考虑上下车方便及减少振动，这些都是设计车身外形时与人机工程学有关的内容。

高速行驶的汽车，会受到空气阻力。空气阻力的大小，大致与车速的平方成正比例，因此必须在车身外形上下功夫，尽量减少空气阻力。除空气阻力以外，还有升力的问题和横风不稳的问题，这些都是与汽车造型密切相关的空气动力学问题。

要将上述三要素完美地体现在一辆汽车上是相当困难的。尽管如此，从汽车诞生至今，人们一直在追求功能上的理想造型。

一、汽车外形的发展

同一时代的汽车造型总有共同之处，汽车的形状也是经历了几个时代的变迁。从粗糙的"马车"到火柴盒般的箱形汽车，再到很卡通的甲壳虫汽车，还有船形、鱼形和楔形等的演变。值得注意的是，这几种造型并不像某一时期的装饰品，流行过后就随即消失，而是伴随着机械工程学、人机工程学和空气动力学技术上的进步，构成整个追求功能上的理想造型的全过程。

汽车外形的发展在第一章已有介绍，这里不再赘述。

二、汽车造型的发展趋势

造型对于汽车的意义,可能远远超过普通人的想象。它直接影响汽车的动力、操控、环保、静音甚至是安全。

今天,造型设计已经成为专门的学科,涵盖了工业造型设计、空气动力学、材料力学、金属金相学和分子力学等多个学科;整车厂负责产品研发的主管也常由从事造型设计的技术人士担任。

造型,是科技的魅力,更是时尚的符号。

进入 21 世纪后,从世界各大汽车博览会推出的多款新概念车看,造型更具个性化和特色。车身造型的未来发展趋势综合起来主要有以下几个方面。

1. 气动最优化

一部汽车车身造型发展史,从某种意义上说就是一部不断追求具有最佳气动造型的历史,人们一直在努力研究能够减小气动阻力且气动稳定性好的车身造型,今后这将仍是未来汽车造型追求的目标之一,但更主要的工作是在研究气动行驶稳定性上。未来的气动造型最优应满足以下几点:①最佳气动性能的车身外形只能通过计算机辅助设计和部分实验得出;②车身所受的气动纵倾力矩和气动横摆力矩理论上为零;③车身所受的气动升力理论上为略小于零;④减少气动阻力虽然不再是主要目标,但气动阻力系数不应大于 0.2。

2. 个性化

车身气动最优化是否会导致未来汽车外形的雷同,从而失去个性化?其实,汽车车身造型的发展过程已经揭示了这个问题的答案。在车身造型的不同历史发展时期,可能会由于追求气动造型的优化而使得某一种车型成为一个时期内的主导车型,但绝不是唯一。就是同一主导车型,也由于气动特性非唯一评定指标而形成不同风格。随着社会发展,社会意识和美学观念在造型过程中会起到越来越大的作用,现代人对汽车式样个性化要求也会越来越高。不同层次、不同行业和不同种群的审美意识也会大不相同。随着人类物质文化水平的提高和生活环境的变化以及生活方式的多样化,作为大众化商品的轿车无疑将出现各式各样更新颖更奇特的造型。

3. 人性化

汽车是人的代行工具,与人在日常生活中息息相关,已形成独特的汽车文化。"一堆冰冷的钢铁"是无法满足现代人精神和文明需要的。车身造型设计必须以人为本,体现人机协调,使用操作方便且舒适,使汽车适应人的各种生理和心理要求,从而提高工作效率、保障安全、维护健康。未来的车身造型设计将在车身外观设计、人机工程和室内环境等方面更加注意人性化的发展。

4. 现代化

随着虚拟现实技术在车身造型中的应用,使得造型设计中可采用计算机模拟色彩、纹理、质感、背景、阴影和运用三维视觉效果生成虚拟汽车车身造型并实施漫游。通过仿真设备和虚幻环境的动态模型创造出人能够感知的虚拟现实,完全替代传统的实体模型和造型效果图的平面表述方式,甚至能做到未出实车而能体验实车的感觉,使车身造型技术发生了实质性的变革。

5. 全球化

20世纪90年代以来,面对市场和用户对新技术和新产品日益提高的要求,制造厂商必须在最短的时间内使产品更新换代,这就使得各公司不得不建立合作伙伴关系,以弥补资金和技术力量之不足,通过整合资源、优势互补以达事半功倍的效果。这样,汽车造型设计就逐步摆脱国家和地域的束缚,日渐走向全球。未来汽车及未来概念车造型如图6-1、图6-2所示。

图6-1 未来汽车

图6-2 未来概念车型

第二节 汽车色彩

五彩缤纷的颜色是阳光所提供的,从不同染色面的分界才得以认知物体的形状。汽车是颜色的载体,以至于很多人将颜色作为购车的重要参考内容。

色彩可分为有彩色和无彩色两大类。有彩色是指红、黄、蓝、绿等带有彩色的色彩;无彩色是指白、灰、黑等不带彩色的色彩。

以前,消费者选购汽车时,多半将目光投向价格、外形和配置,不会过多考虑颜色。然而,在汽车外形日益趋同的今天,颜色已成为区别汽车造型的关键要素之一,同样品牌型号的汽车可能会因车身颜色不同而有不同价格。色彩已经成为汽车品牌的符号特征。而汽车企业对色彩的大胆尝试,也使越来越多的用色被消费者接受。

一、缤纷的色彩、魅力的个性

和服装一样,黑、白、灰曾经是道路上最常见的风景色。然而,曾几何时,人们惊喜地发现越来越多的色彩开始出现在滚滚车流中,在道路上现出一道道靓丽的风景,惊愕一瞥之后让人记忆深刻。看似简单的汽车颜色,不仅是汽车外表包装和品牌识别的标志,其中包含着消费心理、文化背景和个性风格等诸多因素。

由于传统文化习惯等因素的作用,人们对某种色彩会产生根深蒂固的观念,不会轻易改变,因为色彩会使人产生联想。

银色是最能反映汽车本质的颜色。看见银色使人想起金属材料,这种颜色给人感觉整体感很强。美国杜邦(Dupont)公司的调查结果显示,银色汽车最具人气,银色也最具运动感。

白色给人以明快、活泼和大方的感觉。白色是中间色,给人以清洁朴实的感觉,容易与外界环境相吻合而协调。白色车身较耐脏,路上泥浆或污物溅上干后不易看出。另外,白色是膨胀色，容易使小车显大。日本车在20世纪80年代，有白色代表高级的说法，白色车的销量曾经占到过总销量的70%。另外，白色车相对中性，对性别要求不高。

黑色是一种矛盾的颜色，既代表保守和自尊，又代表新潮和性感，给人以庄重、尊贵和严肃的感觉。黑色也是中间色，容易与外界环境相吻合。但是，黑色车身反而不耐脏，有一点灰尘就能看出来。黑色一直是公务车最受青睐的颜色，高档车黑色气派十足，但低档车最好不要选用黑色，除非标新立异。

红色（包括大红和枣红）给人以跳跃、兴奋和欢乐的感觉。红色是放大色，同样可以使小车显大。高速公路上的红色跑车，在阳光下感觉如同一团火焰掠过，非常提神。红色是别致又理想的颜色，跑车或运动型车非常适合。

蓝色是安静的色调，但是感觉非常收敛，个性不张扬，如同星球的深邃和大海的包容。但蓝色不耐脏。

黄色给人以欢快、温暖和活泼的感觉。黄色是扩大色，在环境视野中很显眼，跑车选用黄色非常适合，小型车用黄色也非常适合。出租车和工程抢险车使用黄色，一是便于管理，二是便于人们及早发现，可与其他汽车区别。但是，私用车选用黄色的不多。香槟色是黄色派生出来的金属漆颜色，现在大行其道。

绿色有较好的可视性，是大自然中森林的色彩，也是春天的色彩。绿色的金属漆也一改以前冰冷的色调，以温暖的面貌出现。小车选绿色很有个性，但豪华型车如果选用绿色，有点不伦不类的感觉。

现在的汽车颜色可谓五花八门，充分反映了汽车颜色的变迁和当今车主日益张扬的个性。

二、汽车色彩的设计

汽车色彩的设计绝非随心所欲，一般要经过色彩研究、想象设计、色彩构成、用户评议、信息反馈、色彩初步确定、环境试验和色彩最终确定等一系列程序。在国外，很多世界汽车巨头都不敢小看色彩的含金量。每年，不同的汽车公司都推出不同的色彩，这种色彩的推出绝不是根据设计者的喜好，而是有他们各自的色彩方案。例如，奥迪汽车公司就委托英国的环球色彩公司来做汽车产品整体设计。首先，奥迪公司选好准备新推出的汽车款式，再请环球色彩公司来提供10~20种颜色，奥迪公司再根据提供的颜色来确定设计不同颜色的汽车。

在设计汽车色彩时，应主要从汽车的使用功能、使用环境、使用对象、安全性和流行趋势等方面考虑。

（一）汽车的使用功能

汽车在使用过程中，已经形成惯用色彩。例如，消防车采用红色，除了红色亮度高、醒目容易发觉外，主要是人们一见到红色的消防车，就想到有火灾发生，因而赶紧避让（图6-3）。白色用于医疗救护车，是运用白色的洁白、神圣的联想含义（图6-4）。邮政车选择绿色，是因为绿色给人以和平、安全的感觉（图6-5）。作为军用车辆，一般都为深绿色，使车辆与草木、黑色的沥青路面颜色相近，达到隐蔽安全的目的。工程车辆多采用黄黑相间的色彩，是运用黄色亮度高、醒目的特点，以引起行人和其他车辆注意（图6-6）。还有汽车在底色上采用有功能标志的图案，如白色救护车上的红十字标志，冷藏车上的雪花、企鹅等图案。一些专用汽车的色彩应符合人们的传统习惯，贴近人们的思想感情。例如，殡仪车的色彩应具有肃穆、庄重的气氛，白色和黑色是最优选择。

图 6-3 红色用于消防车

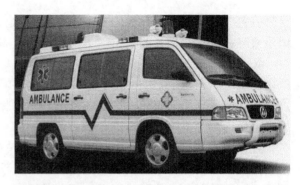
图 6-4 白色用于救护车

图 6-5 绿色用于邮政车

图 6-6 黄色用于工程车

(二) 汽车的使用环境

由于不同地区的光照射强度有差别，造成了人们对不同色彩的偏爱。在美国，以纽约市为中心的大西洋沿岸的人们喜欢淡色，而在旧金山太平洋沿岸的人们则喜欢鲜明色。北欧的阳光接近发蓝的黄色，北欧人喜欢青绿色。意大利人喜欢黄色和红色，法拉利跑车几乎全是红色。伊朗、科威特、沙特阿拉伯和伊拉克等国家禁忌黄色，却推崇绿色，认为绿色是生命之源。

汽车行驶在城市中，对城市色彩有装饰作用。但是，汽车色彩与环境色彩发生碰撞，会使原本喧闹的环境更加嘈杂混乱，使视觉感观极易疲劳。因此，汽车色彩应与环境色彩协调。

(三) 汽车的使用对象

由于各国、各地区、各民族的社会政治、经济、文化、教育以致生活习惯的不同，表现出人们的色彩观念也不同，都有自己偏爱和禁忌的色彩。据日本丰田汽车公司的调查统计，该公司的汽车在本国销售，以白色最受欢迎，其次是红色和灰色等，而销往美国和加拿大的汽车色彩以淡茶色和浅蓝色最受欢迎，其次是白色和杏黄色。

在中国，红色具有赤诚之意，又是幸福和喜庆的象征。例如，红灯笼、红鞭炮和红喜字等，营造热烈、兴奋和喜庆的氛围。但是，在另外一些国家，如美国却认为红色是不吉祥的象征，常把红色视为巫术、死亡、流血和赤字。日本喜欢白色和红色，忌讳黑白相间色。拉丁美洲国家大多偏爱暖色调，在他们的客车上喜欢涂饰艳丽夺目的各式图案，或是临摹圣婴像，或是涂绘田园风景、花鸟等。南亚一些国家因为人的皮肤黑，所以不喜欢黑色。非洲大多数国家也忌讳黑色，而喜欢鲜艳的色彩。

（四）汽车的使用安全

汽车的行驶安全是与汽车的制动性、操纵稳定性等直接相关的，但也与汽车的色彩有一定关系。

在视觉上，颜色具有收缩性或膨胀性。如果有红色、黄色、蓝色和绿色4辆车与观察者保持相同的距离，红色车和黄色车看上去要离观察者近一些，而蓝色和绿色的车看上去离观察者较远。不同的颜色，会产生体积大小不同的感觉。黄色感觉大一些，有膨胀性，称膨胀色；而同样体积的蓝色、绿色感觉小一些，有收缩性，称收缩色。此外，汽车颜色的深浅在不同光强条件下的反射效果也有很大的差异。清华大学汽车系和大陆汽车俱乐部（CAA）曾经对黑、蓝、绿、银灰、白5种不同颜色轿车的视认性和安全性做过试验研究。研究结果表明，深颜色的黑色车在清晨和傍晚时段光线不好的情况下，最难被肉眼所识别，而浅颜色的白色和银灰色则容易辨识。因此，黑色车的颜色安全性较白色和银灰色车辆差，而绿色和蓝色车的颜色安全性居中。

根据大陆汽车俱乐部针对5158起交通事故的统计数据得到：黑色事故率最高，白色事故率最低，其他颜色事故率由高到低依次是绿色、棕色、红色、蓝色和银灰色。

由此可知，从安全的角度考虑，汽车色彩最好选择浅颜色或膨胀色。白色是安全色较佳的选择。银灰色车子不但看上去有品位，而且遭遇车祸的概率也比其他颜色的车子低得多，银灰色是浅颜色中最能避免车祸的，特别是在晚上，因为这种颜色可以反射灯光，更容易令其他驾驶人注意到。

汽车内饰的颜色选择也同样影响着行车安全，因为不同的内饰颜色对驾驶人的情绪具有一定的影响。内饰采用明快的配色，能给人以宽敞和舒适的感觉。夏天最好采用冷色，冬天最好采用暖色，可以调节冷暖感觉。暗色给人以重的感觉，明色给人以轻的感觉。红色内饰容易引起视觉疲劳，浅绿色内饰可放松视觉神经。

（五）汽车的流行色彩

流行色彩是指在一定的时期内被人们广泛采用的颜色。汽车流行色彩有其自身的发展规律。新鲜感是流行色彩的原动力，如果总是感受同样的色彩，人们就需要新的刺激。大量的资料表明，汽车的流行色彩呈现周期性的变化，其新鲜感周期大约为1.5年，交替周期大约是3.5年。以日本汽车色彩的变迁为例，1965年以前，明亮的灰色汽车备受青睐；1965年盛行蓝色、灰色和银色汽车；1968年黄色汽车迅速增多；1970年黄色汽车又急剧减少，而橄榄色和褐色汽车逐渐增多；1977年褐色汽车最受欢迎；1982年白色汽车占到总数的50.9%；1985—1986年白色汽车数量达到最高峰，每4辆汽车就有3辆是白色的。据一项调查，在世界范围内，1989年的最畅销汽车色彩是白色和红色。而20世纪90年代，黑色汽车销量增多（图6-7）。

三、中国汽车色彩发展

目前，中国汽车色彩的研究和开发基本处于空白，大大落后于国际汽车产业的同行。首先，汽车企业多年来走一条模仿国际汽车色彩的路子，没有形成具有民族特色和中国文化内涵，体现企业文化个性的品牌色彩。国际上一些大汽车公司的品牌都有丰富的文化内涵，具有自己的独特风格，因此大大提高了品牌的含金量。通过汽车外观色彩，就能看到德国车的严

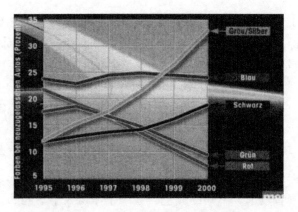

图 6-7　五种流行色彩发展趋势

谨，法国车的浪漫，英国车的高贵，日本车的精明。它们不同车系的色彩所具有的特殊文化气质，已经在消费者心中形成鲜明的差异化形象和产品定位。奇瑞汽车就对汽车色彩做了积极的探索和大胆的尝试，奇瑞 QQ 就是依靠了它的靓丽色彩取得了成功。奇瑞 QQ 的多色系列开拓了市场的空间，为消费者提供了更多颜色的选择，满足了消费者对车身色彩的需求。奇瑞汽车的这种努力是少有的亮点，对整个中国汽车产业的发展也只能是杯水车薪，是远远不够的。

其次，中国汽车产业对汽车色彩研究投入太少，缺乏行业内权威机构对汽车色彩的研究，无法为企业提供有针对性的色彩预测。国外汽车公司对汽车色彩的研究十分重视。日本著名的丰田汽车公司就设有上千人的汽车色彩设计科研中心。欧美的一些汽车公司也都设立了专门的色彩研究所，相关研究人员有数百人之多。他们在世界各国建立了一支汽车色彩信息调查反馈的庞大队伍，专门收集市场情报，他们的研究机构能迅速地了解到各地消费者对汽车色彩的反映和需求。世界生产汽车涂料的著名公司杜邦，每年都会发布一次汽车颜色流行报告，它的报告成为汽车行业分析预测各种类型汽车的颜色流行趋势和从整体上分析预测世界各地区汽车颜色流行趋势的重要参考。中国流行色协会现在也试图对汽车色彩进行一些研究。它与国内个别汽车生产企业进行合作，设计理念运用了当前流行色趋势的研究方式，对促进我国汽车原创设计、牵动汽车色彩的时尚潮流、推动发展自主品牌有着积极的意义。但是，中国流行色协会对中国本土汽车色彩的研究还是相当缺乏的，它无法引领中国汽车色彩的新潮流。国内汽车企业现有的色彩研究机构由于资金匮乏，人才短缺，技术缺乏，规模过小，没有能力也没有办法单独进行汽车色彩的研发工作，更难以对汽车色彩流行趋势作出科学准确的预测。

面对国际汽车公司咄咄逼人的气势，国内汽车行业的竞争日趋激烈。我们只有努力提高自主能力，打造中国的品牌，加快汽车色彩的研究和开发，才能在未来的汽车色彩的角逐中争得一席之地。目前，我们要立足现实，从基础抓起，讲究效率，注重成效。

本 章 小 结

造型对于汽车的意义可能远远超过普通人的想象，它直接影响汽车的动力、操控、环保和静音，甚至是安全。汽车造型经过马车形时代、箱形时代、流线型时代、船形时代和鱼形

时代，到现在的楔形时代。进入 21 世纪后，从世界各大汽车博览会推出的多款新概念车看，造型更具个性化和特色。现在的汽车颜色可谓五花八门，充分反映了汽车颜色的变迁和当今车主日益张扬的个性。

【思考与习题】

1. 汽车颜色有哪些？
2. 请问汽车色彩与安全性有关吗？为什么汽车颜色不同，发生车祸的概率也不同？
3. 分析汽车色彩的流行趋势。
4. 分析汽车色彩在营销中的作用及地位。
5. 分析影响汽车色彩变化的因素。

参 考 文 献

[1] 魏郎，刘浩学. 汽车安全技术概论［M］. 北京：人民交通出版社，1999.
[2] 王暄，李宏光，等. 现代汽车安全［M］. 北京：人民交通出版社，1997.
[3] 邢忠义. 汽车新结构与新技术［M］. 北京：机械工业出版社，2011.
[4] 帅石金. 汽车文化［M］. 北京：中央广播电视大学出版社，2011.